Hans Hass
Naturphilosophische Schriften

Band 4
Expedition zu uns selbst
Das Geheimnis
menschlichen Verhaltens

Hans Hass
Naturphilosophische Schriften

Band 4
Expedition zu uns selbst
Das Geheimnis menschlichen Verhaltens

Universitas

> Nur die Höhe des Menschen ist der Mensch
> PARACELSUS

> Das Tier wird durch seine Organe belehrt, der Mensch belehrt die seinigen und beherrscht sie.
> GOETHE

> Ich behaupte, daß man die Einzigartigkeit des Menschen erst dann in ihrer ganzen imposanten Größe zusehen bekommt, wenn man sie vor jenem Hintergrund alter historischer Eigenschaften sich abheben läßt, die den Menschen auch heute noch mit den höheren Tieren gemein sind.
> KONRAD LORENZ

Erstmals 1968 im Verlag Fritz Molden
unter dem Titel: WIR MENSCHEN

Fotoblocks
I. Eibl-Eibesfeldt 1, 7
H. Hass 2–6, 8–14

© 1987 by Universitas Verlag, München
Alle Rechte vorbehalten
Einbandgestaltung: Christel Aumann, München
Gesamtherstellung: Jos. C. Huber KG, Dießen
Printed in Germany
ISBN: 3-8004-1136-9

Inhalt

Ausgangspunkt 7

I. Teil ÜBER TIERISCHES VERHALTEN . 13

1. Kapitel Tierisches und menschliches Verhalten . 15
2. Kapitel Angeborene Bewegungsweisen 21
3. Kapitel Angeborenes Erkennen 31
4. Kapitel Trieb und Stimmung 43
5. Kapitel Erworbenes Verhalten 55
6. Kapitel Und wir . . . ? 71

II. Teil DAS VERHALTEN DES MENSCHEN 85

1. Kapitel Expedition zu uns selbst 87
2. Kapitel Das Neugierwesen 97
3. Kapitel Die künstlichen Organe 111
4. Kapitel Gesichtssignale 123
5. Kapitel Das Freundschaftszeichen 135
6. Kapitel Das Ordnungswesen 149
7. Kapitel Die Sprache der Hände 159
8. Kapitel Mensch und Vielzeller 171
9. Kapitel Prägung und Freiheit 183
10. Kapitel Der Einzelne und die Gemeinschaft . . 197
11. Kapitel Das Phantasiewesen 209
12. Kapitel Der Glücksucher 225

NACHWORT 243

ANHANG 249
Filmveröffentlichungen 251
Literaturverzeichnis und
Quellenhinweise 253
Personenregister 263
Sachregister 265

Ausgangspunkt

Ein wichtiger Bestandteil der Energontheorie (Band 2,3) ist die naturwissenschaftliche Bewertung des menschlichen Verhaltens. Als aufbauendes und steuerndes Zentrum größerer Lebensstrukturen ist der Mensch den gleichen Grundgesetzen unterworfen, die auch bei den Einzellern und Vielzellern darüber bestimmen, was die Lebensentfaltung fortsetzen und steigern kann. Welche der gegebenen Möglichkeiten werden nun vom Menschen, dieser »Keimzelle« in der letzten Evolutionsperiode, wahrgenommen? Ist unser schöpferischer Wille »frei«? Aus dieser Blickrichtung schien es mir wichtig, neben theoretischer Betrachtung und Literaturstudium auch den konkreten Alltag nicht zu vergessen und möglichst nüchtern und unmittelbar bei verschiedenen Völkern zu analysieren, welches die Wurzeln menschlicher Motivation sind; in welchem Ausmaß sich die Entfaltung menschlicher Tätigkeit aus unserer stammesgeschichtlichen Vergangenheit erklärt – oder aber das Ergebnis unserer Denkformen, unserer Traditionen und Erziehung ist.
Beschäftigt man sich erst einmal mit der Frage: Was bedeuten wir?, dann erstickt man geradezu in Ansichten, die zu diesem Thema bereits geäußert worden sind. Fast jede der unzähligen religiösen, philosophischen, soziologischen, psychologischen, anthropologischen, zoologischen Ansichten über das Wesen des Menschen zeigt interessante und relevante Aspekte auf, doch die weite Kluft, die in der bisherigen Anschauung zwischen uns und unserer Vergangenheit besteht, belastet fast jede dieser Perspektiven.
Die große Schwierigkeit jeder Menschenbetrachtung liegt darin, daß wir, die Beobachter also, selbst Menschen sind; daß unser Gehirn, als Werkzeug der Beobachtung, selbst Gegenstand dieser Beobachtung ist. Wir sind von Jugend an von Menschen umgeben, so daß uns die Gesellschaft und alles, was sie uns aufprägt, recht selbst-

verständlich vorkommt. Es ist uns beinahe unmöglich, uns über dieses so Selbstverständliche zu wundern, es aus einer anderen, unbeeinflußten Blickrichtung zu sehen, aus uns selbst herauszutreten...
uns selbst fremd zu werden.
Der Gedanke, den Menschen gleichsam aus außerirdischer Perspektive – also als etwas völlig Fremdes und Neues – zu betrachten, kam mir schon vor Jahren bei meiner Forschungsarbeit in tropischen Meeren. Viele hundert Male schwebten wir damals mit unseren Tauchgeräten abwärts – ins Unbekannte. Dann lösten sich vor uns aus dem Dämmerlicht der Tiefe undeutliche Konturen, nahmen Gestalt an, und wir blickten auf uns fremde Lebensbezirke. Wir blickten auf viele Korallen, Schwämme, Fische, Krebse – und versuchten zu verstehen, warum sie im Laufe der Evolution gerade zu dieser und jener Körpergestalt, zu diesem und jenem Verhalten gekommen waren. Ein Besucher von einem anderen Stern, der sich in einem unsichtbaren Raumschiff unserem Planeten näherte, wäre wohl in einer ähnlichen Situation. Auch ein solcher Beobachter würde zunächst undeutliche Konturen sehen, würde auf ein fremdes Lebensgewimmel herabschauen – und in diesem Gewimmel würde ihn das Lebewesen Mensch zweifellos besonders interessieren. Er wüßte nichts von unserer Geschichte, nichts von unseren Denkformen. Er würde in uns zunächst nur eben sich bewegende Körper sehen – und würde sich sehr wahrscheinlich fragen: Wieso ist gerade dieses Wesen zu einer so außerordentlichen Entfaltung gelangt?
Für einen Biologen besteht zwischen Mensch und Tier kein besonders großer, kein grundsätzlicher Unterschied. Die gleichen Gesetze, die das Leben und Aussehen der Meeresorganismen bestimmten – bestimmten dann auch das Leben und Aussehen der Pflanzen und Tiere, als diese das Land eroberten. Und die gleichen Gesetze bestimmten auch den Beginn der menschlichen Entwicklung – die sich dann allerdings so sehr von der »Natur« entfernte, daß wir den Zusammenhang heute kaum mehr sehen beziehungsweise nicht mehr wahrhaben wollen. Ich fragte mich: Ist es nicht möglich, dieses erstaunlichste aller Lebewesen – uns selbst – genauso nüchtern und objektiv zu betrachten wie etwa die Lebewesen des Meeres?
Vielleicht konnte mir hier die Kamera helfen. Ich versuchte, von er-

höhten Posten aus Menschen der Großstadt ebenso zu filmen, wie ich Fische in den »Straßen« der Korallenriffe gefilmt hatte – und dabei veränderte ich die Aufnahmegeschwindigkeit, so daß später in der Vorführung alles um ein Vielfaches beschleunigt aussah. Das Ergebnis war vielversprechend. In diesen Aufnahmen verwandelte sich das vertraute Getriebe in eine Art von Ameisenhaufen. Das Individuelle der einzelnen Personen ging fast gänzlich verloren, und übergeordnete Zusammenhänge wurden sichtbar. Die Vorgänge auf einer Straßenkreuzung verdichteten sich zu einem rhythmisch pulsierenden Muster. Menschen bei Verkaufsständen und in Gesprächen erweckten in ihrer Gestik einen vollkommen neuen Eindruck. Bei einem Bauern und seiner Frau, die ich von einem Berg herab beim Heumachen filmte, wurde das Muster ihrer organisierten Zusammenarbeit – die Art, wie ihre Intelligenz am Werk war – sichtbar. Vorgänge, die in der normalen Geschwindigkeit ganz alltäglich und banal aussahen, wurden in der Verschnellung erregend und neu. Auf diesen Zeitablauf war das Gehirn offensichtlich nicht abgestimmt.

Manche Aufnahmen spielte ich mir Dutzende Male vor – und immer wieder zeigten sie etwas Neues. Auch Regelmäßigkeiten wurden sichtbar, die man normalerweise gar nicht beachtet – einerseits, weil man eben an diese Vorgänge gewöhnt ist und sie ganz automatisch in eine Denkschablone einreiht, anderseits, weil sie für die normale Betrachtung zu langsam ablaufen.

Entscheidend wichtig war freilich, daß die von mir gefilmten Personen davon nichts wußten. Sobald ein Mensch merkt, daß er gefilmt wird, verhält er sich nicht mehr ursprünglich und normal. Ich löste dieses Problem durch einen in die Optik der Kamera eingebauten Spiegel, durch den ich im rechten Winkel zur Bildrichtung meiner Kamera aufnahm. Ich richtete also die Kamera auf beliebige Objekte, stand oft stundenlang vor einem Baum, einer Blume oder einem Haus, begutachtete diese Objekte mit nicht erlahmendem Interesse – und allmählich gewöhnten sich die Leute an mich. Das Leben nahm wieder seinen normalen Verlauf, und ich konnte sogar Personen, die in meiner unmittelbaren Nähe waren, ohne ihr Wissen aufnehmen.

Bei Nahaufnahmen veränderte ich die Zeit nach der anderen Richtung. Ich »dehnte« sie, filmte also in Zeitlupe, und auch in diesen, durch Teleobjektiv gefilmten Aufnahmen trat ein ähnlicher Verfremdungseffekt wie bei der Zeitraffung in Erscheinung. Die normalen Beurteilungen – hübsch oder häßlich, alt oder jung, Italiener oder Skandinavier – verloren in diesen Aufnahmen ihre Bedeutung. Etwas Gemeinsames, *hinter der individuellen Verschiedenheit Verborgenes* trat hervor. Es war nicht länger bloß ein »Gesicht«, das die Aufnahme zeigte, sondern eher eine gewölbte Fläche, auf der sich Bewegungen abspielten. Diese Bewegungen – etwa Lächeln oder Stirnrunzeln – erweckten immer noch die normalen Reaktionen des Erkennens ihrer Bedeutung, aber diese subjektiven Reaktionen traten ebenfalls zurück. Die Gefühlswelt wurde weniger deutlich angesprochen, das Auge gewann die Freiheit, einzelne dieser Gesichtsbewegungen kritisch und in Muße zu verfolgen. Allerdings trat dieser Effekt nur eben in unbemerkt gefilmten Aufnahmen in Erscheinung. Nur sie übten diese besondere Faszination aus.

Ich studierte über diesen filmischen Umweg verschiedenen menschliche Verhaltensweisen und fragte mich, ob durch die Zeitveränderung die Wirklichkeit nicht so verfälscht wurde, daß ich auf diese Art vielleicht zu ganz falschen Schlußfolgerungen kam. Aber dieses Argument war leicht zu entkräften. Es gibt nämlich – wie jeder Naturwissenschaftler weiß – keine absolute Geschwindigkeit. Schon vor über hundert Jahren wies der Zoologe Karl Ernst von Baer darauf hin, daß das menschliche Zeitempfinden relativ ist und mit dem Zeitempfinden vieler Tiere sicherlich nicht übereinstimmt. Die Zeitvorstellung eines Lebewesens ergibt sich daraus, wieviel Eindrücke sein Zentralnervensystem in einer gegebenen Zeiteinheit verarbeiten kann. Insekten zum Beispiel reagieren wesentlich schneller als der Mensch – wie man bei umherschwirrenden Fliegen und Wespen deutlich sieht. Sie können Eindrücke offenbar schneller verarbeiten als wir – ihnen muß daher der Zeitablauf relativ langsamer vorkommen. Für sie muß der Mensch sich in Zeitlupe bewegen. Andere Tiere, etwa Schnecken, reagieren wieder langsamer – für sie muß der Mensch ein äußerst schnell bewegliches Wesen sein. Veränderte ich also künstlich den Zeitablauf, dann verließ ich bloß die subjektiv menschliche Betrachtungsweise – verfälschte aber keinesfalls die »Wirklichkeit«.

Es gab aber noch ein anderes Problem. In stark verschnellten Aufnahmen sahen regelmäßige Bewegungen ordentlicher aus, als sie wirklich waren. Das zeigte etwa eine zehnfach verschnellte Aufnahme, die ich von der Eröffnung eines Balles in Wien gedreht hatte. Die jungen Damen und Herren, die die Polonaise tanzten, waren keineswegs perfekt, und mehrere fielen aus der Ordnung. In der verschnellten Aufnahme dagegen wirkten die in puppenhafter Schnelligkeit rotierenden und reihenbildenden Paare überaus ordentlich. Hier bügelte das Gehirn offensichtlich die Unregelmäßigkeiten aus. Doch eine ganz analoge Verfälschung tritt ja auch bei unseren normalen Wahrnehmungen auf. Nur indem unser Gehirn das Gemeinsame und Regelmäßige hervorhebt und das aus der Regel Fallende unterdrückt, sind wir in der Lage, die Welt schnell und wirksam zu beurteilen, sie zu katalogisieren. Unsere Fähigkeit der »Gestaltwahrnehmung« trat hier – wie auch überall sonst – in Erscheinung.

Mit dieser neuen Technik habe ich dann, vielfach von Irenaeus Eibl-Eibesfeldt begleitet, in allen fünf Weltteilen gefilmt, und diese Aufnahmen haben uns in ihrer objektivierenden Wirkung zu manch neuer Betrachtungsweise verholfen.

Im ersten Teil dieses Buches schicke ich eine Zusammenfassung jener Phänomene tierischen Verhaltens voraus, die man meines Erachtens kennen muß, wenn man menschliches Verhalten naturwissenschaftlich betrachten will. Der in der Biologie bewanderte Leser wird darin nur beschränkt Neues finden. Für die naturwissenschaftlich weniger beschlagenen Leser – um deren Interesse ich mich in diesem Buch besonders bemühen möchte – soll dieser Abschnitt eine Brücke zu biologischem Denken sein.

Im zweiten Teil werden die Ergebnisse meiner Untersuchungen dargelegt, die mir in vielfacher Hinsicht zum besseren Verständnis menschlicher Motivation und supradifferenzierten Verhaltens Aufschlüsse lieferten. Mein theoretisch erarbeitetes Konzept der »künstlichen Organe« bei Tier und Mensch (Band 2, erster Teil) wurde durch manche der zeitgerafften Aufnahmen eindrucksvoll bestätigt. Auch der Vergleichenden Verhaltensforschung lieferte die neue Technik der Spiegelaufnahmen bei verändertem Zeitablauf ein neues Werkzeug, das wesentlich zur Begründung des neuen Forschungszweiges der »Humanethologie« beitrug.

Meinem Freund Eibl-Eibesfeldt möchte ich an dieser Stelle meinen herzlichen Dank aussprechen. Seine umfassenden Kenntnisse auf dem Gebiet des tierischen Verhaltens (Beitrag »Ethologie« im Handbuch der Biologie 1966 und »Grundriß der Vergleichenden Verhaltensforschung«, Piper 1967) haben dem ethologischen Teilbereich meiner Bemühung entscheidend den Weg gewiesen. Auf unseren gemeinsamen Filmexpeditionen rings um die Welt – die nicht weniger abenteuerlich verliefen, als die früheren in unbekannte Meerestiefen – sind in laufenden Diskussionen viele der von uns seither veröffentlichten Gedanken und Betrachtungsweisen herangereift.

I. Teil

Über tierisches Verhalten

1.
Tierisches und menschliches Verhalten

Können wir Menschen aus dem Verhalten von Tieren etwas Wesentliches über unser eigenes Verhalten lernen? Kann das Studium eines Käfers oder einer Ratte uns dabei helfen, unser Leben besser zu gestalten? Können wichtige Fragen der Psychologie, der Soziologie, der Wirtschaft, der Ästhetik, der Rechtswissenschaft beantwortet werden, indem man sich mit Giraffen, Tanzfliegen und Ringelwürmern beschäftigt?
Unsere menschlichen Handlungen – so sagen wir uns – sind das Ergebnis bewußter Denkakte und somit von jenen der Tiere von Grund aus verschieden. Schon der Gedanke eines Vergleiches hat etwas Entwürdigendes. Wir Menschen sind (soweit wir dies feststellen können) die einzigen Wesen mit Ich-Bewußtsein, wir sind die einzigen vernunftbegabten Wesen, wir vermögen unsere Handlungen vorausschauend sinnvoll zu steuern. Wir haben ungeheuer komplexe Systeme religiöser, moralischer und ästhetischer Werte hervorgebracht. Wir haben, als Denkergebnis, gewaltige Organisationen auf politischem und wirtschaftlichem Gebiet geschaffen, für die sich im Tierreich nichts Vergleichbares findet. Wir sind zu wahrhaft grandiosen kulturellen und technischen Fortschritten gelangt. Was soll uns da der armselige Wurm lehren, das für unsere Selbsterkenntnis irgendeine Bedeutung haben sollte? Die Biene, der Walfisch, der jagende Löwe – freilich, es sind Lebewesen wie wir und uns in diesem Sinne verwandt; aber für die Beurteilung unserer selbst, für das Verständnis des so turmhoch überlegenen, so grundlegend andersartigen Wesens »Mensch« können sie uns doch kaum dienen oder, bestenfalls, doch nur zu ganz oberflächlichen, ganz banalen Parallelen führen.

Andererseits ist heute an der Abstammungslehre nicht mehr im geringsten zu zweifeln. Sie ist schon seit langem keine »Theorie« mehr, sondern vielmehr die Grundlage, auf der sich das Lehrgebäude der Biologie aufbaut. Offen ist nach wie vor lediglich die Frage, welchen Kräften und Ursachen diese so erstaunliche Entwicklung – die »Evolution« – zuzuschreiben ist.
Drei Ansichten stehen einander hier gegenüber: Die »Vitalisten« glauben an eine außersinnliche Kraft, die die Organismen zu höherer Vollkommenheit führte. Die »Lamarckisten« glauben an die Vererbung erworbener Eigenschaften – ein Prozeß, der das Verständnis der Evolution wesentlich erleichtern würde, der jedoch bis heute nicht nachgewiesen werden konnte. Die Mehrzahl der heutigen Biologen schließlich sind Anhänger der Mutationstheorie, der zufolge an sich richtungslose Erbänderungen die Höherentwicklung der Organismen bewirkten. Die »natürliche Auslese«, auf die Darwin hinwies, spielt durchaus nicht nur in der letztgenannten Theorie eine Rolle. Sie war vielmehr ein entscheidender Faktor, wie immer man sich das Zustandekommen neuer Formen auch vorstellt. Denn wie immer auch neue Tiere oder Pflanzen entstanden sein mögen – sie mußten sich in jedem Fall mit verschiedenartigen und oft veränderlichen Lebensbedingungen auseinandersetzen; sie konnten sich darum immer nur dort behaupten, wo sie von gleicher oder höherer *Lebenseignung* waren als ihre Konkurrenten.
Nach dem Beweismaterial, das in den letzten hundert Jahren zusammengetragen wurde, kann kein ernsthafter Zweifel mehr daran bestehen, daß alle höheren Tiere und Pflanzen von Einzellern abstammen. Wir können heute mit an Sicherheit grenzender Wahrscheinlichkeit angeben, daß etwa die Insekten und Spinnen aus Meeresgliederfüßern hervorgegangen sind; daß die heute lebenden Landwirbeltiere von Fischen abstammen; daß aus den Amphibien die Reptilien hervorgegangen sind; daß sich aus diesen einerseits die Vögel und anderseits die Säugetiere entwickelt haben und daß aus der großen Gruppe der Affen, und zwar aus heute ausgestorbenen Arten, der Mensch hervorgegangen ist. Wir stehen somit nicht nur zu den Affen in einem verwandtschaftlichen Verhältnis, sondern auch zu den Echsen, zu den Lurchen, zu den Fischen, zu den Einzellern – ja letztlich sogar zu den Pflanzen.
Auch die christliche Religion steht der Abstammungslehre nicht

mehr ablehnend gegenüber. Im katholischen Bereich hat der Papst persönlich zu dieser Frage Stellung genommen, und zwar 1950 in der Enzyklika »Humani generis«. Die katholische Kirche nimmt heute an, daß dem aus der Ordnung der Affen hervorgegangenen Urmenschen im Frühpleistozän (also vor zirka 800 000 Jahren) durch göttlichen Akt die unsterbliche Seele eingehaucht wurde. Nach dieser Glaubensansicht hat sich also Gott eines schon bestehenden tierischen Körpers bedient und diesen durch einen Schöpfungsakt zum Menschen verwandelt.

An einige Konsequenzen, die sich aus unserer Verwandtschaft mit den Tieren ergeben, hat man sich längst gewöhnt. So stört es wohl niemanden, daß viele Arzneien durch Tierversuche entwickelt werden. Da manche der in uns wirksamen Hormone die gleichen sind wie bei den uns näher verwandten Tieren, gewinnen wir sie aus deren Drüsen und injizieren sie, bei Bedarf, dem Menschen. Das gilt etwa für das Schilddrüsenhormon, das Insulin, und auch für das männliche Geschlechtshormon. Unser Wissen über die Funktion der menschlichen Muskeln und der menschlichen Nervenzellen gründet sich auf Untersuchungen, die hauptsächlich an Fröschen, Fischen und Nagetieren durchgeführt wurden. Und unsere sehr fortgeschrittenen Kenntnisse über den menschlichen Erbgang und über die Feinstruktur der menschlichen Erbanlagen wurden vor allem durch Untersuchungen an der Erbse – also einer Pflanze –, am Meerschweinchen und an der Taufliege Drosophila gewonnen. Alles das wäre nicht möglich, läge nicht eine echte Verwandtschaft vor.

Was dagegen unser Verhalten betrifft – also die Frage, warum wir gerade diese und jene Lebensform wählen, welche Motive uns bei unseren diversen Handlungen leiten und wie wir auf bestimmte Situationen reagieren –, so lag diese Problematik bis vor kurzem in der Zuständigkeit von Wissenschaften, die der Tatsache unserer Evolution nur wenig oder noch gar nicht Rechnung tragen. Die Hauptfragestellungen der Philosophie, der Psychologie, der Soziologie und der übrigen das menschliche Verhalten betreffenden Wissenschaften gründen sich auf Begriffssysteme, die sich in einer Zeit entwickelten, als die Abstammung des Menschen aus dem Tierreich noch nicht bekannt war. Für sie ist auch heute noch der Mensch weitgehend Zentrum der Betrachtungen und somit auch Ausgangs-

punkt für fast alle Erwägungen. Nachdem nun aber an unserer Herkunft nicht länger zu zweifeln ist, ist es nur folgerichtig, auch das Verhalten des Menschen gegen den Hintergrund unserer Tierabstammung zu betrachten – also nicht vom Endglied der langen Kette auszugehen, sondern von ihrem bescheidenen Anfang. Nur indem wir fragen, was in unserem Verhalten uns noch mit unserer Tiervergangenheit verbindet, können wir feststellen, worauf unsere Besonderheit, unser So-ganz-anders-Sein, tatsächlich beruht.
In der Bewältigung der Umwelt hat sich die Menschheit als überaus geschickt erwiesen, und wir sind in unserem technischen Fortschritt zu einer atemberaubenden Machtsteigerung gekommen. Was dagegen unser innerartliches Verhalten betrifft – das menschliche Zusammenleben –, so haben wir keine so großen Fortschritte aufzuweisen. Nach wie vor kennzeichnen Verbrechen und Kriege den menschlichen Weg. Nach wie vor ist der einzelne höchst geheimnisvollen Launen und Stimmungen unterworfen, die oft sehr gegen die Vernunft seine Handlungen bestimmen. Nach wie vor werden ganze Gemeinschaften und Völker von sehr verderblichen Leidenschaften gepackt. Hier steht der Mensch Eigentümlichkeiten seines Wesens gegenüber, die ganz offensichtlich nicht in unserem Intellekt, sondern in weit »tieferen Schichten« unserer Natur wurzeln. Wenn nun aber vieles dieser »Natur« der Rest eines alten Erbes ist, erklärlich nur aus unserer Abstammung, was liegt dann näher, als dieses Erbe, diese Verwandtschaft in den Vordergrund der Forschungen zu stellen, ja zu ihrem Ausgangspunkt zu machen? Ist dies dann nicht der ganz natürliche und richtige Weg, um mit eben diesen »tieferen Schichten« unseres Wesens, mit eben dieser geheimnisvollen »Natur« in uns selbst besser fertig zu werden?
Konrad Lorenz, der Begründer der modernen Verhaltensforschung (»Ethologie«), wies schon vor Jahren darauf hin, daß die am tierischen Verhalten gewonnenen Erkenntnisse nun auch zum besseren Verständnis des menschlichen Verhaltens herangezogen werden sollten. Er bezeichnete dies als die »praktisch wichtigste Aufgabe« dieses Forschungszweiges und hat selbst zahlreiche diesbezügliche Anregungen gegeben. Eine Umorientierung auf diesen ganz anderen Ausgangspunkt – der praktisch mit den allerkleinsten Urlebewesen beginnt – hat jedoch bisher nur in sehr beschränktem Ausmaß stattgefunden.

Besonders amerikanische Milieutheoretiker vertreten nach wie vor die Ansicht, daß praktisch alles menschliche Verhalten erworben sei, daß man somit durch Erziehung den Menschen beliebig formen könne. Auch das tierische Verhalten führen sie fast zur Gänze auf Lernvorgänge zurück. Dagegen sind die europäischen Schulen der Verhaltensforschung – besonders jene von Lorenz und jene des Holländers Tinbergen – zu ganz entgegengesetzten Ergebnissen gelangt. Eingehende Untersuchungen haben hier gezeigt, daß sehr viele Elemente im Verhalten der Tiere – auch der uns nächstverwandten höheren Säuger – bereits in erblicher Fixierung festliegen. Diese Ergebnisse legen nahe, daß wahrscheinlich auch das menschliche Verhalten, weit mehr als uns bewußt wird, *determiniert* ist.
In den folgenden Abschnitten sollen die wichtigsten Ergebnisse der Verhaltensforschung möglichst leicht verständlich dargelegt werden. Es soll gezeigt werden, aus welchen biologischen Grundvoraussetzungen die einzelnen Phänomene und Leistungen des tierischen Verhaltens – aus dem sich das menschliche entwickelte – hervorgegangen sind.

2.
Angeborene Bewegungsweisen

Beginnen wir mit einer ganz allgemeinen Feststellung – wie sie übrigens auch der Gast vom anderen Stern machen würde, wenn er sich näher für die Lebensform auf unserem Planeten interessierte: Jedes Lebewesen – ob wir es nun Tier oder Pflanze nennen – ist durch eine ganz bestimmte Körperform charakterisiert, die immer von einem Individuum auf seine Nachkommen übertragen wird. Es kommt nicht vor, daß eine Heuschrecke eine Maus hervorbringt, und aus dem Keim einer Ahornpflanze wächst nie ein Veilchen. Das klingt recht selbstverständlich – und noch selbstverständlicher erscheint es, daß aus dem Keim einer Heuschrecke nie ein Veilchen wird und aus jenem einer Ahornpflanze nie eine Maus.
Aber ganz so selbstverständlich ist das durchaus nicht. Denn sowohl die Tiere als auch die Pflanzen gehen stets aus einer einzigen Zelle hervor, und diese Keimzellen haben im Prinzip den gleichen Aufbau. Manche von ihnen lassen – wenn man sie unter dem Mikroskop betrachtet – durchaus nicht ohne weiteres erkennen, ob sich daraus nun eine Pflanze oder ein Tier entwickeln wird.
Die Keimzelle teilt sich, und die so entstehenden neuen Zellen treten auseinander – so vermehren sich die »einzelligen« Organismen. Oder aber die Teilung schreitet fort, die Zellen bleiben aneinander haften und differenzieren sich in verschiedener Weise, bilden Gewebe und Organe – so entstehen die großen, sehr verschiedenartigen Körper, die wir dann Veilchen oder Regenwurm nennen, Ahorn oder Maus. Diese »vielzelligen« Organismen bestehen aus Millionen, ja Billionen von Einzelzellen, *die ausnahmslos aus einer einzigen, im Prinzip ganz ähnlichen Zelle hervorgingen.*
Irgendwo in den Keimzellen befinden sich also sehr verschiedene steuernde »Rezepte«, die den sich bildenden Tochterzellen ein ganz bestimmtes Verhalten vorschreiben. In diesem Fall sprechen wir al-

lerdings nicht von »Verhalten« – obwohl es strenggenommen ein solches ist –, sondern von »Entwicklung«. Die Frage, wie diese Entwicklungsrezepte nun tatsächlich aussehen, wo sie lokalisiert sind und wie sie wirken, konnte inzwischen weitgehend ergründet werden. Es ist dies eine der Großtaten der biologischen Forschung in diesem Jahrhundert. Und zwar sind die in den Zellkernen beheimateten Chromosomen Träger dieser besonderen Vorschriften. Wie man heute weiß, setzen sie sich aus ganz dünnen, wie eine Wendeltreppe verlaufenden Fäden zusammen, auf denen, wie auf einer Perlenschnur, verschiedene Atomgruppen (Radikale) aufgereiht sind. Diese sind gleichsam die Buchstaben, aus denen sich die Erbkommandos zusammensetzen. Ihre Aufeinanderfolge entscheidet darüber, wie sich die einzelnen Zellen in der Entwicklung verhalten – ob nun eine Maus oder ein Ahorn aus ihnen wird.

Verhalten im eigentlichen Sinne des Wortes nennen wir jedoch etwas anderes – die Bewegung des Gesamtorganismus im Raum. Solches Verhalten zeigen besonders die Tiere, zum Teil aber auch Pflanzen. Hier sind die Bewegungen allerdings so langsam, daß man sie erst in einer gerafften (verschnellten) Aufnahme deutlich sieht. So öffnen sich viele Blüten tagsüber und schließen sich am Abend wieder. Viele Blätter stellen sich zur Richtung des Lichtes ein. Die Ranken von Schlinggewächsen machen kreisende Bewegungen, bis sie irgendwo Halt finden und sich dort verankern. Die Blätter einiger fleischfressender Pflanzen klappen wie eine Falle zu. Am bekanntesten sind die sogar dem Auge deutlich sichtbaren Reaktionsbewegungen der Mimosen. – Alle diese aktiven Bewegungen werden durch Schwankungen des Saftdrucks innerhalb der Zellen (Turgor) oder durch Wachstumsvorgänge bewirkt. Daß die Steuerung dieser Bewegungen bei den betreffenden Pflanzen ebenso erblich festgelegt ist wie die Gestalt ihrer diversen Organe, steht außer Zweifel.

Bei den Tieren sind gleichfalls sehr viele Verhaltensweisen bereits in ihrem Erbgut verankert – das Erbrezept baut jene Strukturen auf, die die Steuerung dieser Bewegungen ausführen. Wenn zum Beispiel ein Entlein sein Ei verläßt, dann steht ihm bereits ein ganzes Repertoire von Handlungen fertig zur Verfügung. Es kann bereits vorzüglich laufen und schwimmen, es grundelt bereits mit seinem Schnabel im Schlamm und putzt in einer ganz bestimmten

Weise sein Gefieder. Jede dieser Bewegungsfolgen erfordert Hunderte, ja Tausende von koordinierten Einzelkommandos, die über verschiedene Nerven an die zahlreichen, die Bewegungen ausführenden Muskeln ergehen müssen. Das Gehen oder Putzen des Entleins sieht, als Ganzes betrachtet, recht einfach aus. Wie kompliziert aber in Wirklichkeit der Aufbau schon so einfacher Bewegungen ist, kann man beim Menschenkind beobachten, wenn dieses mit viel Schwierigkeit die ihm nicht angeborene Bewegungsfolge des Essens mit einem Löffel lernt. Erst nach langwierigen Versuchen gelangt das Kind dahin, die Bewegungen seiner Arm- und Handmuskeln so zu koordinieren, daß der Löffel die Speise aufnimmt und ordentlich in den Mund führt. Könnte man das diesem Vorgang zugrunde liegende »Schaltmuster« im Zentralnervensystem graphisch aufzeichnen, dann würde dessen Kompliziertheit bestimmt überraschen.
Die noch weit schwierigere Kunst des Fliegens ist dem Schmetterling bereits angeboren. Sobald dieser aus der Puppe schlüpft und seine Flügel erhärtet sind, ist er dazu imstande. Dem Menschenkind wiederum ist die Fähigkeit angeboren, die Mutterbrust zu finden und an ihr zu saugen. Angeboren ist den winzig kleinen, im Wassertropfen lebenden Pantoffeltierchen, wie sie sich durch Schläge ihrer über tausend Wimpern fortbewegen und wie sie kehrtmachen, wenn sie gegen ein Hindernis stoßen. Wenn diese Einzeller sich teilen, dann schwimmen die so entstehenden neuen Individuen völlig normal; ihre Wimpernschläge sind bereits richtig koordiniert. – In jedem dieser Fälle erhebt sich die Frage: Wo befinden sich die Rezepte für diese angeborenen Bewegungen? Von welchem Punkt des tierischen Körpers aus werden sie gesteuert?
Bei den Einzellern ist darüber noch wenig bekannt. Bei den mehrzelligen Tieren wissen wir, daß die Nervenzellen die Träger dieser Steuerungsrezepte sind. Wie diese Strukturen aussehen, wissen wir nicht. Sie mögen auf einer ähnlichen »Verdrahtung« verschiedener Zellen beruhen wie das Schaltnetz in einer elektrischen Anlage, oder vielleicht sind sie ähnliche molekulare Differenzierungen wie die Entwicklungsrezepte in den Chromosomen. Jedenfalls handelt es sich um funktionelle Einheiten, die man durchaus mit Organen vergleichen kann. So wie diese haben sie im arbeitsteiligen System des Körpers eine ganz bestimmte Aufgabe zu erfüllen.

Diese Strukturen – in denen also eine ganz bestimmte Zusammenordnung von Muskelbewegungen festgelegt ist – reifen auch genauso heran wie Organe. Das heißt, sie werden an einem bestimmten Tag fertig und funktionsfähig. Man kann das daran erkennen, daß sie manchmal nicht zur gleichen Zeit fertig werden wie die Organe, deren Bewegungen sie dann steuern. So beginnt etwa die Grille erst einige Tage nach Fertigstellung ihrer »Musikinstrumente« mit dem arttypischen Zirpen, da die nötige »Partitur« ihr offenbar noch fehlt. Anderseits führen die Larven der Feldheuschrecke bereits frühzeitig ihre typischen »Musizierbewegungen« mit den Hinterbeinen aus – was vorerst aber noch zu keiner Schallerzeugung führt, weil in diesem Fall die »Musikinstrumente« noch nicht fertig entwickelt sind. Bei Würmern, Grillen, Bienen und Fischen gelang sogar der Nachweis, daß solche Rezepte der Bewegungssteuerung im Erbgang den Mendelschen Gesetzen folgen – genauso wie körperliche Merkmale. Kreuzt man Elterntiere, die sich in angeborenen Bewegungen – der Verhaltensforscher nennt sie »Erbkoordinationen« – unterscheiden, dann zeigen alle Jungtiere entweder das Verhalten des einen Elternteils oder ein gemischtes Verhalten, während in der zweiten Generation die Bewegungseigenart beider Großeltern wieder zum Vorschein kommt.
Von den Biologen werden solche Nervenstrukturen oft als »Mechanismen« bezeichnet – ein Wort, das von Nichtbiologen leicht mißverstanden wird. Es ist hier durchaus nicht an den Vergleich mit einer Maschine gedacht, sondern diese Bezeichnung wurde gewählt, weil diese Strukturen in einer ganz regelmäßigen, ja voraussagbaren Weise funktionieren und dabei auch allen Gesetzen der Physik und Chemie einwandfrei gehorchen. – Was leisten nun diese »Mechanismen« der angeborenen Bewegungssteuerung? Und vor allem: Welche Teile im Verhalten der verschiedenen Tierarten liegen nun tatsächlich in erblicher Fixierung, also als Erbkoordinationen vor?
Mit dieser Frage haben sich zahlreiche Verhaltensforscher in eingehenden Experimenten beschäftigt.* Gerade in Hinblick auf die

---

* Im Text sind nur teilweise die einzelnen Forscher namentlich angeführt. Die einzelnen Veröffentlichungen, die hier maßgebend sind, können im Literaturverzeichnis ermittelt werden.

Auseinandersetzung mit den amerikanischen Psychologen wurden hier die Untersuchungen außerordentlich verfeinert. Die besondere Schwierigkeit liegt darin, daß viele an sich angeborene Bewegungen – also echte Erbkoordinationen – bei der Geburt des Tieres noch nicht ausgeführt werden können, weil die sie steuernde Struktur erst später heranreift. Es kann dann den Anschein erwecken, als hätte ein Tier bestimmte Bewegungsweisen erst durch Üben gelernt – während der genaue Versuch zeigt, daß dieses Verhalten wohl angeboren ist, jedoch erst später zur »Reifung« gelangte.
So zog etwa Grohmann Tauben auf, und zwar einige Tiere normal und die anderen in engen Käfigen, damit sie ihre Flügel nicht bewegen konnten. Als dann die normal aufgezogenen bereits gut fliegen konnten, befreite er auch die anderen. Es zeigte sich, *daß diese ebenso gut flogen.* In diesem Fall war also klar erwiesen, daß die recht schwierige Fortbewegungsart des Fliegens bei diesen Vögeln nicht erst erworben werden muß, sondern dem Tier – ebenso wie auch seine Organe – bereits fertig zur Verfügung steht. Allerdings reift die Steuerungsstruktur erst etwas später heran. Die beiden amerikanischen Forscher Carmichael und Fromme machten ein ähnliches Experiment mit Kaulquappen. Einen Teil zogen sie normal auf, die übrigen unter Dauernarkose, damit sie sich nicht bewegten, also nicht *lernen* konnten. Als sie dann das Betäubungsmittel entfernten, zeigte es sich, daß diese betäubten Tiere fast ebenso gut schwammen wie die anderen.
Heute ist schon von vielen tierischen Bewegungen erwiesen, daß sie bereits im Erbgut (Genom) verankert sind. Der Kreuzspinne ist die Herstellung ihrer prächtigen Netze angeboren; den Honigbienen der komplizierte Schwänzeltanz, mit dem sie sich verständigen; den Lachtauben die Art, wie sie ihre Jungen füttern; den Dorngrasmücken ihre 25 arttypischen Rufe; den Ratten die Bewegungen der Kopulation; den Enten die ungemein komplizierten Balzbewegungen – und so weiter. Beim Menschen sind Versuche einer isolierten Aufzucht naturgemäß nicht ausführbar, doch gibt es auch hier entsprechende Hinweise. So konnte Eibl-Eibesfeldt bei einem in Hannover lebenden, taubblind geborenen Kind normales Lächeln feststellen – obwohl es dies bestimmt nicht erlernt haben konnte. Wir werden auf das Problem der menschlichen Mimik noch ausführlich zurückkommen.

Wie sehr die Bezeichnung Mechanismus für diese angeborenen Strukturen der Bewegungssteuerung zutrifft, wird deutlich, wenn man ihre Leistungen in entsprechenden Experimenten etwas genauer unter die Lupe nimmt. Schon Fabré und zahlreichen anderen älteren Tierbeobachtern fiel auf, wie wenig die sogenannten »Instinkthandlungen« mit Intelligenz zu tun haben; wie wenig sie mit einer Zielvorstellung verbunden sind. Man kann sie nämlich sehr leicht täuschen und irreführen.

So zeigt etwa die Grabwespe ein höchst intelligent erscheinendes Brutpflegeverhalten. Sie gräbt eine Höhle, fliegt dann auf die Suche nach einer Raupe, überwältigt und tötet sie, schleppt sie in die Höhle und legte darauf ihre Eier ab. Die schlüpfenden Jungen haben so die nötige Nahrung und sind in der Höhle – die von der Wespe auch noch verschlossen wird – entsprechend geschützt. Daß hier jedoch keine Intelligenz am Werk ist, zeigt sich, wenn man den Ablauf der einzelnen Teilhandlungen stört. Kommt die Wespe mit der Raupe zu dem Loch, dann legt sie diese erst am Eingang ab, inspiziert die Höhle, erscheint dann, Kopf voran, wieder am Eingang und zieht die Raupe hinein. Nimmt man nun, während die Wespe ihre Höhle inspiziert, die Raupe weg und legt sie in einige Entfernung des Höhleneinganges, dann sucht die Wespe so lange, bis sie die Raupe wiedergefunden hat, schleppt sie erneut zu dem Loch – und jetzt wiederholt sich der ganze Ablauf mit Weglegen, Inspizieren und so weiter. Auch wenn man die Raupe zehn- und zwanzigmal weglegt, so legt die Wespe die Raupe doch immer wieder am Eingang ab und macht den Inspektionsgang in die ihr nun schon sattsam bekannte Höhle. Das Tier ist wie von einem Computer von immer gleichen Kommandos gesteuert und kann offenbar an dem Gesamtablauf kaum etwas ändern. Erst nach dreißig- oder vierzigfacher Wiederholung zieht sie endlich die Raupe ohne weitere Inspektion in das Loch. Dabei zeigt die Grabwespe bei anderen Handlungen, daß sie sehr wohl fähig ist zu lernen. So lernt sie etwa im Flug den Weg, den sie dann mit der Beute auf dem Boden zu ihrem Loch zurückläuft – eine recht bedeutende Lernleistung. Aber das Vergraben der Beute liegt bei ihr als Instinkthandlung fest und ist streng programmiert. Diesen Teil ihres Verhaltens kann sie durch Lernen kaum beeinflussen oder ändern... er wird durch einen angeborenen, sehr »unbelehrbaren« Mechanismus gesteuert.

Ganze Handlungsketten können, sobald sie einmal angestoßen sind, von selbst weiterlaufen. Beim Eichhörnchen besteht das Futterverstecken aus den Teilhandlungen des Scharrens, des Ablegens der Nuß, des Festrammens der Nuß mit der Schnauze, des Zuscharrens und des Festdrückens des Erdreiches. Wird das Tier im Zimmer aufgezogen, dann führt es trotzdem diese Handlungen zur Gänze aus, obwohl kein aufgrabbarer Boden vorhanden ist. Es trägt die Nuß in eine Ecke, beginnt dort zu scharren, legt dann die Nuß in die – nicht vorhandene – Grube, stößt sie mit Schnauzenstößen fest (obwohl sie dabei nur wegrutscht), scharrt dann das nicht vorhandene Loch zu und drückt das nicht vorhandene Erdreich fest. Und das alles tut das Eichhörnchen auch dann, wenn einwandfrei dafür gesorgt wurde, daß das Tier nie zuvor eine Gelegenheit zum Graben oder zum Verstecken von Gegenständen hatte und daß es auch nie zuvor eine Nuß zu Gesicht bekam.

Solche Beobachtungen führen als nächstes zu der Frage: Wodurch werden die Erbkoordinationen im einzelnen ausgelöst? Durch welche besonderen Reize werden die sie steuernden Mechanismen aktiviert?

Einfache Reflexe sind bei fast allen mehrzelligen Tieren bekannt. Hier spricht der Organismus auf einen ganz bestimmten Reiz in einer ganz bestimmten Weise an. Kneift man etwa einen Frosch in die Zehe, dann zieht er sein Bein zurück – und zwar auch dann, wenn er vorher geköpft wurde. Der Reflex läuft über das Rückenmark, das Gehirn ist für diese Leistung nicht erforderlich. Sensible Nervenfasern sind hier mit motorischen so verknüpft, daß ein bestimmter Reiz eben eine bestimmte Muskelbewegung auslöst. Beim Menschen wird etwa die Pupille des Auges durch einen solchen Reflex gesteuert: wenig Licht bewirkt Vergrößerung unserer Sehöffnung, viel Licht eine Verkleinerung. Es war naheliegend, zu glauben, daß sich auch die Erbkoordinationen auf solche Reflexe zurückführen lassen, daß sie sich aus einem ganzen System solcher Reflexe aufbauen. Aber hier ist die Sache weit weniger einfach. Und damit kommen wir zu einer der für die Verhaltensforschung bedeutsamsten Entdeckungen.

Der Physiologe von Holst führte folgendes Experiment aus: Er trennte bei einem Aal das Rückenmark – von dem aus die schlängelnde Schwimmbewegung des Tieres gesteuert wird – vom Kopf ab und durchschnitt auch alle sonstigen zum Rückenmark hinlaufenden (sensorischen) Nerven. Das bedeutete, daß das Rückenmark von außen her keinerlei Sinnesmeldungen mehr erhielt; es war völlig von aller Welt abgeschnitten. Die zu den Muskeln laufenden (motorischen) Nerven hatte von Holst dagegen intakt gelassen, das Rückenmark konnte also weiterhin den Muskeln Befehle erteilen. Es zeigte sich nun etwas Überraschendes. Sobald der Aal aus dem Operationsschock erwachte, führte er wohlkoordinierte Schlängelbewegungen aus. Diese Bewegung lief dann ununterbrochen bis zum Tod des Tieres weiter.

Dieses Ergebnis war in doppelter Weise ungemein interessant. Erstens widerlegte es die Ansicht des russischen Biologen Pawlow und seiner Schule, die alle Instinkthandlungen auf »Ketten« von einzelnen Reflexen zurückführten. Nach dieser Vorstellung – die damals von den meisten Biologen geteilt wurde – hätte die Bewegung eines Muskelsegmentes über innere Sinnesreize die Bewegung des nächstfolgenden auslösen müssen. Als einen solchen »Kettenreflex« hatte man sich bisher den regelmäßigen Ablauf der Schwimmbewegung des Aales vorgestellt. Bei diesem Präparat waren jedoch keinerlei Rückmeldungen an das Rückenmark möglich, es konnten somit die Segmente einander nicht beeinflussen. Zweitens aber, und fast noch wichtiger, zeigte dieses Experiment, daß dieser offenbar von einer Stelle gesteuerte Bewegungsvorgang gar keines äußeren Reizes bedurfte, um abzulaufen. Die motorischen Zellen, welche die Schlängelbewegung kommandierten, waren vielmehr »spontan aktiv«.

Weitere Versuche haben seither diese grundlegende Erkenntnis bestätigt. Die Nervenzellen, welche die Erbkoordinationen bewirken, sind in pausenloser Tätigkeit, sie »feuern« unablässig ihre koordinierten Kommandos. Normalerweise werden sie jedoch gehemmt. Eine andere Nervenstruktur – ein anderer »Mechanismus« – blockiert den Ablauf der Bewegung und gibt nur in ganz bestimmten, biologisch richtigen Momenten den Nervenimpulsen den Weg zu den ausführenden Muskeln frei. Als Verhaltensforscher nennt man diese hemmende Nervenstruktur (die bisher noch niemand gesehen hat, deren Vorhandensein man bloß erschließen konnte) »angeborener auslösender Mechanismus« – oder abgekürzt »AAM«. Dieser Mechanismus entscheidet somit darüber, wann die ständig erfol-

genden Kommandos zu den entsprechenden Ausführungsorganen gelangen können.
Daraus ergibt sich nun folgende weitere Frage: »Wann gibt der AAM seinen »auslösenden« Befehl? Auf welche Reize spricht er an...?

3.
Angeborenes Erkennen

Auf jeden Organismus fluten von allen Seiten ungeheuer viele und verschiedenartige Reize ein, und je feiner seine Sinnesorgane sind, desto zahlreicher werden die Reize, die er wahrnimmt. Wie kann nun ein Tier aus der Fülle solcher Sinnesmeldungen die für seinen Lebenslauf wesentlichen, das für seine Selbst- und Arterhaltung Relevante heraussondern? Es handelt sich hier um ein geradezu ungeheures Problem, mit dem sich jede tierische »Konstruktion« im Lauf der Evolution auseinandersetzen mußte.
Die besonderen Bewegungen der Nahrungsaufnahme muß das Tier – logischerweise – dann ausführen, wenn es an eine geeignete Nahrung gelangt ist; sonst haben sie keinen Sinn und sind sogar störend. Fluchtbewegungen sind nur zweckmäßig, wenn eine Gefahr droht – und diese muß erkannt werden. Und auch die komplizierten Bewegungsfolgen der Werbung und der Paarung sind nur sinnvoll, wenn das Tier einen geeigneten Geschlechtspartner gefunden hat. Das Zentralnervensystem muß hier eine prüfende und auslesende Funktion ausüben. Bestimmte Reizkombinationen muß es irgendwie »erkennen«.
Wie zahlreiche Experimente zeigen, sind die AAM auf bestimmte Reizkombinationen genau abgestimmt – wie ein Schloß auf einen Schlüssel. So wie dieser das Schloß aufsperrt, so wirkt ein bestimmter Reiz auf den AAM derart, daß er den Nervenimpulsen den Weg freigibt und die entsprechende Erbkoordination dann abläuft. Der hemmende »Block« wird also beseitigt, wird wie mit einem Schlüssel aufgesperrt. In diesem Sinn nennen die Verhaltensforscher die Reizkombination, auf die ein AAM anspricht, »Schlüsselreiz«. Der Ausdruck ist insofern irreführend, als er den Eindruck erweckt, daß es sich dabei immer um *einen* Reiz handelt. Das stimmt aber nur in den seltensten Fällen. Fast immer besteht der Schlüsselreiz aus einer mehr oder minder komplizierten Reizvielheit.

Für Ameisenlöwen und netzbauende Spinnen ist etwa eine mehr oder minder charakteristische Art von Erschütterung ein Schlüsselreiz. Der Ameisenlöwe sitzt auf dem Grund seines Sandtrichters verborgen; gerät ein kriechendes Insekt in diese Falle, dann verursachen seine Fluchtbewegungen, daß Sandkörner zum Trichtergrund hinunterrollen. Daraufhin schießt der Ameisenlöwe Sand empor, wodurch das Insekt, wie durch eine Lawine, zum Trichtergrund hinabbefördert wird. Löst man mit einem Grashalm einige Sandkörner – wie Kinder es gerne tun –, dann antwortet der Ameisenlöwe mit der gleichen Reaktion. Die Spinne wiederum spricht auf eine vibrierende Erschütterung ihres Netzes an. Sie läuft dann herbei, um das gefangene Insekt zu überwältigen. Hält man eine angeschlagene Stimmgabel an das Netz, dann kommt sie ebenfalls.

Bei Haien konnten Eibl und ich im Indischen Ozean beobachten, wie Blutgeruch gezielte Suchbewegungen auslöst. Bei einigen Meeresschnecken aktiviert die Wahrnehmung von Substanzen, die von räuberischen Seesternen ausgeschieden werden, Fluchtverhalten. Für männliche Seidenspinner ist ein Sexuallockstoff der Weibchen ein Schlüsselreiz, auf den sie ganz ungemein empfindlich und auf große Entfernung ansprechen. Für bestimmte Nachtfalter sind die Ultraschall-Echolotungen der Fledermäuse ein Schlüsselreiz, der bei ihnen besondere Ausweichbewegungen auslöst. Sie fliegen dann Kurven oder lassen sich fallen. Ein recht einfacher optischer Schlüsselreiz ist für Silbermöwen das Fleckmuster ihrer Eier. Wie Kruijt feststellte, rollen sie nur dann Eier in ihr Nest zurück, wenn diese gefleckt sind. Kompliziert und schwierig zu definieren dagegen ist das Reizmuster, das junge Katzen, Küken, Zicklein und Lämmer dazu veranlaßt, vor einem Abgrund haltzumachen. Daß dies ebenfalls auf einer optischen Wahrnehmung beruht, zeigt sich darin, daß sie auch haltmachen, wenn der Abgrund mit einer Glasplatte bedeckt ist.

Bei den Reflexen gibt es solche, die durch sehr verschiedene Reize ausgelöst werden können – sie sind also nicht »wählerisch«, man nennt sie deshalb »unselektiv«. Andere Reflexe wieder sprechen nur auf einen ganz bestimmten Reiz an – man nennt sie »selektiv«. Bei den AAM ist es ähnlich. Ein Beispiel für einen, der sehr unselektiv anspricht – der also, um bei unserem Bild zu bleiben, sich mit sehr verschiedenen »Schlüsseln« aufsperren läßt –, ist jener, der das

Beutefangverhalten der Kröte auslöst. Sobald sich die junge Kröte aus der Larve entwickelt hat, schnappt sie – sofern sie hungrig ist – nach jedem kleinen sich bewegenden Gegenstand. Da das meist Insekten sind, fährt die Kröte dabei nicht schlecht. Sie schnappt jedoch auch nach sich bewegenden Blättern oder Steinen. Erst später lernt sie, nicht eßbare Objekte zu unterscheiden und schlecht schmeckende oder gar stechende Insekten zu vermeiden. Das ist dann eine zusätzliche Fähigkeit, die sie erst durch Erfahrung erwirbt. Der angeborene Teil in diesem Verhalten ist jedoch durchaus unselektiv. Jeder kleine sich bewegende Körper wird zunächst in durchaus gleicher Weise aufgeschnappt, während jeder große sich bewegende Körper eine andere Erbkoordination auslöst – und zwar Fluchtverhalten.

Ebenso unselektiv reagiert die Kröte in der Paarungszeit, wenn es darum geht, einen Geschlechtspartner zu finden. Das Männchen springt dann unterschiedslos jeden sich bewegenden Körper an und umklammert ihn. Trifft es dabei auf ein anderes Krötenmännchen, dann stößt dieses eine schnelle Folge von Rufen aus, worauf die Umklammerung sich wieder löst. So gelangt das paarungsgestimmte Männchen früher oder später auch an ein Weibchen, dessen Laich es dann befruchtet. Aber an sich hat es durchaus kein angeborenes »Bild« des Geschlechtspartners. Bewegt man vor einem Krötenmännchen den Finger, dann springt es diesen genauso an und umklammert ihn.

Um herauszufinden, aus welchen Merkmalen sich ein Schlüsselreiz aufbaut, verwendet der Verhaltensforscher sogenannte »Attrappen«. Es sind dies möglichst einfache Nachbildungen der betreffenden Reizsituation – und indem man jene verändert und ihnen weitere Merkmale hinzufügt, läßt sich feststellen, worauf der zu prüfende AAM des Tieres anspricht. Bei jungen Amseln läßt sich das Futterbetteln (»Sperren«) durch eine Attrappe auslösen, die aus einer größeren und einer kleineren schwarzen, kreisrunden Pappscheibe besteht. Die größere Scheibe bedeutet dann für die Jungen den elterlichen Körper, die kleinere – der sie die aufgerissenen Schnäbel zuwenden – stellt den Kopf dar. Beim männlichen Zaunleguan löst wieder der blaue Streifen am Rande seines Bauches bei anderen Männchen Kampfverhalten aus. Weibchen haben keine solche Zeichnung und werden auch nicht angegriffen. Malt man

Attrappe zur Auslösung des Futterbettelns bei jungen Amseln. (Nach Tinbergen und Kuenen 1939).

nun dem Weibchen das blaue Muster auf, dann wird es sofort bekämpft. Übermalt man dagegen beim Männchen den Streifen, dann wird es nicht mehr bekämpft – sondern umworben. Beim männlichen Rotkehlchen genügt schon ein Büschel roter Federn, um Kampfverhalten auszulösen. Das Wort Mechanismus hat also auch hier seine Berechtigung. Die für das Erkennen verantwortliche erblich fixierte Nervenstruktur reagiert wie ein Automat – und in diesem Sinne mechanisch.
Wie wenig solche Reaktionen mit »Intelligenz« zu tun haben, zeig-

ten Versuche am Truthahn. Hier ist für die Pute das arttypische Piepen der Jungen der Schlüsselreiz zur Auslösung ihres Brutpflegeverhaltens. Verbirgt man nun in einem ausgestopften Iltis – einem der natürlichen Feinde des Truthahnes – einen Lautsprecher, der eben dieses Piepen aussendet, dann »hudert« ihn die Pute, das heißt, sie nimmt ihn schützend unter die Flügel. Beraubt man dagegen die Pute ihres Gehörs, dann tötet sie ihre eigenen Jungen – weil eben der entsprechende Schlüsselreiz nicht an ihren AAM kommt.
In der großen Zahl von Schlüsselreizen haben sich die Verhaltensforscher besonders für eine Gruppe interessiert, der Lorenz, auf dessen bahnbrechende Untersuchungen die meisten dieser Arbeiten zurückgehen, den Namen »Auslöser« gegeben hat. Die Besonderheit dieser Art von Schlüsselreizen besteht darin, daß sie Verhaltensweisen nicht bloß de facto auslösen – sondern *auslösen sollen*. Es sind Signale im Dienste der Verständigung zwischen Artgenossen oder Tieren verschiedener Arten, die in »freundschaftlichem« (symbiotischem) Verhältnis zueinander stehen. Es sind somit Auslöser par excellence, und man nennt sie auch »Signalreize«. Bei ihnen – im Gegensatz zu den übrigen Schlüsselreizen – zeigte sich die Tendenz, möglichst deutlich und auffallend ausgesandt zu werden.
Man muß sich hier folgendes vor Augen führen: Wenn etwa die Tierart »A« an einem bestimmten Schlüsselreiz von Raubtieren erkannt wird, dann ist das für sie natürlich ein Nachteil. Im Lauf der Evolution führt das dann dazu, daß sich solche Exemplare dieser Art besser behaupten – und somit auch besser vermehren können –, bei denen dieser Schlüsselreiz möglichst gering ist oder gar nicht mehr ausgesandt wird. Die natürliche Auslese fördert hier also eine Rückbildung dieses Kennzeichens. Wenn dagegen ein Schlüsselreiz dem gegenseitigen Erkennen – etwa zwischen Geschlechtspartnern – dient, dann ist es von Vorteil für die Art, wenn dieses Signal möglichst deutlich wird. Hier setzt deshalb ein entgegengesetzter Auslesevorgang ein. Im Lauf der Evolution verstärkt es sich.
So wie bei jedem Sender-Empfänger-Verhältnis kommt es auch bei den Auslösern darauf an, daß sie möglichst einfach, möglichst unmißverständlich und auch möglichst selten sind. Denn je einfacher sie sind, desto einfacher kann auch die empfangende Apparatur sein – und das erspart überflüssigen Aufwand. Je unmißverständli-

cher sie sind, desto weniger Fehlleistungen gibt es. Und je seltener sie sind, um so geringer wird die Gefahr, daß auch andere Tiere dieses Signal verwenden – und es so zu gefährlichen Mißverständnissen kommt. Ganz einfache räumliche Beziehungen zwischen Merkmalen spielen hier eine Rolle – das konnte Tinbergen am Beispiel des Stichlings zeigen. Beim Stichlingsmännchen wirkt der rote Bauch als kampfauslösendes Merkmal auf andere Männchen. Zeigt man dem Tier eine ganz gewöhnliche Wachswurst, die auf der Unterseite rot angestrichen ist, im übrigen aber keinerlei Fischähnlichkeit hat (keine Flossen oder Augen), dann wird diese nicht minder heftig bekämpft. Dreht man nun aber die Wurst um, so daß die rote Farbe oben ist, dann löst die Attrappe keinerlei Kampfverhalten mehr aus. In diesem Fall ist also nicht einfach »rot« der Auslöser, sondern »rot unten«, wie Tinbergen es formulierte.

Auch verschiedene Schlüsselreize können ein Verhalten auslösen, und im Attrappenversuch kann man diese dem Tier getrennt anbieten. Dabei zeigte sich, daß sich die Wirkungen quantitativ addieren. Die Männchen einer Buntbarschart – sie sind blau mit einer schwarzen Zeichnung auf den Rücken- und Bauchflossen – stellen sich bei ihren kämpferischen Auseinandersetzungen breitseits mit gespreizten Flossen vor dem Gegner auf, führen dann Schwanzschläge gegen dessen Kopf und rammen ihn schließlich mit geöffnetem Maul. Sowohl die Blaufärbung wie auch die Flossenzeichnung, das Querstellen, das Flossenspreizen, der Schwanzschlag und der Rammstoß sind Schlüsselreize, die, einzeln geboten, verschieden starkes Drohen auslösen. Kombiniert man alle, dann erhält man die stärkste Reaktion. Seitz, der diesen Zusammenhang als erster erkannte, nannte ihn »Reizsummenphänomen«. In manchen Fällen ließ sich das Verhältnis der Wirksamkeit sogar zahlenmäßig genau festhalten.

Eine andere Entdeckung war die, daß man in manchen Fällen auch Attrappen herstellen kann, die die Wirksamkeit der natürlichen Schlüsselreize sogar noch übertreffen. So entdeckten Koehler und Zagarus, daß der Halsbandregenpfeifer ein linear viermal so großes Ei seinen eigenen Eiern vorzieht – obwohl er dieses Riesenei gar nicht mehr bebrüten kann. Vom Kuckuck ist bekannt, daß er seine Eier in fremde Nester legt, wo die fremden Eltern den jungen Kuckkuck sogar bevorzugt füttern. Das liegt daran, daß dessen Sperra-

Übernormale Attrappe: Ein Austernfischer bevorzugt ein künstliches Riesenei dem eigenen, obwohl er es gar nicht bebrüten kann. (Nach Tinbergen.)

chen größer ist – woraus sich für die Eltern ein stärkerer Auslöser zum Füttern ergibt. Beim männlichen Samtfalter stellten Tinbergen und seine Mitarbeiter fest, daß er schwarze Weibchenattrappen den natürlich gefärbten vorzieht. Und für einen anderen Schmetterling, den Kaisermantel, bedeutet ein mit braunen Längsstreifen versehener, rotierender Zylinder einen noch stärkeren sexuellen Anreiz als der Anblick der eigenen Weibchen. Der Verhaltensforscher spricht in diesen Fällen von »übernormalen Attrappen«.
Bewegungen, die zunächst ganz anderen Zwecken dienten, entwikkelten sich nicht selten zu Auslösern. So wurden zum Beispiel bei gesellig lebenden Tieren aus Hautpflegehandlungen Signale der Kontaktbereitschaft zur Auslösung von freundlicher Stimmung beim Artgenossen. Wenn der Hund uns zur Begrüßung ableckt, dann ist das ein Freundlichkeit auslösendes Signal, das sich bei den Vorfahren der Hunde aus dem gegenseitigen Reinigen des Felles entwickelte und das der Hund nun auch dem Menschen gegenüber einsetzt. Bei freilebenden Schimpansen beobachtete Jane Goodall in Tanganjika, daß sie sich durch Umarmen und Lippenkontakt begrüßen. Diese Auslöser für freundliches Verhalten beim anderen

gingen sehr wahrscheinlich aus Erbkoordinationen des Mutter-Kind-Verhaltens (Festklammern am mütterlichen Hals und Mund-zu-Mund-Fütterung) hervor.

Die gleiche Bewegung kann bei verschiedenen Tierarten ganz verschiedene Auslösefunktionen haben. So bedeutet das Schwanzwedeln beim Hund freundliche, bei der Katze dagegen feindliche Erregung – und wurde im ersten Fall zum Auslöser für freundliches Verhalten, im anderen Fall zum Mittel der Einschüchterung, also zum Auslöser von Angst beim Gegner. So wie es bei den menschlichen Sprachen eine reine Frage der Konvention ist, welche Bedeutung wir mit diesem und jenem »Wort« verbinden, so ist es auch bei den erblich fixierten Signalen der Tiere nicht wesentlich, wie sie im einzelnen beschaffen sind und wie sie zustande kamen. Wesentlich ist nur, daß sie »verstanden« werden. Es muß sich also einerseits eine mit einer bestimmten Signalbedeutung verbundene Erbkoordination entwickeln und anderseits ein rezeptiver Mechanismus, der auf diese Signale hin eine bestimmte Reaktion auslöst.

Die von zahlreichen Tieren ausgeführten Werbezeremonien dienen neben dem gegenseitigen Erkennen auch dem Abbau der ebenfalls angeborenen Kontaktscheu beim Partner. Meist sind es die Männchen, die werben, bei manchen Arten, wie etwa bei der Seenadel, ist es auch umgekehrt. Durch ein besonderes »Imponierverhalten« und durch verschiedene Formen der »Balz« wird der Geschlechtspartner in Paarungsbereitschaft gesetzt. Im Sinne dieser Funktion entwickelten sich oft eigene »reizende« Strukturen. So beeindrucken die Männchen der Fregattvögel ihre Weibchen durch den aufgeblähten und leuchtendrot gefärbten Kehlsack. Bei den Paradiesvögeln kam es zur Ausbildung von besonders prächtigem Gefieder, das in den absonderlichsten Stellungen entfaltet wird. Fische legen oft ein Hochzeitskleid an, indem sie sich strahlend verfärben. Bei den australischen Laubenvögeln baut das Männchen für den Paarungsakt eine besondere Liebeslaube, die es mit Blüten oder bunten Steinen schmückt, und lockt dann das Weibchen durch werbende Tänze oder sonstiges Balzverhalten in die Laube. Der Seidenlaubenvogel malt sogar seine Laube aus. Er verwendet dazu zerkaute Beeren, die er mit Speichel vermengt; zum Auftragen benützt er den Schnabel, manchmal auch ein Blatt oder ein Rindenstück. Das Wesentliche – und Neue – in der Beurteilung aller dieser Vor-

gänge besteht darin, daß hier in jedem Fall verstärkte Schlüsselreize geboten werden, die beim Artgenossen (oder im Falle von Symbiosen auch bei andersartigen Tieren) angeborene Reaktionen bewirken. Es sind somit nicht bloß einseitige Signale, sondern es sind Mittel zur aktiven Beeinflussung der Reaktionen beim anderen.
Bei der Beobachtung von innerartlichen Kämpfen zwischen rivalisierenden Männchen entdeckte Lorenz die sogenannten »Demutsgebärden« – bestimmte Stellungen, die das besiegte Tier einnimmt, woraufhin der Sieger es dann nicht weiter beschädigt. Es sind dies Auslöser, die einen Hemmechanismus aktivieren, so daß der Sieger einfach nicht mehr zubeißen kann. Aus Gründen, die später noch ausführlicher besprochen werden sollen, sind derartige innerartliche Kämpfe biologisch wichtig und haben sich deshalb im Lauf der Evolution herausgebildet – anderseits aber förderte die natürliche Auslese solche Kampfformen, bei denen sich die Artgenossen nicht ernsthaft beschädigten. Als Verhaltensforscher spricht man in diesem Sinne von »Turnierkämpfen« – und eine gewisse Ähnlichkeit mit den sportlichen Auseinandersetzungen des Menschen ist tatsächlich gegeben. Auch hier gibt es ein festliegendes »Zeremoniell« mit bestimmten »Kampfregeln« – allerdings sind sie angeboren. Und wer in einem solchen Kampf unterliegt, nimmt eben die »Demutsstellung« ein (bei Meerechsen legt sich zum Beispiel der Unterlegene flach vor den Gegner hin), »beschwichtigt« ihn so und kann sich dann ungefährdet zurückziehen. Es gibt also nicht nur Signalreize, die Bewegungen auslösen, sondern manche lösen auch einen Hemmechanismus aus, der dann einen Bewegungsablauf verhindert.
Die Entstehung der Auslöser aus anderen Bewegungen und ihre »Verbesserung« im Sinne einer erhöhten Wirksamkeit wird in der Verhaltensforschung »Ritualisierung« genannt. Beim Schwarzspecht kann man den Weg einer solchen Entwicklung verfolgen. Wenn er sich in einem Baum eine Wohnnische zurechtzimmert, dann verursacht dies ein trommelndes Geräusch. Ein ganz ähnliches Geräusch, nur schneller und rhythmisch wiederholt, wurde bei ihm zu einem warnenden Signal gegenüber anderen Männchen, um diese vom Eindringen in sein Revier abzuhalten. Aus dem Geräusch »zimmernder Schwarzspecht« entwickelte sich so das Drohsignal: »Hier zimmere ich, komm nicht in mein Revier!« Bei den

Buntbarschen (Cichliden), die durchwegs Brutpflege betreiben, kann man die Weiterentwicklung eines ähnlichen Signals verfolgen. Bei einigen zu dieser Fischfamilie gehörenden Arten wird die »Nachfolgereaktion« bei den Jungen dadurch ausgelöst, daß die Eltern eine besonders akzentuierte Schwimmbewegung ausführen. Das hat die naheliegende Bedeutung: »Aufgepaßt, Kinder, ich schwimme jetzt weiter, folgt mir nach!« Bei der Art Aequidens wurde daraus eine übertrieben starke Schlängelbewegung über eine kurze Strecke. Da dies noch ungewöhnlicher und auffallender ist, wird hier die Wahrscheinlichkeit, daß die Jungen durch ähnliche Bewegungen anderer Fische irregeleitet werden, noch geringer. Bei den Zwergcichliden finden wir schließlich ein betontes Kopfschütteln als Lockbewegung. Für sich allein betrachtet, wäre der Ursprung dieses Zeichens schwer zu deuten. Der Vergleich mit den verwandten Fischarten läßt dagegen darauf schließen, daß es sich auch hier um ein »letztes mimisches Relikt« der Vorausschwimmbewegung handelt, *also um eine besonders weit fortgeschrittene Ritualisierung.*

Manche höchst rätselhafte Vorgänge wurden durch Kenntnis solcher Zusammenhänge erklärbar. So überreicht etwa bei der Tanzfliege Hilaria sartor das Männchen dem Weibchen ein ballonartiges Gespinst als »Hochzeitsgeschenk«. Das sehr aggressive Weibchen beschäftigt sich dann interessiert mit dieser Gabe – und das Männchen »nützt die Gelegenheit« und führt die Paarung aus. Was hat dieses Gespinst nun zu bedeuten? Der Vergleich mit anderen Tanzfliegen lehrte, daß es sich auch hier wieder um die Endphase einer Ritualisierung handelt. Ursprünglich – wie bei der gewürfelten Tanzfliege auch heute noch der Fall – wurde nämlich als Hochzeitsgabe ein kleines Insekt überreicht. Das Weibchen übernimmt dann das Insekt, saugt es aus – und wird gleichzeitig begattet. Bei anderen Arten umspinnen die Männchen das Geschenk, ehe sie es überreichen, machen also eine Art von Päckchen daraus. Das Weibchen bemüht sich dann, das Päckchen zu öffnen – und der Paarungsvorgang läuft ab. Bei wieder anderen Arten wird nur noch ein leeres Gespinst überreicht. Und bei Hilaria sartor ist es schließlich nur noch ein ganz durchsichtiges loses Gebilde. Auch hier zeigen heute noch lebende Arten – die auf der einen oder anderen Entwicklungsstufe verblieben sind – den Weg der

Evolution. Die Signale vereinfachten sich, behielten jedoch ihre auslösende Wirkung. Parallel zu solchen Ritualisierungen vergrößerten sich auch Körperteile, die an den Signalbewegungen teilnahmen, und wurden auffälliger. Da der Signalreiz so noch stärker wurde, hatten solche Abänderungen – wenn sie in der Generationsfolge auftraten – auch »Auslesewert«. Einige Schlangen zum Beispiel zittern als Drohgebärde mit dem Schwanz. Zunächst war dies wohl eine ganz allgemeine Begleiterscheinung von Erregung, doch entwickelte sich daraus dann ein Signal zur Einschüchterung des Gegners. Bei der Klapperschlange finden wir nun als weitere Verbesserung lauterzeugende Rasselorgane ausgebildet, die beim Schwanzschütteln Lärm machen und so das Signal noch unterstreichen. Beim Stachelschwein, das als Drohgeste seine Stacheln aufstellt und ebenfalls den Schwanz schüttelt, kam es – in analoger Entwicklung – zur Umbildung einiger Stacheln in klangerzeugende Organe. Die erstaunlichste Neubildung dieser Art finden wir bei der Fleckenhyäne, die in Rudeln lebt und als beschwichtigendes Grußzeremoniell den erigierten Penis vorzeigt. Da die Weibchen kein solches Organ besitzen, konnten sie diesen Gruß nicht ausführen. Sie folgten jedoch diesem Ritual so weit, daß auch sie ein penisartiges Gebilde entwickelten, das sogar erigierbar ist und mit dem sie nach Art der Männchen grüßen. Rein äußerlich kann man bei diesen Tieren die Geschlechter gar nicht mehr unterscheiden.

Wir gingen von der Frage aus, wie die Organismen in der Lage sind, ihre angeborenen Bewegungen am rechten Ort und zur rechten Zeit auszuführen. Wie gezeigt wurde, sind besondere, gleichfalls angeborene Nervenstrukturen für diese Leistung verantwortlich. Sie vermögen aus der Fülle von Sinnesmeldungen ganz bestimmte Reizkombinationen herauszusondern, und treffen solche ein, dann enthemmen sie die entsprechende Erbkoordination.

4.
Trieb und Stimmung

Nach der klassischen Reflextheorie stellte man sich vor, daß ein bestimmter Reiz immer eine bestimmte Reaktion auslöst. Beim Instinktverhalten der Tiere ist die Sache jedoch weniger einfach. Hier sind noch ganz andere Faktoren wirksam – und damit kommen wir zu einem Gebiet, das gerade im Hinblick auf die Beurteilung des menschlichen Verhaltens sehr wichtig ist.

Wie schon gesagt, sind die motorischen Zellen, welche die Erbkoordinationen steuern, ständig aktiv. Sie produzieren praktisch ununterbrochen ihre koordinierten Impulse, doch werden diese durch die AAM daran gehindert, zu den Muskeln zu fließen. Erst der entsprechende Schlüsselreiz bewirkt die Enthemmung, und die Bewegung nimmt dann ihren Verlauf. Wird nun eine Erbkoordination längere Zeit nicht ausgelöst – begegnet das Tier keinem Schlüsselreiz –, dann kann das zu einer wachsenden Erregung führen. Das Tier wird unruhig und beginnt aktiv nach der auslösenden Reizsituation zu suchen. Das ist es, was wir eigentlich »Trieb« nennen. In diesem Erregungszustand genügen bereits weit geringere Schlüsselreize – als normal –, um die entsprechende Instinkthandlung auszulösen. Findet das Tier auch solche nicht, dann kann es schließlich dahin kommen, daß die Erbkoordination auch ohne jeden Reiz – überhaupt ohne jeden Anstoß – »spontan« abläuft. Der hemmende »Block« wird dann gleichsam beiseite geschoben, das »Schloß« öffnet sich auch ohne den notwendigen Schlüssel.

Lorenz beobachtete dies bei einem Star, den er im Zimmer aufzog. Das Tier bekam genug Futter, hatte jedoch keine Gelegenheit, seine Erbkoordinationen des Auffliegens und des Jagens nach Insekten abzureagieren. Der Star zeigte nun in regelmäßigen Abständen folgendes Verhalten: Er flog von seiner Sitzstange auf und schnappte – obwohl es im Zimmer keinerlei Insekten gab – einfach in die leere Luft. Dann kehrte er zu seiner Stange zurück, führte dort die für das Totschlagen von Insekten typische Bewegungen aus und schluckte schließlich. Ganz analog verhielten sich Gänse, die Lorenz an Land mit Getreide fütterte. Obwohl sie gesättigt waren, zeigten sie dennoch den Drang, ins Wasser zu gehen und dort im »Leerlauf« zu grundeln. In beiden Fällen waren Magen und Darm der Tiere gefüllt, sie waren also nicht hungrig. Trotzdem zeigte sich der Drang, ganz bestimmte Bewegungen auszuführen – also ohne Freßbedürfnis, ganz spontan und offenbar nur zu dem Zweck, die entsprechenden Erbkoordinationen abzureagieren.

Die anwachsende Bereitschaft eines Tieres, eine bestimmte Instinkthandlung auszuführen, nennt der Verhaltensforscher »spezifische Gestimmtheit« oder »Appetenz«. Rein äußerlich kann man solche in einem Tier aufkeimenden Appetenzen an bestimmten charakteristischen Bewegungen erkennen – man nennt sie »Intentionsbewegungen«. Das Tier, das durch einen seiner Triebe in Unruhe versetzt wird, deutet in der Art seiner Bewegungen bereits an, welches seiner angeborenen Bewegungsmuster nach Ausführung drängt. So führt etwa eine Graugans, wenn sie in »Auffliegestimmung« ist, schon eine Weile, ehe sie auffliegt, mit dem Kopf nach oben zielende Bewegungen aus. Bei freßgestimmten Haien konnten Eibl und ich (im Indischen Ozean) beobachten, wie sie den Kopf schüttelten, als würden sie bereits eine Beute zersägen.

Auch »Ersatzobjekte« werden zur Abreaktion von Appentenzen verwendet. Das kann man zum Beispiel bei Tieren beobachten, die in Verbänden leben und bei denen das gegenseitige Säubern des Felles und der Haut zum angeborenen Verhaltensinventar gehört. Hält man diese Tiere einzeln, dann fehlt es ihnen an Gelegenheit, diese Handlungsfolgen auszuführen: sie laden daher nicht selten ihren Pfleger dazu ein, sich von ihnen putzen zu lassen. Rattenweibchen wiederum sind in den ersten Tagen nach dem Werfen in so starker Eintragstimmung (»Eintragen« nennt man die Instinkthandlung, Junge, die aus dem Nest kriechen, wieder zurückzuholen), daß sie nicht selten ihren eigenen Schwanz oder eines ihrer Hinterbeine als Ersatzobjekte verwenden. Sie packen dann den Schwanz, tragen ihn ins Nest und »deponieren« ihn dort – oder sie packen das eine Hinterbein und schleppen es auf drei Beinen humpelnd zurück, als wäre es ein Junges.

Daß bei verschiedenen Tierarten die gleichen Triebe oft verschieden stark in Erscheinung treten, kann man in zoologischen Gärten beobachten. So zeigen etwa Löwen einen weit geringeren Bewegungsdrang als Wölfe, was mit ihrer verschiedenartigen Lebensweise zusammenhängt. Während Wölfe ihre Beute durch Aufspüren und Verfolgen zur Strecke bringen, lauern die Löwen meist im Versteck, bis sich ein passendes Beutetier nähert. Dem Löwen macht es daher nichts aus, wenn er in der Gefangenschaft ohne jede Anstrengung sein Futter erhält. Seine Instinktsteuerung ist ja auf ein entsprechend ruhiges Leben ausgerichtet. Beim Wolf dagegen befriedigt das Futter zwar den Hunger – nicht aber die mit dem Futtererwerb normalerweise verbundene Laufappetenz. Er läuft daher ruhelos im Käfig auf und ab, um auf diese Art seinen »Erregungsstau« loszuwerden.

Beim Kind haben Spitz und Ploog einen ähnlichen Zusammenhang beobachtet. Wenn Säuglinge eine bestimmte Menge Milch in zwanzig Minuten aus der Flasche sogen, dann schliefen sie anschließend beruhigt ein. Vergrößerte man jedoch die Saugöffnung, so daß sie die gleiche Menge in der halben Zeit oder gar in fünf Minuten ersaugen konnten, dann zeigten sich die Kinder unbefriedigt. Sie sogen im »Leerlauf« weiter und begannen zu schreien. Ihr Hunger war zwar gestillt, doch ihre Saugappetenz war nicht voll abreagiert. Gab man ihnen die leere Flasche, dann sogen sie weitere zehn bis fünfzehn Minuten daran und zeigten sich erst dann befriedigt. Bei Kälbern, die man mit dem Eimer tränkt, kommt es zu einem ähnlichen Vorgang. Sie entwickeln die Gewohnheit, an den Ringen der Stallketten oder an anderen Kälbern zu lutschen.

Im Zustand der Appetenz wird das Tier für Schlüsselreize, die andere Verhaltensweisen auslösen, weniger empfänglich. So sind etwa bei einem jagdgestimmten Tier weit stärkere sexuelle Reize nötig, um es auf Paarungsverhalten übergehen zu lassen – und ebenso auch umgekehrt. Ist dagegen der drängende Trieb abreagiert, sind die entsprechenden Erbkoordinationen ausgeführt, dann wird das Tier für andere Reize wieder normal empfänglich.

Lorenz sprach von einem »Parlament der Instinkte« – ein sehr anschaulicher Vergleich. So wie in einem Parlament die Abgeordneten darauf warten, ihre diversen Wünsche vorbringen und durchsetzen zu können, so drängen die Instinkte darauf, in Erscheinung zu treten und ihre koordinierten Kommandos zu erteilen. Sie warten darauf, den Befehl zu übernehmen und den Körper zu steuern. Und wenn sich dazu keine Gelegenheit ergibt, dann führt das zu gesteigerter Erregung, die betreffende Instinkthandlung wird leichter auslösbar und kann sogar ohne besonderen Anstoß – im »Leerlauf« – losgehen.

Lorenz verglich diesen Vorgang der anwachsenden Erregung mit einer Flüssigkeit, die in einem Gefäß allmählich höhersteigt, bis sie schließlich zum Überfließen kommt. Und auch Tinbergen und von Holst sprachen von einer inneren »Aufstauung« aktionsspezifischer Energie, die dann schließlich überfließt. Eine andere bildhafte Vorstellung, um sich diesen Vorgang zu veranschaulichen, wurde aus der Physiologie übernommen. Dort spricht man von einem Heruntersetzen oder einer Erhöhung der »Reizschwelle«. Je höher bei einer Eingangstür die Schwelle ist, um so schwieriger wird es, sie zu überwinden – so stellt man sich das auch bei den Reizen vor, die Instinkthandlungen oder Reflexe auslösen. Ein »Ansteigen« der Reizschwelle bedeutet, daß entsprechend stärkere Reize nötig sind, um die betreffende Reaktion auszulösen. Ein »Absinken« hat zur Folge, daß schon ein ganz geringer Reiz die Schwelle zu überwinden vermag und den »Block« beseitigt.

Viele Verhaltensforscher gingen der Frage nach, welche Ursachen dafür verantwortlich sind, daß sich die hemmende Reizschwelle bei dem einen oder anderen Instinktverhalten senkt – daß also der eine oder andere Trieb in Erscheinung tritt. Hier zeigten eingehende Untersuchungen, daß die jeweilige »spezifische Gestimmtheit« eines Tieres – ganz abgesehen von der spontanen Erregungsproduktion – auch von »äußeren« und »inneren« Faktoren beeinflußt wird.

So ist es – um ein Beispiel für einen »äußeren« Einfluß zu nennen – die zunehmende Tageslänge, die den männlichen Stichling in Fortpflanzungsstimmung versetzt. Der zuständige »Abgeordnete« im Parlament seiner Instinkte beginnt sich durchzusetzen und bewirkt, daß das Tier von einer gewissen Unruhe befallen wird. Noch legt der Fisch nicht sein Hochzeitskleid an, noch zeigt er kein Werbe- oder Kampfverhalten. Die Stichlinge wandern im Schwarm von den tiefer gelegenen Winterquartieren in wärmeres, seichteres Wasser. Dort sucht jedes Männchen eine mit Pflanzen bewachsene Stelle und gründet hier sein Revier. Erst jetzt bekommt er sein Prachtkleid und wird weiteren Reizen gegenüber empfänglich. Fängt man Stichlinge bei ihrer Wanderung und setzt man sie in ein Becken, das keinerlei Pflanzen enthält, dann bleiben die Tiere im Schwarm und färben sich nicht um. Und zwar einfach deshalb, weil keines der Männchen ein Revier abgrenzen kann. Bepflanzt man dagegen eine Ecke, dann sondert sich bald eines der Männchen ab, bezieht dort Posten, gründet sein Revier, verfärbt sich und wird fortpflanzungsgestimmt. In diesem Fall wird also die wachsende Fortpflanzungsstimmung durch zwei äußere Faktoren bewirkt: zuerst durch die zunehmende Tageslänge und dann durch das Auffinden von Pflanzen, die sich zur Reviergründung (und zu einem dann dort einsetzenden Nestbau) eignen. Durch diese äußeren Reizsituationen gewinnt im Zentralnervensystem des Stichlings der für Sexualverhalten zuständige Abgeordnete an Einfluß und übernimmt nun in steigendem Maß die Leitung des Körpers – während die übrigen Abgeordneten für eine gewisse Zeitspanne warten müssen.

Ein Beispiel für »inneren« Einfluß ist die Wirksamkeit von Hormonen. So stellte man fest, daß bei der weiblichen Lachtaube, wenn sie ein balzendes Männchen erblickt, die Ovarien Progesteron ins Blut abscheiden. Dieses Hormon bewirkt, daß fünf bis sieben Tage später bei den Tieren Brutstimmung einsetzt. Lehrmann, der mit 80 Pärchen dieser Tauben experimentierte, injizierte den Vögeln Progesteron sieben Tage bevor er die Männchen und Weibchen zusammenbrachte. Als er ihnen dann gleichzeitig mit dem Zusammenbringen Eier anbot, begannen die Pärchen sofort mit dem Brutgeschäft – was sie normalerweise nie tun würden. Auch hier zeigte sich wieder, wie leicht das Triebverhalten irregeführt und aus seiner normalen Bahn gelenkt werden kann, wie starr und maschinenhaft es abläuft. In diesem Fall wird die Gestimmtheit durch ein Hormon induziert – und bringt man dieses früher in die Blutbahn, dann setzt sich der Instinktabgeordnete auch entsprechend früher durch.

Ein weiterer »innerer« Einfluß auf die einzelnen Triebe – sind die anderen Triebe. Wie schon erwähnt, wird durch Anwachsen einer Appetenz das Tier für andere Schlüsselreize weniger empfänglich. Genauer ausgedrückt heißt das: Durch Absinken einer Reizschwelle werden die Reizschwellen von anderen Trieben erhöht. Der Verhaltensforscher sagt in diesem Fall, ein Trieb »unterdrückt« einen anderen – und für solches »Unterdrücken« gibt es zahlreiche Beispiele. So wird etwa bei Vögeln durch Brutstimmung die Reizschwelle für Fluchtverhalten wesentlich hinaufgesetzt. Wenn also ein Vogel brütet, ist Flucht bei ihm weit schwieriger auszulösen als normal – eine an sich bekannte Tatsache, die jedoch auf diese Weise eine mehr konkrete, »mechanische« Erklärung findet. Ebenso unterdrückt beim Huhn die »Ekelreaktion« die Bereitschaft, nach Nahrung zu picken. Das erscheint selbstverständlich – geht jedoch auch auf ganz bestimmte »Schaltungen« im Zentralnervensystem zurück. Kommt einem Huhn etwas ekelhaft Schmeckendes in den Schnabel, dann führt es – je nach der Stärke des Reizes – bis zu vier erblich festgelegte Reaktionen aus. Es hält im Fressen inne. Es streckt den Hals vor, macht Bewegungen mit der Zunge und sondert Speichel ab. Ist der Ekel sehr stark, dann schüttelt es den Schnabel. Und schließlich wischt es den Schnabel am Boden ab. Führt das Huhn diese Bewegungsfolge auch nur teilweise aus, so vermindert das – wie im Experiment messend verfolgt werden konnte – seine Appetenz zu picken.

Es kann jedoch die Gestimmtheit zu einem Triebverhalten auch die Gestimmtheit für ein anderes Triebverhalten steigern. In diesem Fall sagt man als Verhaltensforscher, daß die beiden Triebe »positiv korreliert« sind. So werden zum Beispiel viele »freßgestimmte« Tiere gleichzeitig auch erhöht »kampfgestimmt«. Sehr interessant ist nun, daß diese »Korrelation« bei männlichen und weiblichen Tieren derselben Art durchaus nicht immer übereinstimmen muß – ja sogar ganz entgegengesetzt sein kann. So unterdrückt beim Buntbarschmännchen Fluchtstimmung seine Bereitschaft zu sexuellem Verhalten – wenn das Tier also Angst hat, verliert es sein Interesse an den Weibchen. Dagegen ist aggressive Gestimmtheit mit seinem sexuellen Verhalten positiv korreliert. Ist also das Tier aggressiv gestimmt, dann erhöht dies auch seinen sexuellen Drang. Beim Weibchen ist es nun gerade umgekehrt. Ist dieses »angstgestimmt«, dann kann dies sogar eine Erhöhung seiner Bereitschaft zu sexuellem Verhalten zur Folge haben. Dagegen bewirkt hier ansteigende Aggressivität ein Absinken der sexuellen Bereitschaft. Ist also das Weibchen aggressiv gestimmt, dann ist es an »Liebe« uninteressiert. Der gleiche Unterschied im männlichen und weiblichen Verhalten wurde auch bei anderen Tieren beobachtet.

Manche Erbkoordinationen stehen auch insofern miteinander in Zusammenhang, als ein bestimmtes Instinktverhalten sich aus mehreren von ihnen aufbaut. So gehören zum Beutefangverhalten der Katze die Erbkoordinationen »Lauern«, »Schleichen«, »Haschen«, »Anspringen« und »Angeln«. Diese werden in einer bestimmten Reihenfolge ausgeführt – und beeinflussen so einander. Anderseits hat aber jede dieser Erbkoordinationen auch wieder ihre eigene Appetenz. Hat eine Katze längere Zeit keine Gelegenheit, die eine oder andere Handlung auszuführen, dann sucht sie nach einer entsprechenden Reizsituation, um zum Beispiel nur zu »angeln« oder nur zu »haschen«. Die Maus wird dementsprechend einmal das Objekt zu diesem und dann wieder zu jenem Vorgang. Und wenn ein Wollknäuel als Ersatzobjekt dient, ist es nicht anders.

Auf Grund solcher und anderer Beobachtungen gelangte Tinbergen zu der Erkenntnis, daß die einzelnen Instinkte ganz hierarchisch aufgebaut sind. Das Parlament der Instinkte besteht nicht ausschließlich aus »Abgeordneten«, sondern vielmehr aus verschiedenen »Ministerien«, von denen wieder jedes soundso viele Beamte umfaßt. Diese Beamten stehen untereinander in sehr verschiedener Verbindung – und jeder bemüht sich auch wieder selbständig um das Befehlsrecht, strebt also danach, den Körper in seiner Weise zu kommandieren.

Es ergibt sich so ein Bild vom tierischen Organismus, das von der gewohnten Betrachtungsweise abweicht. Die Einheit, die wir zu sehen gewohnt sind, zerfällt so in eine Vielfalt von Instanzen, deren jede sich ziemlich autonom verhält. Entsprechend diesem Bild ist allein der Körper eine Einheit. Gesteuert wird er jedoch nicht von einer leitenden Stelle, sondern von hierarchisch aufgebauten Ministerien, wobei dieser oder jener Minister – oder dieser und jener der Beamten – kurzfristig die Leitung an sich reißt.

Noch tiefere Einblicke erlangten von Holst und von Saint-Paul durch Hirnreizungen bei Hühnern. Die beiden Forscher führten operativ versenkbare Elektroden in das lebende Gehirn ein und konnten mit diesen nun einzelne Gehirnpunkte »abtasten« und mit schwachen Stromstößen künstlich reizen. So ließ sich feststellen, welches Verhalten die jeweilige Nervenstruktur steuerte. Den Tieren verursachten die winzigen Elektroden weder Schmerz noch Unbehagen. Wenn sie aus der Narkose erwachten, nahmen sie diese

und die hauchdünnen, von ihrem Kopf wegführenden Drähte gar nicht wahr.
Die Ergebnisse dieser Reizungen waren ungemein aufschlußreich und wurden in Lehrfilmen festgehalten. Man sieht dort etwa einen Hahn, der ruhig und zufrieden auf einem Versuchstisch sitzt. Nun erfolgt die Reizung eines bestimmten Punktes im Stammhirn. Sofort steht der Hahn auf und beginnt auf der Platte herumzupicken. Es gibt dort nichts, was aufzupicken wäre, doch sobald der betreffende Punkt gereizt wird, pickt der Hahn – wie ein Automat. Die Reizung eines anderen Punktes hat zur Folge, daß der Hahn sitzen bleibt, aber um sich blickt. Wird die Spannung erhöht (ungefähr von 0,1 auf 0,3 Volt), dann steht er auf und beginnt zu gackern. Bei noch etwas verstärkter Spannung geht er umher und entleert seinen Darm. Verstärkt man noch mehr, dann macht er kehrt, hockt sich nieder und zielt mit dem Schnabel in eine bestimmte Richtung. Schließlich, bei etwa 0,9 Volt, fliegt er ab und stößt mehrere Schreie aus. In diesem Fall wurden durch die allmählich gesteigerte Reizung nacheinander verschiedene Erbkoordinationen in geordneter Reihe enthemmt. Und zwar zeigte der Hahn sämtliche Verhaltensweisen, die er im normalen Leben bei Annäherung eines Bodenfeindes ausführt. Reizte von Holst den ruhig sitzenden Hahn gleich mit 0,9 Volt, dann unterblieben die Zwischenstufen, und der Hahn flog sofort schreiend ab. Reizte er dieselben Punkte mehrmals, dann kam es zu der auch in der Natur beobachteten Reizschwellenerhöhung und Ermüdung.
Von Holst und von Saint-Paul konnten bei Hühnern fast jede Erbkoordination künstlich auslösen. Dabei zeigte sich auch, daß manche Erbkoordinationen von verschiedenen Gehirnpunkten aus aktiviert werden können. Ein Beispiel war »Gackern«, ein anderes »Gehen«. Diese Erbkoordinationen stehen in der Hierarchie der Instinktbewegungen an sehr untergeordneter Stelle und werden bei verschiedenen Verhaltensweisen eingesetzt. So gackert das Huhn im Rahmen des Brutpflegeverhaltens wie auch bei aktiviertem Fluchtdrang. Und sowohl bei der Nahrungssuche wie auch bei Angriffshandlungen und bei der Paarung »geht« das Huhn – führt also Schritte aus. Lorenz nannte solche einfachste Erbkoordinationen »Werkzeughandlungen«, weil sie wie Werkzeuge für verschiedene Zwecke eingesetzt werden. Die Schaltbahnen im Gehirn laufen nun

offenbar so, daß sich die verschiedenen Instinkte – jeder im Rahmen seines Bewegungsablaufes – dieser Grundbewegungen bedienen. Die schon besprochenen Phänomene der Korrelation konnten von Holst und von Saint-Paul durch gleichzeitige Reizung verschiedener Punkte noch weit besser untersuchen. Durch solche »Doppelreizungen« stellten sie fest, daß bei Aktivierung verschiedener Triebe sieben verschiedene Verknüpfungen auftreten. Die beiden Bewegungen können sich erstens *überlagern* – so führt etwa gleichzeitige Reizung der für »Picken« und »Kopfwenden« verantwortlichen Stellen dazu, daß das Tier pickt und gleichzeitig den Kopf wendet. Zweitens können die beiden Bewegungen *mitteln* – so führt Reizung von »Aufmerken« und »Sichern« (Umherschauen) dazu, daß das Huhn wohl beide Bewegungen gleichzeitig, jede aber nur in halber Intensität ausführt. Drittens führt etwa die Reizung von »Sichern« und »Fressen« zum *Pendeln* – daß das Tier abwechselnd frißt und Ausschau hält. Viertens führt eine gleichzeitige Reizung von »Rechtswenden« und »Linkswenden« zu einem *Aufheben* – der Kopf des Tieres wendet sich weder nach rechts noch nach links, sondern bleibt geradegerichtet. Fünftens kann gleichzeitige Reizung von zwei Trieben zu einem *Verwandeln* führen – indem die beiden gereizten Triebe einen dritten enthemmen, so daß das Tier eine völlig andere Bewegung ausführt: »Hackstimmung« und »Fluchtstimmung« gleichzeitig gereizt ergeben beispielsweise ein »Abwehrschreien«. Sechstens kann ein Trieb den anderen *unterdrücken*, so daß bei gleichzeitiger Reizung das eine Verhalten voll und das andere (anschließend) nur angedeutet erscheint. Und siebentens kann der Trieb die Ausführung eines anderen völlig *verhindern*, so daß bei Doppelreizung nur der dominierende in Erscheinung tritt. Ähnliche Hirnreizungen wurden seither auch von einigen anderen Forschern durchgeführt. Auf ein Ergebnis sei hier noch verwiesen. Man dressierte Ratten darauf, daß sie – durch Drücken einer Taste – die eigene Hirnreizung auslösen konnten. Dabei wurde im Stammhirn ein Punkt entdeckt, dessen Reizung dem Tier offenbar besonders angenehm ist. In einem Zeitraum von 24 Stunden reizte sich die Ratte über fünfzigtausendmal. Sie verfiel diesem Reiz geradezu und löste ihn beinahe ununterbrochen aus.
Ein Phänomen, das noch nicht völlig geklärt ist, besteht darin, daß

bei Tieren in Konfliktsituationen oft völlig sinnlose Verhaltensweisen auftreten. So beginnen etwa kämpfende Hähne, wenn durch den Gegner gleichzeitig Fluchttendenzen bei ihnen aktiviert werden, gegen den Boden zu picken. Nichts liegt ihnen in diesem Moment ferner, als nach Nahrung zu suchen, trotzdem führen sie diese Bewegungen aus. Tinbergen erklärte dies durch einen »Energieüberschuß«, der seinen »Ausfluß nicht findet und deshalb auf eine andere Nervenbahn überspringt«. Er nannte demgemäß diesen sehr häufig zu beobachtenden Vorgang »Übersprungsbewegungen«. Es ist jedoch auch möglich, daß sich dieses Phänomen aus dem durch von Holst beobachteten »Verwandeln« erklärt, indem zwei gleichzeitig aktivierte Triebe einen dritten enthemmen. Bei Besprechung der menschlichen Gestik werden wir noch ausführlicher auf diese Bewegungen zurückkommen.

Lorenz konnte an zahlreichen Beispielen zeigen, wie sich die Instinkte – ähnlich den Organen der Lebewesen – im Lauf der Entwicklungsgeschichte den sich verändernden Umweltbedingungen »anpaßten«, wie auch sie durch die natürliche Auslese »geformt« wurden. Interessanterweise erwiesen sich die Instinkte oft als starrer und »konservativer« als die Organe, mit denen sie ausgeführt wurden. So hatten die Vorfahren der heutigen Hirsche noch kein Geweih, aber ein wesentlich wirkungsvolleres Gebiß, mit dem sie sich verteidigten. Bei ihnen wurde offenbar aus der Intentionsbewegung des Zähnefletschens ein Signal der Drohung. Später kam es dann, wie fossile Funde zeigen, zu einer allmählichen Rückbildung der besonders stark entwickelten oberen Eckzähne. Und heute verteidigen sich die Hirsche mit den Hufen und mit ihrem Geweih. Die Instinktbewegung des Zähnefletschens blieb aber trotzdem als Drohsignal erhalten. Sie erwies sich somit als »konservativer« als die Organe, auf die sie sich bezog.

Bei den Haustieren stellte Lorenz wesentliche Instinktveränderungen fest. Indem der Mensch sie vor ihren natürlichen Feinden und vor klimatischem Unbill schützte, veränderte er die natürliche Auslese – man nennt diesen Vorgang »Domestikation«. Lorenz fand, daß dabei im motorischen Bereich längere »Ketten« von Erbkoordinationen in »Stücke« zerfielen: es fand eine »Entdifferenzierung« statt. Ebenso verloren auch manche angeborene Mechanismen des Erkennens (AAM) an Selektivität, das heißt, sie sprechen bei den

Haustieren längst nicht mehr so präzise auf Schlüsselreize an wie bei den Wildformen, von denen diese Haustiere abstammen. Das »Schloß« der Instinkthandlung läßt sich bei ihnen durch viel mehr »Schlüssel« öffnen. Und auch die Triebe veränderten sich. Manche – etwa jene der sozialen Instinkte, die den Zusammenhalt von Tiergemeinschaften bewirken – bildeten sich zurück. Andere wieder – etwa jene des Fressens und der Begattung – verstärkten sich, sie »hypertrophieren«.
Solche Formen des »Instinktverfalls« haben auch im Lauf der natürlichen Evolution stattgefunden – und waren von großer Bedeutung. Für den Vorgang des »Lernens«, auf den wir nunmehr zu sprechen kommen, waren sie sogar eine Voraussetzung. Denn nur auf Grund eines weniger starren angeborenen Festgelegtseins konnten die höheren Wirbeltiere zu ihrer gesteigerten Anpassungsfähigkeit kommen. Nur indem die starre erbliche Fixierung teilweise zerbrach, konnten diese Tiere dahin gelangen, durch Lernen ihr Verhalten zu verbessern. Wie schon Whitman, einer der ersten Pioniere der Verhaltensforschung, sagte, waren Instinktausfälle die »offene Tür«, durch die die individuelle Erfahrung in das Tier »eintreten« und sein Verhalten verändern konnte.

5.
Erworbenes Verhalten

Auf den ersten Blick erscheint es nicht schwierig, zwischen angeborenem und erworbenem Verhalten eine klare Trennungslinie zu ziehen. Schon aus den Bezeichnungen, so sollte man meinen, ergibt sich eindeutig der Unterschied. Wie in diesem Kapitel gezeigt werden soll, ist aber eine solche Trennung vielfach doch sehr schwierig.

Wie wir sahen, wird »angeborenes« Verhalten von Nervenstrukturen gesteuert, deren Aufbau durch das in den Chromosomen liegende Erbrezept bestimmt wird. Die Chromosomen steuern das erblich fixierte Verhalten also nicht direkt, sie schaffen nur die zu einer Steuerung dienenden »Mechanismen«. Beim »erworbenen« Verhalten ist es anders. Auch dieses wird vom Zentralnervensystem aus bewirkt – aber von Nervenstrukturen, die der Organismus erst als Ergebnis seiner individuellen Auseinandersetzung mit der Umwelt aufbaut. Die steuernden Strukturen mögen in beiden Fällen ähnlich beschaffen sein – und vieles spricht dafür, daß sie wirklich ähnlich sind –, doch kommen sie eben auf eine ganz andere Art zustande.

Wie kommen sie zustande? – Wir nennen den Vorgang »Lernen«. Man unterscheidet dabei verschiedene Arten, obwohl sie sich nicht scharf voneinander trennen lassen. Zunächst gibt es ein mehr passives Lernen durch Sammeln von Erfahrung – es beruht auf der Bildung von bedingten Reflexen (Assoziationen). Ferner das aktive Lernen durch »Probieren« – man nennt es Lernen durch »Erfolg und Mißerfolg« – auch hier spielt die Bildung von Assoziationen eine wichtige Rolle. Eine weitere Möglichkeit ist ein Lernen durch »Nachmachen«. Und dieser Vorgang kann sich wiederum mit einem bewußten »Vormachen« oder einem über sprachliche Verständigung erfolgenden »Lehren« verbinden.

In jedem Fall ist eine Grundfähigkeit Voraussetzung: Das Zentralnervensystem muß irgendwie in der Lage sein, »Erfahrungen« aufzubewahren. Gewisse Umwelteindrücke müssen irgendwelche Spuren hinterlassen. Der Organismus muß sich gewisse Einzelheiten seiner Auseinandersetzung mit der Umwelt irgendwie »merken« können. Er braucht dazu eine Fähigkeit, die wir dann, in schon höher entwickeltem Zustand, »Gedächtnis« nennen.

Diese Fähigkeit – die man mit der bewußten menschlichen »Erinnerung« nicht ohne weiteres gleichsetzen darf – hat man bei Tieren durch Dressurexperimente untersucht. Inwieweit einzellige Lebewesen »Gedächtnis« haben, ist noch umstritten. Bei sehr primitiven Strudelwürmern (Planarien) wurde jedoch eine solche Fähigkeit eindeutig nachgewiesen. Versuche mit einem Tintenfisch zeigten, daß er eine Erfahrung 27 Tage lang in seinem Gedächtnis aufbewahrte. Bei einer Forelle reichte das Gedächtnis über 150 Tage, bei einer Ratte über 15 Monate, bei einem Karpfen sogar über 20 Monate. In jedem dieser Fälle hatte ein besonderes Ereignis im Gehirn des betreffenden Tieres Spuren hinterlassen, die sein Verhalten nach der angegebenen Zeitspanne noch beeinflußten.

Sehr umstritten ist die Frage, wie man sich diese »Gedächtnisspuren« (»Engramme«) praktisch vorstellen soll. Wie also das Zentralnervensystem solche Erfahrungen aufbewahrt. Die ursprüngliche Ansicht war die, daß das Gedächtnis auf morphologischen oder chemischen Veränderungen innerhalb der Nervenzellen beruht. Nach Eccles dagegen gründet sich das Gedächtnis auf elektrische Schwingkreise, die durch eine bestimmte Erregung – also durch ein bestimmtes »Erlebnis« – angestoßen werden und dann weiterlaufen.

Für die Hypothese einer chemischen Verankerung (Molekularhypothese) sprechen Versuche, die man mit den schon genannten Planarien gemacht hat. Man dressierte diese kleinen Würmer auf die Erfüllung einer bestimmten Aufgabe (zu solchen Leistungen sind sie fähig) und schnitt sie dann in zwei Teile. Das Regenerationsvermögen geht bei den Planarien so weit, daß in diesem Fall der Kopfteil ein neues Schwanzende und der Schwanzteil einen neuen Kopf hervorbringt. Anschließende Versuche schienen zu zeigen, daß beide neuen Individuen – also auch jenes, das einen Kopf regeneriert hatte – die Aufgabe beherrschten. Die durch das Lernen bewirkten Veränderungen mußten somit stofflicher Natur und über den ganzen Körper verteilt gewesen sein. Noch erstaunlicher war ein Versuch mit Ratten. Sie wurden ebenfalls auf eine Aufgabe dressiert, dann getötet, und ihr Hirnextrakt wurde anderen Ratten in die Bauchhöhle injiziert. Daraufhin sollen auch diese in der betreffenden Aufgabe bessere Erfolge gezeigt haben. Diese Ergebnisse sind umstritten, trotzdem ist es heute wahrscheinlich geworden, daß »Gedächtnis« in besonderen Molekülen gespeichert wird – wahrscheinlich in solchen der Desoxyribonukleinsäure. Das wäre deshalb besonders interessant, weil diese auch Träger der Erbrezepte sind, wodurch die schon 1870 von Hering geäußerte Vermutung bestätigt würde, daß zwischen Gedächtnis und Vererbung – die er als »organisches Gedächtnis« bezeichnete – Gemeinsamkeiten bestehen.

Weitere Untersuchungen ergaben, daß es zwei Formen von Gedächtnis gibt, ein Kurzzeit- und ein Langzeitgedächtnis. Daß es sich dabei um durchaus verschiedene Phänomene handelt, zeigten Untersuchungen am Tintenfisch, bei dem die beiden Fähigkeiten in verschiedenen Hirngebieten lokalisiert sind. Beim Goldfisch gelang der Nachweis, daß sein Kurzzeitgedächtnis innerhalb einer Stunde in ein Langzeitgedächtnis übergeht und daß letzteres einwandfrei auf der Bildung von Eiweißmolekülen beruht. Es wäre also denkbar, daß beide Gedächtnistheorien zutreffen. Das Kurzzeitgedächtnis könnte auf einem elektrochemischen Schwingungsvorgang innerhalb der Nervenzellen beruhen – und diese Schwingungen könnten dann zu der stofflichen Bildung führen, in der die Gedächtnisspur für längere Zeit verankert bleibt.

Wenden wir uns nun der ersten Form des Lernens zu: dem Lernen durch Bildung von bedingten Reflexen. Durch diesen Vorgang können völlig neue Reaktionen entstehen – oft führt er aber auch zu einer Veränderung oder Verfeinerung bereits angeborenen Verhaltens. So lernt etwa die Kröte – die zunächst nach allen sich bewegenden kleinen Objekten schnappt –, übelschmeckende oder gar stechende Insekten zu vermeiden. Mit der Erinnerung an besondere Merkmale solcher Tiere »assoziiert« sich dann das unangenehme Erlebnis, und bei ähnlichem Anblick wird nicht mehr geschnappt. Eine »unbedingte« Reaktion hat sich dann in eine »bedingte« verwandelt. Ähnlich ist es beim jungen Iltis, der zunächst nur sich bewegende Tiere verfolgt. Erst durch Erfahrung lernt er, auch die ruhig dasitzende Maus zu »erkennen«. Das Lernen bestimmter Wege erfordert die richtige Zusammenordnung von zahlreichen Merkmalen. Wenn der Bienenwolf (eine Grabwespe) sein Erdloch verläßt, dann fliegt er erst mehrere Kreise, um sich so die Umgebung »einzuprägen«, und lernt so den Rückweg. Bei den Hummeln kann man noch genauer beobachten, wie sich diese Orientierung auf das Einprägen von Merkmalen stützt. Treffen sie auf eine weithin sichtbare Blüte (etwa den Fingerhut, Digitalis), dann fliegen sie zu ihrem Nest zurück und vermögen die Blüte ohne weiteres wieder zu finden. Stoßen sie dagegen auf eine schwieriger zu erkennende Blüte (etwa die Hundszunge, Cynoglossum), dann fliegen sie erst mehrere Kreise, um so die genaue Lage im Verhältnis zu bestimmten Geländemarken zu fixieren. In jedem dieser Fälle gründet sich das Lernen auf ein »Assoziieren« von Merkmalen. Die angeborenen Mechanismen zum Erkennen von Schlüsselreizen werden so »selektiver«, und das Verhalten des betreffenden Individuums wird so den besonderen Gegebenheiten seiner Umwelt besser »angepaßt«.

Das Lernen durch »Probieren« spielt vor allem beim Erwerben körperlicher Geschicklichkeiten eine Rolle. So ist bei den Vögeln die Bewegungskoordination des Fliegens erblich festgelegt – aber nur in den wesentlichen Grundlagen. Die eigentliche Geschicklichkeit im Navigieren muß erst durch Üben erworben werden, ganz besonders die schwierige Kunst des Landens. Bei den Säugetieren lernen die Jungen im »Spiel« – über das wir noch ausführlich sprechen werden – sehr viele ihrer späteren Fähigkeiten. Durch immer neue Versuche erproben sie die Möglichkeiten ihres eigenen Körpers und bauen so in ihrem Gehirn Steuerungsrezepte auf, die ihnen dann später nützlich sind. Auch dabei werden oft angeborene Verhaltensweisen verfeinert und verbessert. So ist etwa dem Iltis der »Tötungsbiß« angeboren, doch die richtige Art, ihn am Nacken seines Opfers (etwa einer Ratte) anzubringen, muß er erst lernen. Es geschieht dies in der Jugend beim Spiel mit Altersgenossen. Auch Orientierungsaufgaben werden durch Probieren gelöst. In künstlich angefertigten Labyrinthen, in denen nur ein bestimmter Weg zum Futter führt, wurde dieser Vorgang bei Mäusen eingehend studiert. Erst nach mehreren erfolglosen Versuchen finden die Tiere dann einmal zufällig den Weg – und nach wiederholtem Finden

»merken« sie ihn sich schließlich. Das in ihrem Gehirn aufgebaute Steuerungsrezept stützt sich dann auf ein ganzes System von Merkmalen – auf erworbenes Erkennen von Schlüsselreizen, die in bestimmter Aufeinanderfolge bestimmte Reaktionen auslösen.
Besondere geistige Fähigkeiten erfordert offenbar das »Lernen durch Nachmachen«, denn dieser Vorgang ist nur bei den höheren Wirbeltieren nachgewiesen. So beobachten etwa Löwenjunge, sobald sie ihrer Mutter folgen können, diese bei der Jagd und lernen so, sich an die Beute heranzupirschen, sich unter dem Wind zu halten und »Flankenmanöver« auszuführen. Von Ratten ist bekannt, daß sie vergiftete Köder schnell zu vermeiden lernen. Hier gelangt das Wissen von einem Tier zum anderen, indem die Unerfahrenen sich nach den Erfahrenen richten. Auf diese Art kann es bei Tieren auch zur Bildung von »Traditionen« kommen. In England lernten die Meisen mit ihrem Schnabel Milchflaschen zu öffnen (die der Milchmann dort in der Früh vor die Türen der Häuser stellt). Diese »Erfindung« wurde zuerst bei Swaythling in der Grafschaft Southampton beobachtet (1921) und breitete sich dann im Lauf der folgenden 26 Jahre auf viele Teile Englands – ja bis nach Schottland und Irland aus. Auf der Insel Koshima in Japan wurden solche Traditionsbildungen bei Affen (Makaken) im einzelnen verfolgt. Die Tiere wurden gefüttert, indem man ihnen Weizen auf den Strand warf – was zur Folge hatte, daß die Weizenkörner zwischen den Sandkörnern herausgeklaubt werden mußten. Einer der Affen kam nun darauf, daß man den Weizen vom Sand viel einfacher trennen kann, indem man eine Handvoll Sand samt dem Weizen ins Wasser wirft – wo sich dann die Körner trennen, weil der Sand viel schneller absinkt. Diese vom Menschen absolut unbeeinflußte Erfindung wurde dann von anderen Affen des Rudels nachgemacht – und im Laufe von zwölf Jahren von neunzehn Rudelgenossen übernommen. In jedem dieser Fälle gelingt es den betreffenden Tieren, die Bewegungskoordinationen »überzuführen« – ein Vorgang, der uns Menschen leicht anmutet, der in Wirklichkeit aber bereits eine sehr komplizierte Verknüpfung von Sinneseindrücken mit eigenen Bewegungsversuchen darstellt.
Noch seltener wurde im Tierreich ein »Lehren durch Vormachen« beobachtet. Diese Fähigkeit ist offenbar auf die allerhöchsten Lerntiere beschränkt. Im Basler Zoo konnte Schenkel mit ansehen, wie

eine Gorillamutter ihr Neugeborenes an das Käfiggitter führte, es dort durch entsprechende Bewegungen zum Klettern ermunterte und es dabei sogar unterstützte, indem sie die Hände des Jungen führte. Sie »lehrte« also, indem sie manche Bewegungen förderte und andere hemmte, wieder ein Vorgang, der uns naheliegend erscheint, weil wir ihn beherrschen, der jedoch – was die Gorillamutter betrifft – auf einer sehr fortgeschrittenen und komplizierten Intelligenzleistung beruht.

Was wir »Intelligenz« oder »Verstand« nennen, läßt sich leichter durch Beispiele beschreiben als theoretisch definieren. Wenn ein Huhn hinter einem Gitter Futter sieht, an das es nicht gelangen kann, so läuft es hinter dem Gitter hin und her – und die Bemühungen bleiben erfolglos. Ein Hund in der gleichen Situation »sieht dagegen bald ein«, daß es so nicht geht, läuft den Zaun entlang, sucht, ob dieser eine Öffnung hat oder sich umgehen läßt, und gelangt so an das Futter. Was wir »einsichtiges Verhalten« nennen, beruht für gewöhnlich auf einem besseren »Erkennen von Zusammenhängen«. Welche besonderen Vorgänge im Gehirn dieser Leistung zugrunde liegen, ist noch unbekannt. Im wesentlichen geht es aber wohl darum, früher gemachte Erfahrungen, die unabhängig voneinander gewonnen werden, so auszuwerten, daß eine neu auftauchende Aufgabe gemeistert wird.

In besonders konstruierten Käfigen versuchte man, solche Leistungen noch genauer zu analysieren. Die zu untersuchenden Tiere – meist Ratten und Mäuse, aber auch Tauben, Katzen und Affen – mußten dort lernen, durch Drücken von Hebeln oder Betätigung anderer Vorrichtungen entsprechende Aufgaben zu lösen, was dann mit einer Belohnung verbunden war. Dabei zeigte sich, daß die ersten, durch wahlloses Probieren erzielten Erfolge meist ohne Rückwirkung bleiben. In der graphischen Auswertung kann man sehen, wie die »Lernkurve« anfangs nur ganz flach ansteigt. Nach weiteren Erfolgen nimmt jedoch die Anzahl richtiger Handlungen sprunghaft zu – als hätte das Tier plötzlich verstanden, welche Aufgabe ihm da gestellt ist. Bei manchen Intelligenzversuchen gingen die Tiere auch schon beim ersten Herumprobieren nicht ganz wahllos vor, sondern so, »als arbeiteten sie auf Grund einer Hypothese«. Je nachdem, was ihnen in früheren Versuchen Erfolg gebracht hatte, wählten sie, etwa an Weggabelungen von Labyrinthen, für eine Weile stets die rechte oder die linke Seite – oder sie wählten alternierend.

Auch Tiere haben, wie zahlreiche Versuche einwandfrei zeigten, die Fähigkeit zu »abstrahieren«. Sie vermögen das Gemeinsame und Wesentliche in verschiedenen Erscheinungen zu erkennen und gelangen so – durch Aussonderung bestimmter relevanter Merkmale – zu »Begriffen«. Diese unterscheiden sich von unseren menschlichen Begriffen dadurch, daß sie nicht durch eine Wortbezeichnung fixiert sind (»averbale Begriffe«). Versuche, die Rensch und Dücker mit einer Schleichkatze machten, zeigten ein hohes Maß dieser Fähigkeiten, aus verschiedenen Sinneseindrücken gewisse, für die Bedeutung des Ganzen wesentliche Merkmale herauszusondern (»generalisierende Abstraktion«). Das Tier wurde darauf dressiert, zwei parallele Halbkreise als Hinweis für Futter und zwei gerade Linien als Hinweis für Strafe zu unterscheiden. Dann wurden ihm zunehmend komplizierte Muster geboten, in denen diese beiden Elemente in abgewandelter Form wiederkehrten; dabei zeigte sich, daß es schließlich zur Unterscheidung der Begriffe »gekrümmt« und »gerade« gelangte. Auf ähnliche Art gelang ihm auch, das Begriffspaar »gleich« und »ungleich« auszubilden. Wenn man hier wieder an die angeborene Leistung denkt, bestimmte Schlüsselreize aus einer Reizvielheit herauszusondern und an diesen Merkmalen bestimmte Objekte zu »erkennen«, dann liegt die Parallele zur Begriffsbildung auf der Hand. Was in dem einen Fall durch einen angeborenen Mechanismus geschieht, bringt im anderen eine auf Grund von Erfahrung aufgebaute Nervenstruktur zustande. Hier wie dort geht es darum, das Gemeinsame an einigen typischen Merkmalen wiederzuerkennen.

Spitzenleistungen einer solchen »generalisierenden Abstraktion« entdeckte Koehler bei der Untersuchung des Zählvermögens von verschiedenen Tieren. So lernten Tauben, Papageien, Raben und Eichhörnchen, aus einer größeren Zahl von Körnern oder Futterbrocken eine ganz bestimmte, ihnen vorgeschriebene Anzahl herauszunehmen. Bei einem Graupapagei wurde die Versuchsanordnung noch erschwert, indem er die Körner aus mehreren verdeckten Futterschälchen nehmen mußte, in denen sich verschieden viele Körner (in einem auch gar keine) befanden. Er bewältigte auch diese Aufgabe: Er öffnete die Schälchen der Reihe nach und hielt

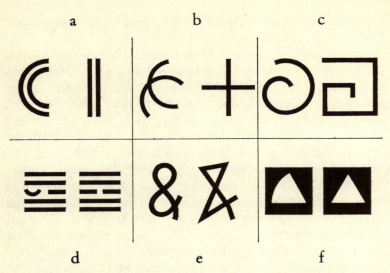

Testmuster zur Prüfung der »averbalen« Begriffsbildung bei einer Schleichkatze. Das Tier wurde darauf dressiert, zwei parallele Halbkreise als positiv (futterbelohnt) und zwei parallele Gerade als negativ zu behandeln (a). Nachdem das Tier diese Wahl beherrschte, wurden ihm die Elemente »gekrümmt« und »gerade« in zunehmend abgewandelter Form angeboten. Der Prozentsatz der Richtigwahlen war bei b 90%, bei c 90%, bei d 82%, bei e 80% und bei f 66%. (Nach Rensch und Dücker 1959.)

inne, nachdem er die vorgeschriebene Zahl von Körnern gefunden und verspeist hatte. Ja noch mehr. Wenn ihm die vorgeschriebene Zahl durch Lichtzeichen angezeigt wurde und man statt dessen dann Lautzeichen gab, verstand er den Befehl ebenfalls. Er hatte also das Element »Zahl« von Licht- auf Lautzeichen übertragen.

Bei solchen Leistungen werden die Zusammenhänge bereits in der Art eines »Schlusses« erfaßt. In den Labyrinthversuchen mit Ratten und Mäusen wurde gerade diese Fähigkeit eingehend geprüft – und man konnte dabei ein erstaunliches »Transponiervermögen« feststellen. Hatten etwa Mäuse alle Wege eines Labyrinths gut gelernt, dann fanden sie sich auch in einem anderen zurecht, das dem ersten

glich, bei dem jedoch die Gänge nicht im rechten Winkel aufeinanderstießen, sondern etwa in einem fünfundvierziggradigen, also spitzen Winkel. Ja sie fanden sich in dem neuen Labyrinth auch dann zurecht, wenn sämtliche Wegstrecken verdoppelt waren. Und sie fanden sich sogar zurecht, wenn das neue Labyrinth eine spiegelbildliche Umkehrung des alten darstellte.
Besonders ausgeprägt ist das Erfassen von Zusammenhängen bei Schimpansen. Diese Tiere können etwa die Aufgabe lösen, eine an der Decke hängende Banane zu angeln, indem sie zwei Kisten übereinandertürmen, einen Stock nehmen und dann, mit diesem ausgerüstet, hinaufklettern. Auch das Verlängern eines Stockes durch Zusammenfügen von zwei ineinandersteckbaren Teilen kann ihnen gelingen. In Tanganjika beobachtete Jane Goodall, daß freilebende Schimpansen mit dünnen Zweigen oder Halmen Termiten aus ihren Bauten hervorholen. Sie öffneten mit dem Finger einen der Ausgänge, den die Termiten in ihrer Schwärmperiode benützen, führen das Stäbchen ein – worauf sich einige Termiten am Ende festbeißen. Diese ziehen sie dann am Stäbchen hervor und verspeisen sie. Durch eine weitere Intelligenzleistung – ebenfalls von Jane Goodall beobachtet – gelangen sie auch an Wasser in hohlen Baumstämmen, das zu tief liegt, um es mit dem Mund zu erreichen. In der Art, wie wir einen Schwamm verwenden, nehmen sie eine Handvoll Blätter, langen mit dem Arm in das Loch, tunken das Wasser mit den Blättern auf und bringen es so an den Mund. In allen diesen Fällen handelt es sich bereits um einen Werkzeuggebrauch, der auf einsichtigem Verhalten beruht.
Die Fähigkeit zur Bildung neuer, individueller Handlungsweisen, die nicht erblich fixiert sind, kann somit bei den Tieren in ihrer Entwicklung verfolgt werden – beginnend bei geringfügigen Abänderungen von angeborenen Reaktionsformen bis zu echten Intelligenzleistungen, die den unseren schon nahe kommen. Gleichzeitig ist auch zu verfolgen, wie eine ständige Vergrößerung und Differenzierung des Zentralnervensystems stattfindet – wie also das Organ, das diese Leistungen erbringt, sich mehr und mehr verbessert. Dabei scheint es nicht nur auf qualitative, sondern auch auf quantitative Unterschiede anzukommen. So konnte Rensch bei Wirbeltieren feststellen, daß zwischen ihren Lernleistungen und ihrer absoluten Gehirngröße ein Zusammenhang besteht. Es dürfte somit nicht

Intelligenzversuche bei Schimpansen. Links: Schimpanse, der durch Auftürmen zweier Kisten und Verwendung eines Stockes eine Banane angelt. Rechts: Schimpanse, der durch Ineinanderstecken zweier Stockteile eine außerhalb des Käfigs liegende Banane erreicht. (Nach Koehler 1921.)

nur die besondere »Architektonik« innerhalb des Gehirnes eine Rolle spielen, sondern sehr weitgehend auch die absolute Zahl der überhaupt verfügbaren Ganglienzellen.

Wie schon beim Hinweis auf die tierische Begriffsbildung erwähnt, gibt es gewisse Parallelen zwischen erworbenem und angeborenem Verhalten. Noch deutlicher wird dies im motorischen Bereich. Bei den Erbkoordinationen haben wir gesehen, daß die Zellen, in denen sie verankert sind, sich durch eine spontane Erregungsproduktion auszeichnen, daß so Appetenzen entstehen, die den Organismus dazu drängen, bestimmte Bewegungen auszuführen. Bei den durch »Lernen« erworbenen Koordinationen – die man als »Erwerb-Koordinationen« bezeichnen kann – verhält es sich in diesem Punkt ähnlich. Werden sie durch häufige Ausführung erst einmal im Gehirn »eingeschliffen«, dann werden sie zur »Gewohnheit«. Und wie man bei Tieren deutlich sehen kann, verbinden sich auch mit Gewohnheiten solche Appetenzen – was sich darin äußert, daß die Tiere unruhig werden, wenn die Zeit verstreicht, zu der sie eine Handlung auszuführen gewohnt sind. Ein Hund, der daran gewöhnt ist, zu apportieren, und dem man diese Möglichkeit nicht bietet, zeigt das deutlich. Auch hier kommt es zu einem Absinken der Reizschwelle – und, wenn die Handlung nicht ausgeführt werden kann, zu Übersprungsbewegungen. Die durch Blockierung der Gewohnheit bewirkte Erregung löst dann die Ausführung irgendwelcher anderen Bewegungen aus.

Angeborenes und erworbenes Verhalten kommen wohl auf verschiedene Art zustande, zeigen aber gewisse Ähnlichkeiten. Die praktische Unterscheidung ist oft schwierig. Das zeigt sich bereits bei den bedingten Reaktionen. So ist dem Hund angeboren, daß bei einer bestimmten Geschmackswahrnehmung seine Speicheldrüsen in Funktion treten. Läßt man nun gleichzeitig mit der Futtergabe eine Glocke ertönen (dies war der klassische Versuch Pawlows, in dem er die Bildung von bedingten Reflexen nachwies), dann genügt bald der bloße Glockenklang, um – auch ohne Geschmackswahrnehmung – eine Speichelabsonderung zu bewirken. Was ist nun in diesem Fall »erworben« und was »angeboren«? Die neue Nervenverbindung (Assoziation) ist eindeutig erworben. Doch zum Teil bedient sich auch der neue Reflex der alten angeborenen Nervenbahn; denn eine neue Nervenverbindung zur Speicheldrüse wurde ja nicht gebildet. So ist also – strenggenommen – nur ein Teil in diesem neuen Verhalten »erworben«.

Noch schwieriger wird die Frage bei komplexen Bewegungsabläufen. Manche der erblich fixierten Verhaltensweisen sind bei Geburt des Tieres noch nicht fertig, sondern reifen erst später, so daß es dann leicht den Anschein hat, als hätte sich dieses Verhalten auf Grund eines Lernvorganges gebildet. Solche Fälle einer »späteren Reifung« sind sowohl für motorische als auch sensorische Leistungen nachgewiesen – ein klassischer Fall ist das von Hess ausgeführte Experiment mit Hühnerküken. Diese beginnen bald nach dem Schlüpfen mit dem Schnabel nach kleinen Gegenständen zu picken – doch in den ersten Tagen picken sie meistens daneben. Gibt man ihnen als »Zielscheibe« eine weiche Tontafel, in deren Mitte sich ein Nagelkopf befindet, dann kann man an den Schnabeleindrücken genau sehen, wie weit die Einschläge vom Ziel entfernt sind – wie weit sie »streuen«. Am zweiten und dritten Tag verbessert sich dann die Treffsicherheit, und am vierten Tag liegen die Einschläge schon dicht um den Nagelkopf. In diesem Fall sieht es nun ganz so aus, als wäre die verbesserte Treffsicherheit ein Ergebnis des Übens – also »erworben«. Hess konnte jedoch zeigen, daß dies nicht der Fall ist, sondern daß es sich hier um eine »spätere Reifung« des Zielmechanismus handelt. Und zwar setzte er frisch geschlüpften Küken eine Prismenbrille auf, die alles Geschaute um ein Stück nach rechts verschob. Die Einschläge der Schnabelspitze lagen demgemäß bei diesen Küken um ein Stück nach rechts verschoben – sie »streuten« also nicht ringsum den Nagelkopf, sondern lagen, in ebensolcher Streuung, ein Stück weit vom Nagelkopf entfernt. Am vierten Tag lagen sie dann alle dicht beisammen – aber nach wie vor um das entsprechende Stück nach rechts verschoben, abseits vom Nagelkopf. Das Küken hatte also sicherlich nicht »gelernt«, ja es hatte den Nagelkopf nicht ein einziges Mal getroffen. Die Streuung war jedoch kleiner geworden – woraus eindeutig hervorging, daß sich der Zielmechanismus nicht auf Grund eines Lernvorganges, sondern auf Grund einer verspäteten Reifung verbessert hatte.

Die Unterscheidung zwischen »angeboren« und »erworben« wird bei vielen Verhaltensweisen auch dadurch erschwert, daß angeborene und erworbene Teile oft sehr innig ineinander verwoben oder, wie Lorenz es ausdrückte, ineinander »verschränkt« sind. So geht schon einmal die »Motivation« des Lernens – also der Antrieb, warum ein Tier sich überhaupt der Mühe des Lernens unterzieht – weitgehend auf die verschiedenen Instinkte zurück. Im Instinktparlament gewinnt diese oder jene Stimme die Oberhand, und das Tier setzt dann alle seine Fähigkeiten ein, um das Triebziel zu erreichen. Dieses Bestreben ist eine der Hauptursachen dafür, daß ein Tier überhaupt lernt. Somit ist dann das Erlernte zweifellos erworben, doch der Motor dafür war angeboren.

Darüber hinaus gibt es noch einen besonderen Trieb, der auf nichts anderes hinzielt – als eben auf Lernen. Es ist der »Spiel-« oder »Neugiertrieb«, der bei den höheren Wirbeltieren die Jungen dazu anregt, aktiv ihre Umwelt zu erkunden und sich in allen nur erdenklichen Bewegungen zu erproben. Bei diesen Tieren liegen meist nur ganz kurze Bewegungsfolgen als Erbkoordinationen fest, und aus diesen »Stücken« werden dann durch Lernen und Üben höher integrierte und kompliziertere Bewegungsmuster aufgebaut. Die Tiere haben so den Vorteil, sich Umweltbedingungen weit besser anzupassen, als das auf Grund erblich festgelegter Handlungsketten möglich ist. Ist nun ein solcherart zustande gekommenes Verhalten »erworben«, oder ist es »angeboren«? – Es ist beides.
Eibl hat bei Eichhörnchen genau festgestellt, inwiefern das Verstecken und Aufbrechen von Nüssen auf Grund angeborener oder erworbener Bewegungssteuerung erfolgt. Die Handlung des Versteckens ist zur Gänze erblich festgelegt, während sich die Technik des Öffnens der Nüsse aus angeborenen und erworbenen Teilen zusammensetzt. Und zwar liegen die Bewegungen des Nagens und Aufsprengens bereits als Erbkoordinationen vor – wie diese jedoch an der zu öffnenden Nuß am zweckmäßigsten einzusetzen sind, lernt das Eichhörnchen durch Probieren. Der Fachmann kann so an den Nagespuren geöffneter Nüsse sehen, ob sie von einem erfahrenen oder noch unerfahrenen Eichhörnchen stammen. Die unerfahrenen Tiere nagen zunächst wahllos kreuz und quer Furchen, bis die Schale schließlich an irgendeiner Seite aufbricht. Erfahrene Tiere dagegen nagen nur eine einzige Rille, setzen dann die unteren Schneidezähne als Hebel ein – und sprengen die Schale auf. Wie Eibl beobachtete, versucht bereits das unerfahrene Eichhörnchen, eine Hebelwirkung zustande zu bringen – aber dies führt erst zum Erfolg, wenn die Nagespur richtig gelegt ist.
Eine weitere »Verschränkung« zwischen angeborenem und erworbenem Verhalten findet sich bei den sogenannten »Lerndispositionen«, die eine Art Vorkenntnis dessen darstellen, was gelernt werden soll. So ist etwa den Buchfinken ein Gesang von bestimmter Länge und Silbenzahl angeboren; die für die Art typische Gliederung in drei Strophen müssen sie erst durch Nachmachen von erwachsenen Artgenossen lernen. Spielt man isoliert aufgezogenen jungen Buchfinken den Gesang anderer Vogelarten vor, so können

sie auch diesen als Vorbild nehmen – aber nur dann, wenn er dem arteigenen Gesang in Tonqualität und Strophenform ähnlich ist. Spielt man ihnen verschiedene Gesänge und darunter auch den arteigenen vor, dann erkennen sie diesen und wählen ihn bevorzugt als Vorbild. In diesem Fall – es gibt dafür noch zahlreiche andere Beispiele – ist also die Lernfähigkeit nicht nach jeder Richtung hin frei, sondern in einer angeborenen Weise ausgerichtet. Das Tier hat gleichsam eine »Lernvorschrift« – also ein angeborenes »Wissen« dessen, was es lernen soll.

Noch stärker festgelegt wird erworbenes Verhalten durch das von Lorenz entdeckte Phänomen der »Prägung«. Hier treten Lerndispositionen in einer ganz bestimmten »sensiblen« Periode in Erscheinung, und das Ergebnis solchen Lernens führt dann zu Verhaltensweisen, die nicht mehr abgeändert werden können. So werden zum Beispiel Gänseküken in den Tagen, nachdem sie geschlüpft sind, auf das Objekt geprägt, dem sie dann weiterhin nachlaufen. Normalerweise ist das die Mutter; wenn sie aber an ihrer Stelle einen Menschen oder einen Luftballon zu sehen bekommen, dann laufen sie weiterhin eben nur einem Menschen oder einem Luftballon nach. Auch wenn man sie dann wieder der Mutter zuführt, ändert sich nichts mehr an diesem Verhalten. Sie sind von nun an auf die anderen Objekte »geprägt«, und ihre Nachlaufreaktion wird nur noch durch diese ausgelöst. Die Bewegung des Nachlaufens liegt in diesem Fall als Erbkoordination vor; welchem Objekt aber nachgelaufen wird, hängt von den Sinneseindrücken in den ersten Lebenstagen ab. Das Instinktverhalten ist hier somit zum Teil »offen«. Der motorische Anteil ist fertig, der sensorische formt sich erst auf Grund eines bestimmten Eindrucks.

Bei Entenküken hat Hess die genaue Dauer dieser sensiblen Periode bestimmt. Er montierte die Attrappe eines Stockerpels (männliche Ente) auf eine Scheibe, die dann in langsame Drehung versetzt wurde, wobei ein in der Attrappe angebrachter Lautsprecher künstliche Lockgeräusche von sich gab. Die Küken wurden nach dem Schlüpfen verschieden lang in völliger Dunkelheit gehalten und durften dann jeweils eine Stunde lang der Attrappe in der Kreisbahn folgen. Ihrem Nachfolgetrieb entsprechend, liefen sie getreulich hinter der Attrappe her. Hess konnte auf diese Weise ermitteln, daß bei den Enten die sensible Periode zwischen der dreizehnten und sechzehnten Stunde nach dem Schlüpfen liegt. Küken, die in dieser Spanne der Attrappe nachliefen, waren von da an auf diese besonderen Merkmale geprägt. Sie bevorzugten nun weiterhin männliche Enten, während normalerweise die anders gefärbte weibliche Ente die Küken anführt.

Auch sexuelles Verhalten wird bei vielen Tieren in sensiblen Perioden festgelegt. Bringt man ein männliches Entenjunges in der entscheidenden Zeitspanne ausschließlich mit männlichen Enten zusammen, dann verhält es sich im weiteren Leben »homosexuell« – und zwar auch dann, wenn weibliche Enten in der Nähe sind. Ebenso kann man einen jungen Hahn in seiner sensiblen Phase auf Enten prägen. Er watet dann später ins Wasser, um dort Enten anzubalzen. Zieht man eine Dohle auf und verhindert man, daß sie bis zum Flüggewerden andere Dohlen zu sehen bekommt, dann bleibt sie sexuell auf den Menschen geprägt. Sie schließt sich dann wohl anderen Dohlen an, aber im darauffolgenden Jahr, wenn die Balzzeit kommt, wirbt sie ausschließlich um den Menschen, auch wenn sich dieser zwischen anderen Dohlen befindet. In allen diesen Fällen erfolgt also die Prägung lange bevor die Tiere überhaupt sexuelles Verhalten zeigen. Wellensittiche, die auf den Menschen geprägt wurden, kann man in einem verhängten Käfig dazu bringen, trotzdem miteinander zu balzen und auch zu brüten. Zeigt man sich dann aber den Tieren, dann balzen beide Geschlechtspartner den Menschen an, die Paarbildung zerbricht und die Brut wird vernachlässigt. Die Macht, die diesem angeborenen Vorgang innewohnt, zeigt sich an diesen Beispielen besonders deutlich.

Sogar das Brutpflegeverhalten wird bei manchen Tieren durch Prägung beeinflußt. So kann der Buntbarsch Hemichromis bimaculatus zwischen artfremden und arteigenen Jungen sehr wohl unterscheiden. Die arteigenen beschützt er, die artfremden frißt er auf. Unterschiebt man ihm aber bei der ersten Brut artfremde Eier, dann beschützt er die daraus schlüpfenden Jungen und bevorzugt auch in späteren Brutperioden Jungfische dieser fremden Art vor der eigenen.

Nicht nur sensorisches, auch motorisches Verhalten wird durch Prägung bestimmt. Diese Entdeckung machte Heinroth bei Nachtigallen, die er aufzog. Als er den Gesang von Schwarzplättchen aufnahm, waren die jungen Nachtigallen in Hörweite; einige Monate später, als im Frühjahr dann ihr Gesang einsetzte, überraschten sie Heinroth dadurch, daß sie genau nach der Art der Schwarzplättchen sangen. Und zwar die kompletten Strophen und fehlerlos. Ebenso genügt es, wenn Zebrafinken während der ersten 35 Lebenstage nur Mövchen hören, um sie auf deren durchaus artfremden Gesang zu prägen. Auch wenn sie anschließend ständig unter Artgenossen sind, singen sie doch später wie Mövchen und bleiben auch dabei.

Interessant ist schließlich, daß es zu ernsten Störungen im Verhalten eines Tieres führen kann, wenn in seiner Jugend gewisse Umweltreize ausbleiben, die das Tier offenbar zu seiner normalen Entwicklung benötigt. So wurde bei weiblichen Rhesusaffen beobachtet, daß sie schlechte Mütter und sehr aggressiv werden, wenn man sie getrennt von ihrer Mutter aufzieht. Auch gegenüber anderen Mitgliedern ihres Gruppenverbandes zeigen sie sich dann kontaktgestört. Für junge Rhesusmännchen wiederum sind Spielgenossen besonders wichtig. Zieht man sie allein auf, dann gelingt es ihnen später nicht, mit Weibchen zu kopulieren, weil sie diese falsch anfassen. Bezeichnenderweise lernen sie das auch nicht mehr. Man spricht hier von »prägungsähnlichen Lernvorgängen«. Auch hier ist die Ausbildung einer an sich angeborenen Verhaltensweise an das rechtzeitige Vorhandensein bestimmter Umweltreize geknüpft.

Die Frage »angeboren oder erworben?« kann somit nur auf Grund sehr sorgfältiger Untersuchungen entschieden werden. Auch »erworbenes« Verhalten kann weitgehend vom Erbrezept beeinflußt sein.

6.
Und wir...?

Wie verhält es sich nun mit uns Menschen? Sind auch bei uns noch solche »tierische« Verhaltensweisen wirksam? Sind auch bei uns Formen der Bewegung und des Erkennens erblich festgelegt – also bereits »programmiert«? Werden auch wir von Mechanismen in unserem Gehirn angetrieben und gesteuert – vielleicht, ohne daß wir uns dessen gewahr sind?
Diese Frage ist wohl für jeden einzelnen Menschen von Bedeutung. Denn schließlich bilden wir uns alle ein, ein Ich zu besitzen, das der Steuermann unserer mannigfachen Tätigkeiten ist. Stellt sich dagegen heraus, daß unser Tun zum Teil bereits programmiert ist und sich damit unserem eigentlichen »freien Willen« entzieht, dann ist es bestimmt wichtig, zu wissen, wie diese automatischen Regelungen funktionieren, wie und zu welcher Gelegenheit sie in Erscheinung treten und wie man sie allenfalls beeinflussen kann.
Daß sich aus dem Studium tierischen Verhaltens gewisse Einblicke ergeben, die uns auch manche Phänomene des menschlichen Verhaltens aus einer anderen, neuen Perspektive betrachten lassen, dürften die vorangegangenen Kapitel bereits gezeigt haben. Erfährt man, wie Tiere auf Grund angeborener Gehirnstrukturen zu ganz bestimmten Handlungsfolgen veranlaßt und in anderen wieder blockiert werden, dann denkt man wohl unwillkürlich an das, was wir unsere eigenen »Triebe« und »Hemmungen« nennen – Vorgänge, die sich oft dem eigentlichen Willen unseres »Ichs« entgegenstellen und derer wir durchaus nicht immer Herr sind. Erfahren wir, wie bei Tieren die »spezifische Gestimmtheit« durch äußere oder innere Reize oder aber auch durch spontane Vorgänge in den Nervenzellen beeinflußt wird, dann erinnert das daran, wie auch unsere »Stimmung« durch die Umwelt beeinflußt wird – durch andere Menschen, Ortsveränderungen oder Wetterlage; wie auch

Vorgänge innerhalb unseres Körpers hier mitspielen – zum Beispiel Krankheit, Medikamente, die physiologischen Vorgänge bei den Perioden der Frau oder die hemmungsabbauende Wirkung von Alkohol; und wie auch bei uns manchmal »Launen« auftreten, die unsere Handlungen unter Umständen wesentlich bestimmen, ohne daß wir dafür konkrete Ursachen angeben könnten. Hören wir, wie bei Tieren Appetenzen hervortreten und gleichzeitig Reizschwellen absinken, was dazu führt, daß das Tier dann in steigendem Maß unruhig wird und nur noch nach der Erfüllung des einen oder anderen Triebzieles sucht, dann erinnert uns dies vielleicht daran, wie sich auch bei uns das »Wahrnehmungsfeld verschiebt«, wenn wir etwa hungrig, sexuell oder ängstlich gestimmt sind; wie wir dann in steigendem Maß nur noch an Nahrung denken oder nach einem Geschlechtspartner suchen oder rings um uns nur noch Gefahren und Schwierigkeiten auftauchen sehen. Hören wir, daß aktionsspezifische Erregung auch in andere Kanäle »überspringt«, dann denken wir vielleicht an die Lehre Freuds, daß beim Menschen, wenn der Sexualtrieb keine adäquate Abreaktion findet, diese so gefesselte Kraft, diese »Libido«, sich auch zu ganz anderen Leistungen »sublimieren« kann. Hört ein Wirtschaftler von der »Reizschwelle« und vom »Reizsummenphänomen«, dann mag ihn dies an das Verhältnis des Menschen zu den Kaufobjekten erinnern, und er fragt sich vielleicht, ob die von Gossen aufgestellten Gesetze nicht eben in diesem Grundphänomen ihre Erklärung finden. Hören wir vom Phänomen der »Prägung«, dann denken wir wiederum an Freud und an die Psychoanalyse, wo man schon seit langem darauf hinweist, daß in bestimmten sensiblen Perioden der Kindesentwicklung späteres Verhalten festgelegt wird; und im besonderen denken wir wohl an das Phänomen der Homosexualität. Und hören wir schließlich von erblich fixierten »Lerndispositionen«, dann wandern unsere Gedanken vielleicht zurück zu Kant und seinen »Kategorien«, in die unser Geist »a priori« gefesselt ist – oder aber auch zu den menschlichen Sitten und Gebräuchen. Es taucht dann die Frage auf, ob es sich hier wirklich um ganz zufällige Parallelen handelt, oder ob nicht am Ende unser menschlicher Geist, erblich fixiert, in eben diese Richtungen tendiert...?

Das ist die eine Seite. Die andere Seite ist die, daß wir über die Frage, inwiefern menschliches Verhalten erblich fixiert oder beeinflußt ist, bis dato noch sehr wenig aussagen können – einfach deshalb, weil noch nur sehr beschränkt Forschungsergebnisse in dieser Richtung vorliegen. Man hat den Menschen bisher aus anderen Blickwinkeln betrachtet, man ist mit anderen Fragestellungen an die Phänomene unseres Verhaltens herangegangen. Beim Menschen ist es auch ganz unmöglich, die Frage »angeboren oder erworben?« durch isolierte Aufzucht einzelner Individuen zu lösen. Der einzige, der bisher ein solches Experiment ausführte, war im 13. Jahrhundert Friedrich II., Herrscher von Sizilien, der feststellen wollte, ob Hebräisch, Griechisch oder eine andere Sprache die natürliche »Ursprache« des Menschen sei. Er ließ mehrere Kinder von Stiefeltern aufziehen, die nie ein Wort mit ihnen sprechen durften – sie starben. Auch taubblind geborene Kinder, die durch Erfahrung vieles nur sehr schwer lernen können, geben gewisse Hinweise, jedoch nur beschränkte. Und Gehirnreizungen, die vielleicht auch gewisse Aufschlüsse geben könnten, sind beim Menschen bisher nur in Ausnahmefällen durchgeführt worden. Eine der wenigen Möglichkeiten, um die angeborenen Bestandteile in unserem Verhalten auszusondern, ist der Vergleich von unbemerkt gefilmten Verhaltensweisen bei verschiedenen Völkern. Zeigen solche Aufnahmen grundsätzliche Übereinstimmungen, dann ist das ein Hinweis dafür, daß hier ein dem Menschen angeborener Verhaltensmechanismus in Erscheinung tritt. Bisher wurden nur Kinder unbemerkt gefilmt – vom Verhalten der Erwachsenen fehlt es dagegen an einer solchen Dokumentation.

Es gibt also einerseits deutliche Parallelen zum tierischen Verhalten, anderseits sind Aussagen darüber, wissenschaftlich gesehen, so lange eine reine Spekulation, ehe nicht konkrete Untersuchungsergebnisse vorliegen. Nun darf aber auch die sehr hohe Wahrscheinlichkeit für das Bestehen von echten Funktionsverwandtschaften nicht außer acht gelassen werden. Bei den körperlichen Merkmalen der tierischen Organismen wurde an vielen Beispielen nachgewiesen, daß sie sich in der Evolution nur überaus langsam weiterentwickelten und veränderten. Das gleiche haben auch die Untersuchungen von Lorenz für die Veränderung von Instinkten gezeigt – wenngleich durch Domestikation dieser Prozeß beschleunigt werden kann. Diese biologischen Tatsachen sprechen eine deutliche Sprache. Sie machen es sehr unwahrscheinlich, daß sich so grundsätzliche Einrichtungen, wie es besonders die Hauptinstinkte sind, in der erdgeschichtlich so kurzen Zeitspanne der Menschheitsentwicklung wesentlich verändert haben sollten. Sicherlich kam es beim Menschen – besonders auf Grund unseres Ich-Bewußtseins, unserer Vorstellungskraft und unserer so erhöhten Lernfähigkeit – zu ganz anderen Voraussetzungen. Aber daß wir das tierische Erbe, dessen Entwicklung sich durch die gesamte Tierreihe herauf bis zu uns verfolgen läßt, mit einem Schlag hinter uns gelassen und überwunden haben sollten, ist überaus unwahrscheinlich.

Was zunächst die Reflexe betrifft, so kann kein Zweifel darüber bestehen, daß unser Organismus weitgehend von solchen, die bereits im Erbrezept festliegen, gesteuert wird. Sie regeln, von unserem Bewußtsein völlig getrennt, die Funktionen unserer inneren Organe und ebenso auch manche Verhaltensweisen der Umwelt gegenüber. Herzschlag, Atmung, Augenschließreflex und Pupillenreflex sind Beispiele dafür. Auch bei uns werden – ebenso wie bei den Tieren – viele Funktionen durch »Regelkreise« (das sind Rückkopplungssysteme von Reflexen) gesteuert. Auch bei uns gibt es das durch von Holst erforschte, besonders komplizierte Reflexsystem der »Reafferenz«. Nur in den wenigsten Fällen – etwa bei der Atmung – können wir diese Reaktionen auch willentlich beeinflussen. Die meisten entziehen sich unserer Kontrolle und unserem Bewußtsein – sie sind in diesem Sinn nicht eigentlich Bestandteile unseres psychischen »Ich«, sondern eine Art von »Es«. Nicht unser »Ich« steuert die angeborenen Reflexe, sondern ein von diesen unabhängiges »Es« handelt.

Daß auch bei uns ein »Parlament der Instinkte« am Werk ist, darf wohl mit höchster Wahrscheinlichkeit angenommen werden – und ist wohl auch jedem aus eigenem Erlebnis bekannt. Durch unsere Denkfähigkeit trat allerdings ein völlig neues Phänomen hinzu: Die bisherigen Formen angeborenen und erworbenen Verhaltens kamen unter eine besondere Kontrolle. Während die Tiere von einer ministeriumartigen Steuerungshierarchie geleitet sind (wobei auch erworbene Verhaltensweisen in den Dienst der verschiedenen Instinkte treten) und während es dort an einem »Regierungschef« fehlt, ist beim Menschen ein solcher hinzugetreten. Unser bewußtes Denken, Überlegen und Schließen stellen eine höhere Integrationsstufe in unserem Gehirn dar, die den übrigen Stellen übergeordnet ist. Sie empfinden wir als unser eigentliches »Ich«, und ihre auf individueller Erfahrung beruhende Entscheidung ist unser wirklich »freier Wille«. Wie mächtig ist jedoch diese Instanz? Wieweit kann sie sich gegen die einzelnen Instinktabgeordneten durchsetzen – für den Fall, daß verschiedene »Meinungen« bestehen? Inwiefern wird diese oberste Instanz nicht selbst wieder zum Handlanger des einen oder anderen Triebes? Und weiters – im Hinblick auf »Lerndispositionen« und »Prägung«: Inwiefern ist dieses unser »Ich« in seinem Zustandekommen überhaupt »frei«? Inwiefern ist seine Entwicklung und Entfaltung nicht auch wieder erbmäßig festgelegt und beeinflußt?

Beim Sexualtrieb ist es wohl besonders deutlich, daß er auf angeborenen Antriebsmechanismen beruht und nicht etwa durch Lernvorgänge zustande kommt. Bereits Freud wies darauf hin, daß unser Wille den Sexualtrieb zwar beherrschen, zügeln und sublimieren, nie aber seine Wirkung völlig ausschalten kann. Über weitere sehr starke Antriebe des Menschen, die uns wohl ebenfalls angeboren sind, werden wir noch ausführlich sprechen. Auch sie sind durch eine unkontrollierbare endogene Erregungsproduktion gekennzeichnet und führen, wenn sie nicht ausgelebt werden können, zu einem Unruhigwerden und zu einer aktiven Suche nach einer »abschaltenden Reizsituation«. Führt auch das zu keinem Ergebnis, dann hat das beim Menschen weitere, teilweise bereits pathologische Erscheinungen zur Folge.

Erbkoordinationen sind bei uns nur in sehr geringer Zahl vorhanden, das ist nicht anders zu erwarten. Es ist ein Merkmal aller Säuger – gegenüber den Vögeln, Reptilien und Fischen, bei denen es noch längere Ketten von Erbkoordinationen gibt –, daß sie sich vom Zwang erblich festgelegter Bewegungsabläufe »befreiten«: sie gewannen dadurch an »adaptiver Modifikabilität«. Allerdings brauchen die Säugetiere zu ihrer Entwicklung auch entsprechend länger, und das setzt einen entsprechenden Brutschutz voraus. Der Mensch wurde dabei zum extremsten aller Lernwesen – und benötigt daher auch eine besonders lange »Brutpflege«.

Einige Erbkoordinationen sind jedoch auch bei uns nachweisbar. So verfügt das Neugeborene bereits über die Mundbewegungen des Saugens; über den »Suchautomatismus«, der es zur Mutterbrust hinführt; über die Bewegungen des Greifens und des Umklammerns sowie über Husten und Weinen. Daß dem Menschen auch die Grundbewegung des Gehens angeboren ist, zeigt sich, wenn man ein Neugeborenes aufrecht über eine Unterlage führt. Es setzt dann alternierend die Füße vor, ja es macht sogar Steigbewegungen, wenn es an eine Stufe kommt. Ebenfalls angeboren sind uns Ausdrucksbewegungen wie Zittern, Schmerzensschrei, Vor-Furcht-Erbleichen – sowie die Grundbewegungen der menschlichen Mimik, mit denen wir uns noch eingehend beschäftigen werden.

Im sensorischen Bereich scheint dagegen das menschliche Verhalten weit mehr von angeborenen Mechanismen beeinflußt zu sein. Sehr deutlich sprechen wir zum Beispiel auf Schlüsselreize im Bereich unserer chemischen Sinneswahrnehmungen an. So sind Zucker und Salze für unsere Ernährung wichtig, und in den Geschmackswahrnehmungen »süß« oder »salzig« erleben wir Eindrücke, die mit positiven Empfindungen korreliert sind – die uns also die Aufnahme solcher Substanzen als angenehm erscheinen lassen. »Bitter« dagegen sind verschiedene Gifte – und diese Wahrnehmung ist für uns ein negativ korrelierter Schlüsselreiz, der uns zurückstößt. Ebenso ist uns die Aufnahme von faulenden Substanzen oder Exkrementen unvorteilhaft – und wir sprechen über Schlüsselreize im Geruchsbereich ablehnend auf sie an. Im optischen Bereich verursachen uns Dunkelheit, überhängende Felsen, Abgründe und große, sich uns nähernde Körper Reaktionen der Furcht. Auch diese sind uns wahrscheinlich angeboren – ebenso auch der Ekel gegenüber kranker oder geschwüriger Haut. Solche Haut ist ein Kennzeichen für nicht intakte Gesundheit, und so war es ein arterhaltender Vorteil, wenn sich allmählich ein Erkennungsmechanismus bei uns bildete, der uns bei Wahrnehmung dieses Merkmals zurückstößt. Sehr typisch für die instinktive Verankerung dieser Reaktion ist die Tatsache, daß wir diese »Abneigung« auf Tiere mit ähnlicher Haut übertragen. Die für uns ekelerregende Krötenhaut ist durchaus gesund – hätte jedoch ein Mensch eine solche Haut, dann wäre er zweifellos krank.

Ob sich bei den Tieren ähnliche »Gefühle« wie bei uns mit ihren diversen Reaktionen verbinden, wissen wir nicht – und werden es auch nie wissen. Viele Beobachtungen lassen dies vermuten, aber wissenschaftlich nachweisbar ist das nicht. Wir können ja mit den Tieren nicht sprechen; über ihr subjektives Empfinden können wir also nicht das geringste aussagen. Beim Menschen aber ist es so, daß Gefühle der Lust und Unlust – der Zufrieden- oder Unzufriedenheit, das »Glücklich-« und »Unglücklichseins« – sich mit unseren verschiedenen Trieben verbinden. Können wir ihnen entsprechen, dann erwachsen uns daraus angenehme Empfindungen. Können wir es nicht, dann leiden wir darunter körperlich oder »seelisch«.

Besonders starke Schlüsselreize sind für uns gewisse Bewegungen anderer Menschen. Man spricht hier von »stimmungsübertragender Wirkung« – ein besonders deutliches Beispiel sind Bewegungen der Angst. Erschrickt ein Mensch oder zeigt er Furcht, dann kann das andere mitreißen. In unserer modernen Welt fühlen wir uns zwar unvergleichlich sicherer als der Mensch vor tausend oder zehntausend Jahren, trotzdem reagieren wir auch heute noch sehr fein auf Zeichen von Panik. Besonders, wenn man dichtgedrängt unter anderen Menschen steht, hat plötzlich einsetzende Flucht den Drang, sich anzuschließen, zur Folge. Diese Reaktion ist durchaus nicht von vernünftiger Überlegung gesteuert. Ebenso übertragen sich uns auch Gefühle der Begeisterung und Freude – ein wesentlicher Grund dafür, warum es Menschen zu Festen und Massenveranstaltungen hinzieht. Sehen wir, wie andere Menschen essen (und sind wir nicht gerade satt), dann weckt das unseren eigenen Appetit – auch wenn wir durchaus nicht essen wollen. Sehen wir andere in eine bestimmte Richtung strömen, dann weckt das unsere Neugier – auch wenn wir durchaus nicht abgelenkt sein wollen. Gähnen andere – dann kann sich ihre Müdigkeit auch auf uns übertragen. Und rasen plündernde Menschen durch die Straßen – dann hat das schon manchen mitgerissen, der normalerweise zu einer solchen Handlung absolut nicht bereit gewesen wäre.

Für unser erblich fixiertes Ansprechen auf »Auslöser« gab Lorenz in seinem »Kindchenschema« ein instruktives Beispiel. Wenn wir das menschliche Kleinkind – in unserer subjektiven Bewertung – als »niedlich« und »rührend« empfinden, dann gründet sich das auf ganz bestimmte, dem Kleinkind eigene Merkmale, die sich nach den Regeln des Reizsummenphänomens addieren. Lorenz führt als solche Merkmale an: den relativ großen Kopf mit hochgewölbter Stirn, die weit unten gelegenen großen Augen, die Pausbacken, die

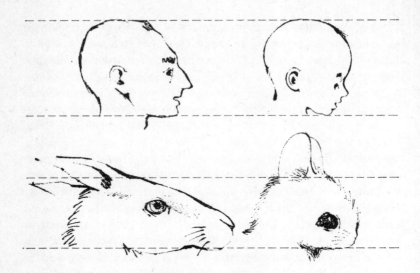

Das »Kindchenschema« von Lorenz. Die Proportionen des Kinderkopfes empfinden wir im Gegensatz zu jenen beim Erwachsenen als »niedlich«, und diese Bewertung übertragen wir auch auf Jungtiere, deren Kopf ähnliche Formmerkmale zeigt. (Nach Lorenz 1943.)

kurzen, dicken Extremitäten und die tolpatschige Bewegungsweise. Diese Bewertung übertragen wir auch auf Tiere und empfinden sie ebenfalls als liebenswert und »niedlich«, wenn sie ähnliche Merkmale zeigen. Vom Standpunkt der Ethologie ist die moderne Puppenindustrie eine besonders intensive Bemühung um die Herstellung von wirkungsvollen Attrappen zur Auslösung eben dieser menschlichen Reaktionen. Sowohl bei Puppen als auch bei den Spieltieren (man denke etwa an die Disney-Produktion) werden gerade diese auf uns wirkenden Merkmale hervorgehoben und noch übertrieben – und man gelangte so zu »übernormalen Attrappen«, auf die fast jeder anspricht.

In der weiblichen Brust erblicken die Verhaltensforscher ebenfalls einen solchen »Auslöser« – härter formuliert: eine »Signalapparatur«. Daß die Funktion, Milch zu geben, für die besondere Ausbildung dieses weiblichen Körperteiles nicht ausschlaggebend ist, geht daraus hervor, daß auch eine kleine Brust – wie etwa beim Affen – zu diesem Zweck durchaus genügt. Die auffällige Form der weiblichen Brust stellt vielmehr einen wirksamen Auslöser für sexuelle Gestimmtheit beim Mann dar. Daß der Mensch auch hier zur Schaffung von »übernormalen Attrappen« gelangte, ist aus genügend Beispielen der Sittengeschichte und der modernen Werbung zu ersehen.

Lorenz ging noch ein Stück weiter und sprach die Vermutung aus, daß sich der uns eigene ästhetische Sinn weitgehend auf ein angeborenes Bewerten der Grundproportionen und Merkmale des gesunden menschlichen Körpers zurückführen läßt. Sicherlich baut sich unser Schönheitsempfinden – etwa bei der Betrachtung einer Landschaft – auch noch auf anderen Grundelementen auf. Daß jedoch ein angeborenes Erkennen des wohlproportionierten und kraftvollen Menschen bei diesen Wertungen eine wichtige Rolle spielt, ist kaum zu bezweifeln. Trifft dies aber zu, dann müssen manche Fragen anders gestellt werden. Aus der Frage: »Warum ist dies schön und jenes andere nicht?«, wird dann die ganz andere Frage: »Warum empfinden wir Menschen gerade dies als schön und jenes als häßlich?« Nicht in der Art der Reize liegt dann die Erklärung der ästhetischen Phänomene – *sondern in der Konstruktion der diese Reize empfangenden Nervenstrukturen*. Etwas von unseren menschlichen Bewertungen unabhängig »Schönes« gibt es dann überhaupt nicht.

In analoger Weise führt Lorenz auch unser ethisches Empfinden auf uns bereits angeborene Reaktionsweisen zurück. Er verweist darauf, daß gewisse Situationen in uns ganz bestimmte Reaktionen auslösen – ob wir es wollen oder nicht. So erweckt etwa die Mißhandlung eines Kindes oder die Bedrohung einer schutzlosen Frau in uns Reaktionen der Empörung, während wir dem Sichopfern eines Menschen für seine Familie, für seinen Freund oder für sein Land kaum unsere Bewunderung versagen können. Lorenz wies darauf hin, daß wir uns entsprechender Reaktionen selbst dann nicht enthalten können, wenn uns solche Szenen in höchst primitiver, ja kitschiger Weise im Film dargeboten werden. Auch wenn man sie mehrmals hintereinander betrachtet, kann man doch jedesmal erneut diese Wirkung an sich selbst beobachten. Die Reaktion ist ganz automatisch und »unbelehrbar«. Lorenz führt sie auf die

Wirksamkeit sozialer Instinkte zurück, die sich beim Menschen ähnlich wie bei verschiedenen gruppenbildenden Tieren ausgebildet haben.

Bei uns sind sie – nach Lorenz – durch eine »Selbstdomestikation« des Menschen (indem wir uns nämlich gegen Feinde und Klima ebenso künstlich abschirmten wie unsere Haustiere) in Rückbildung begriffen. Sie sind bei uns längst nicht mehr so stark und präzise ausgebildet wie bei den Affen, zeigen sich aber immer noch deutlich in entsprechenden Reaktionen.

Diese heikle und interessante Frage rückt das Problem der menschlichen »Moral« in ein ganz anderes Licht. Zwar sehen auch manche Religionen – auch die christliche – im menschlichen »Gewissen« eine uns angeborene Fähigkeit, doch bestimmt nicht eine, die wir mit den Tieren teilen. Gerade dieses Gewissen, diese uns »innewohnende Moral«, ist es, was vielen Menschen unsere Tierabstammung so absurd und unakzeptabel erscheinen läßt. Gerade in dieser menschlichen Wertung sehen sie etwas Einzigartiges. Stellt sich nun aber heraus, daß gerade diese Eigenschaft nicht zu den Besonderheiten des Menschen gehört, ja daß unsere diesbezüglichen Regungen im Vergleich zu jenen der uns verwandten Tiere sogar schwächer geworden sind, dann bedeutet das ein Umstoßen bisher gültiger Denkprinzipien von ganz gewaltigem Ausmaß.

In Publikationen über Verhaltensforschung sind öfter Vergleiche zwischen Tier und Mensch angestellt worden, die nicht wirklich stichhaltig und darum abzulehnen sind. So machte etwa von Holst die verblüffende Beobachtung, daß ein Lippfisch – eine im Schwarm lebende Art – zum »Führer« seines Schwarmes wird, wenn man ihm operativ das Vorderhirn entfernt. Das vorderhirnlose Tier ist dann »enthemmt«, die Reaktionen der Schwarmbildung fallen bei ihm weg. Es schwimmt, wohin es ihm gerade paßt, und der Schwarm folgt ihm. Für jede auf Wirkung bedachte Darstellung liegt es nahe, dies zum Ausgangspunkt der Erklärung zu machen: »Seht, so ist es eben: Gerade den Kopflosen folgt die Masse nach!« Daß dieser Vergleich einer ernsteren Überprüfung nicht standhält, ist nicht schwer einzusehen. Weder lassen sich die Schwärme der Lippfische, in denen kein Tier das andere individuell kennt, mit den menschlichen Gemeinschaften vergleichen, noch ist es ein Kriterium des Menschen, daß wir hirn- oder hemmungslosen

Individuen ohne weiteres folgen. Wenn in der Geschichte verantwortungslose Männer die Massen dazu brachten, ihnen zu folgen, dann glückte ihnen das sicherlich nicht auf Grund von Defekten, sondern auf Grund von Talenten.

Andere Phänomene dagegen dürfen sehr wohl verglichen werden. Wenn wir zum Beispiel gehört haben, daß bei zahlreichen Tieren beim Männchen der Sexualtrieb mit Aggressionsverhalten positiv korreliert und mit Furcht negativ korreliert ist – während es beim Weibchen gerade umgekehrt ist –, dann gibt das bestimmt zu denken. Beim Menschen ist es nämlich sehr ähnlich. Beim Mann erhöht aggressive Gestimmtheit die sexuelle Appetenz, während Angst sie herabsetzt. Bei der Frau dagegen setzt aggressive Gestimmtheit die sexuelle Bereitschaft herab – Angst kann sie erhöhen. Das mag nun eine echte Verwandtschaft sein (im Sinne einer »Homologie«) oder eine parallele Entwicklung (im Sinne einer »Konvergenz«). In jedem Fall aber ist es eine bemerkenswerte Funktionsverwandtschaft, die wahrscheinlich auf Grund ähnlicher Voraussetzungen zustande kam.

Eine andere aufschlußreiche Parallele sind die zwischen Geschlechtspartnern auftretenden »Infantilismen«. Bei den Säugetieren und Vögeln ist die Erscheinung weit verbreitet, daß das männliche Tier den Brutpflegeinstinkt des Weibchens aktiviert, um sich diesem zu nähern und dessen »Individualbarriere« abzubauen. Praktisch spielt sich das so ab, daß das Männchen verschiedene dem Jungtier eigene Verhaltensweisen ausführt, was dann beim Weibchen entsprechend freundliche Reaktionen auslöst und die Annäherung begünstigt. Anderseits aktivieren auch wieder die Weibchen – um die Bandbildung zu verstärken – den Beschützerinstinkt des Männchens. Bei menschlichen Liebespaaren sind analoge Vorgänge zu beobachten. Auch hier werden oft Worte und Gesten verwendet, wie sie dem Säugling gegenüber Anwendung finden. Den anderen zu streicheln, ihn durch Zärtlichkeiten zu beschwichtigen, seine Haut zu pflegen, ihn zu füttern, ihm kindliche Kosenamen zu geben... alles das stammt aus dem Verhaltensrepertoire der Brutpflege und bedeutet auch bei uns den Umweg über ganz andere Instinkthandlungen zur Überwindung von Hemmungen beim Partner.

Ein tierisches Verhalten, aus dem Wesentliches für uns gelernt werden kann, wurzelt im Aggressionstrieb. Dieser ist im Tierreich weit verbreitet und äußert sich in einem recht unfreundlichen und aggressiven Verhalten gegenüber Artgenossen. Lorenz hat in seinem Buch »Das sogenannte Böse« ausführlich umrissen, wieso sich dieser offensichtlich gegen die eigene Art gerichtete Instinkt doch durchsetzen konnte; worin sein »Auslesewert« besteht; inwiefern er also letztlich doch der Art dient – wir kommen darauf noch zurück. Neben dem Nahrungstrieb, dem Fortpflanzungstrieb und dem Fluchttrieb zählt Lorenz den Aggressionstrieb zu den vier für den Menschen bedeutungsvollen Instinkten und vertritt die Ansicht, daß sich dieser in der Frühzeit unserer Entwicklung besonders stark ausgebildet habe. In unserem heutigen durch Gesetze gesicherten Leben hat dieser Trieb viel von seiner Bedeutung verloren, ja er wurde für uns zum Nachteil, weil es uns in der geordneten Gesellschaft praktisch an Möglichkeiten fehlt, ihn abzureagieren. Dies äußert sich in einer periodisch in uns aufsteigenden, also nicht von der Umwelt verursachten aggressiven Gestimmtheit: in der »ärgerlichen Laune«.

Hält man in einem Aquarium ein Pärchen von Buntbarschen von anderen Artgenossen isoliert, dann wendet sich der Aggressionstrieb des Männchens – weil er sich nicht gegen andere Männchen richten kann – gegen das Weibchen. Das geht so weit, daß das Männchen das Weibchen schließlich tötet. Setzt man dagegen ein anderes Männchen in das Aquarium – eventuell auch bloß hinter eine Glasscheibe –, dann bekämpft der Gatte diesen Artgenossen auf das heftigste und wird zu einem friedlichen Ehemann. Buntbarsche lassen sich sicherlich mit Menschen nicht vergleichen, trotzdem ist die hier vorliegende Funktionsverwandtschaft nicht zu übersehen.

Kann der Mensch in engem Zusammenleben – sei dies in der Ehe, im Schützengraben oder anderswo – seine Aggression nicht nach »außen« hin abreagieren, dann wendet sich diese auch gegen den Partner und gegen den Kameraden.

Läßt sich nun durch Kenntnis dieses Zusammenhanges unser Verhalten verbessern? Offenbar doch. Die ärgerliche Stimmung kann zwar mit Hilfe unseres Verstandes nicht völlig unterdrückt werden – denn diese Regung ist triebhaft und »unbelehrbar«. Aber was wir sehr wohl mit unserem Verstand erreichen können, ist, daß wir uns

in solchen Situationen selbst nicht überschätzen, daß wir uns nicht zu wichtig nehmen.
Und in ähnlicher Weise kann die Kenntnis tierischen Verhaltens dem Menschen auch in anderen Belangen zum besseren Verständnis seiner selbst verhelfen.

II. Teil

Das Verhalten des Menschen

1.
Expedition zu uns selbst

Inwiefern ist das menschliche Verhalten erblich festgelegt oder beeinflußt, wie steht es um die Freiheit der menschlichen Handlungen und Reaktionen? Indem wir von versteckten Beobachtungsposten aus – oft auf Dächern und Türmen in praller Sonne hockend – unsere Kameras auf ahnungslose Menschen unter uns richteten, suchten wir nach etwas, das jenseits des »freien Willens« dieser Personen lag. In den Bewegungsabläufen bei Chinesen, Europäern, Indianern, Hamiten, Negern, Polynesiern, Lappen und anderen suchten wir nach etwas Gemeinsamem, alle Beeinflussendem... nach etwas Unheimlichem, Mächtigem, das unser menschliches Leben gegen den freien Willen des einzelnen lenkt. Wir untersuchten, ob es Verhaltensbestandteile gibt, die bei Schwarz, Gelb oder Weiß, arm oder reich, gebildet oder ungebildet einzelne Handlungen beeinflussen und so den Lebensablauf mitbestimmen. Wir suchten letztlich – nach uns selbst.
Technisch gesehen sind vor allem unbeobachtete Nahaufnahmen schwierig – und zwar auf Grund einer dem Menschen wahrscheinlich angeborenen Reaktion. Jeder Angriffsabsicht geht beim Augenwesen Mensch ein Betrachten voraus, und darauf ist es wohl zurückzuführen, daß der fixierende Mensch zu einem Schlüsselreiz wird, der beim Fixieren erhöhte Vorsicht auslöst. Die Linse einer Kamera hat nun Ähnlichkeit mit einem Auge – das zeigte uns ein fünfjähriger Pygmäenjunge sehr deutlich. Als er bemerkte, daß ich die Kamera auf ihn richtete, duckte er sich reflexhaft bis zum Boden – ähnlich, wie es auch Tiere tun. Ein paar Wochen später haben wir bei einem Schakal beinahe die gleiche Duckbewegung aufgenommen. Bei Personen, denen die Bedeutung der Kamera bekannt ist, kommen außerdem noch psychische Wertungen hinzu. Viele Primitive glauben, daß man Macht über sie gewinnt, wenn man Teile von

ihnen, und sei es auch nur ihr Abbild, in seinen Besitz bekommt. Aber auch der zivilisierte Mensch zeigt sich meist unangenehm berührt, wenn er bemerkt, daß man ihn filmt. Es wird dies als ein Eingriff in die persönliche Sphäre betrachtet.

Die von mir konstruierte Spiegeloptik löste diese Problematik vorzüglich. Manchmal richtete ich die Kamera auf eine leere Hauswand, so daß die zusehenden Leute mich für völlig verrückt hielten. Ich vermied es peinlich, je einen Blick auf die Person zu werfen, die ich gerade filmen wollte. Und schließlich fand man sich mit diesem merkwürdigen Fremden eben ab und kümmerte sich nicht länger um ihn.

Schwierigkeiten bereiteten mir überall die neugierigen Kinder. Um mich nicht zu stören, stellten sie sich rechts und links neben die Kamera – und kamen so meiner tatsächlichen Filmrichtung in den Weg. Viel Übung erforderte es auch, mit dem drehbaren Spiegeltubus sich bewegenden Objekten zu folgen. Durch die Spiegelwirkung und die seitliche Filmrichtung hatte jede Kamerabewegung eine völlig andere Bildverschiebung zur Folge. Meine schwierigste Aufgabe in dieser Hinsicht war die Aufnahme der rituellen Handbewegungen, die die im Ganges badenden Hindus ausführen. Ich war dort ohne Hilfe und von Hunderten mir feindlich gesinnter Menschen umgeben. Aber ich achtete nicht weiter auf sie und richtete die Kamera quer über den Fluß auf einige am anderen Ufer sitzende winzige Vögel. Und allmählich gewöhnte man sich auch hier an diesen Tag für Tag so geduldig dastehenden Vogelbeobachter – und ich gelangte so doch an mein Ziel.

Die Völkerkundler machen sich die Sache meist wesentlich einfacher. Sie bitten eine geeignete Person, die entsprechenden Bewegungen vor der Kamera auszuführen, stellen diese vor einen passenden Hintergrund und wiederholen dann die Szene, so oft es ihnen paßt. Für die Zwecke der Verhaltensforschung sind solche Aufnahmen jedoch wertlos, denn sobald ein Mensch weiß, daß er gefilmt wird, verhält er sich nicht mehr normal. Der Unterschied zwischen einer echten und einer gestellten Bewegungsfolge ist weit größer als man glaubt – sogar bei Tänzen, die ja meist für ein Publikum bestimmt sind. Ich habe zur Probe Handlungen, die ich erst unbemerkt filmte, dann anschließend von derselben Person nochmals vor der Kamera ausführen lassen. Es ist erstaunlich, wie der Vorgang dabei an Flüssigkeit und Eleganz verliert. Die Bewegungssteuerung erfolgt dann unter dem Eindruck des Gefilmtwerdens – und wird völlig anders. Wenn Kulturfilme über handwerkliche Tätigkeiten meist recht langweilig wirken, dann liegt das eben daran, daß sie gestellt sind. Denn die echte Handlung hat fast immer etwas Faszinierendes.

Meine Aufnahmen führten zu manchen Resultaten, die wir überhaupt erst später erkannten. Bei der Vorführung von verschnellten Szenen entdeckten Zuschauer oft Phänomene, die mir bei der Aufnahme selbst gar nicht aufgefallen waren. So filmte ich in Venedig von der äußeren Galerie des Markusdomes das Bewegungsmuster der über den Markusplatz strömenden Passanten. Bei der Vorführung machte uns dann einer der Anwesenden (Prof. Dr. J. Aschoff) darauf aufmerksam, daß zahlreiche Personen den Platz nicht in kürzester Linie (nämlich diagonal) überquerten, sondern erst zu einem etwas aus der Richtung gelegenen Lampenmast hinsteuerten, dann zu einem zweiten, und daß sie erst dann den Platz vollends überquerten. Das wies uns auf ein interessantes Orientierungsphänomen hin.

Auch eine Aufnahme in einem Tempel in Benares erbrachte ein Resultat, das ich nicht voraussah. Die Pilger kamen in verschiedenen Abständen – sie berührten eine bestimmte Stelle an der Rückwand des Tempels mit erhobenen Händen und mit der Stirne –, und wenn sich einer bei seiner Verbeugung drehte, dann drehten sich die Nachfolgenden ebenfalls. Kam dann einer, der sich nicht drehte, dann zog das wieder eine Kette von Nachfolgenden, die sich ebenfalls nicht drehten, nach sich. Es war dies ein gutes Beispiel dafür, wie ein Mensch andere durch sein Vorbild beeinflußt. Wir haben dann ähnliche Vorgänge auch an anderen Plätzen festgehalten. Nur indem man Hunderte von Menschen in schneller Folge das gleiche ausführen sieht, wird deutlich, welchen Einfluß das Verhalten des einen auf das der anderen ausübt.

Auf den Stufen einer Kirche von Rio entdeckten wir einen Bettler. Da Eibl an Bettelbewegungen besonders interessiert war, baute ich die Kamera in einiger Entfernung auf, stellte durch den Spiegel auf ihn ein und ließ laufen. Statt jedoch zu betteln, wurde der Mann allmählich vom Schlaf übermannt. Die verschnellte Aufnahme zeigte dann, wie er gegen sein Schlafbedürfnis ankämpfte. In ganz bestimmten Rhythmen sank sein Kopf immer wieder auf die Knie herab und schnellte wieder hoch. Im Rahmen unserer körperlichen Funktionen hat der Schlafdrang die Aufgabe eines Sicherheitsventils: es verhindert, daß die empfindlichen Gehirnzellen durch Überanstrengung geschädigt werden. Wie sich dieser Trieb allmählich durchsetzt, läßt sich in dieser Szene gut verfolgen.

Meine erste ethologische Entdeckung machte ich auf Grund einer Aufnahme, die ich in einem entlegenen Dorf auf Sawaii, einer der Inseln des nicht amerikanischen und deshalb unbeeinflußt gebliebenen Samoas, drehte. Meine Frau und ich lebten dort im Haus des Häuptlings. Da diese Häuser – »Fales« genannt – nur Pfosten, aber keine Wände haben, konnten wir gut beobachten, was sich in den Häusern ringsum zutrug. Wir filmten hier unbemerkt Szenen des alltäglichen Lebens, darunter auch, wie die Leute ihre Mahlzeiten einnehmen; später fiel mir auf, daß essende Menschen, besonders wenn sie allein sind, zwischendurch immer wieder um sich schauen. Es ist, als machten sich die Augen selbständig. Sie wandern kurz hoch und blicken nach den Seiten. Bei den Tieren ist dieser Vorgang längst bekannt, es ist eine Erbkoordination, die man »Sichern« nennt. Besonders bei der Nahrungsaufnahme besteht ja die Gefahr, von einem Raubtier überrascht zu werden. Wie unsere anschließenden Beobachtungen und Aufnahmen in verschiedenen Teilen der Welt zeigten, ist diese erblich fixierte Bewegung auch beim Menschen erhalten geblieben. Man kann das in jedem Restaurant beobachten. Obwohl wir heute längst nicht mehr in Gefahr sind, von Raubtieren überrascht zu werden, führen auch unsere Augen – ganz unbewußt – diese Bewegungen aus.

Den gleichen Vorgang konnte ich in Afrika bei freilebenden Elefanten sichtbar machen. Wenn die Tiere trinken, heben sie zwischendurch periodisch den Kopf und drehen ihn hin und her. Während beim Menschen das Sichern zu schnell ist, um normalerweise beachtet zu werden, ist es bei den Elefanten wieder so langsam, daß es erst in der Zeitraffung deutlich wird. Auch Tiere kann man durch Aufnahme in verändertem Zeitablauf anders und »neu« betrachten. Das zeigten besonders Vergleichsaufnahmen, die ich von freilebenden und gefangenen Tieren drehte. Wie es um die in Zoos gehaltenen Tiere – trotz aller guten Pflege – steht, wird in gerafften Aufnahmen geradezu erschreckend deutlich. Bei Elefanten ist der normale Bewegungsrhythmus völlig zerbrochen und mit Stereotypien durchsetzt. Ein von mir gefilmtes Nashorn kehrte immer wieder zu einem Pfosten zurück und rieb dort in immer gleicher Weise sein Horn. Marder hüpfen in immer gleicher Art in der Käfigecke. Bären laufen in einem geradezu maschinenhaften Pendeln hundert- und tausendmal zwischen denselben Grenzlinien hin und her. – Dazu fanden wir wieder bei Menschen ein interessantes Gegenstück.

Vom Dach der Wiener Oper filmte ich einen Zeitungsverkäufer auf der anderen Straßenseite. Er hatte dort vor einem pfeilerartig vorspringenden Mauerstück seinen Verkaufsplatz. In zehnfacher Verschnellung meiner Aufnahme wurde dann sichtbar, daß der Mann dauernd zwischen den Kanten dieses Mauerstückes hin- und herpendelte wie zwischen zwei unsichtbaren Grenzlinien. Er blickte zur Straße hin, wo seine Kunden an ihm vorbeiströmten, hielt aber immer genau diese Grenzen ein. Die Rückendeckung, die ihm der Pfeiler gab, war offensichtlich für dieses Verhalten ausschlaggebend. Ich filmte ihn zur Probe ein halbes Jahr später nochmals – an den Grenzen hatte sich nichts verändert. Auch hier war die Bewegungsweise zu einer Stereotypie geworden, die sich aus einer »Gefangenschaft« an diesem Arbeitsplatz ergab.

In Fabriken lag mir besonders daran, den Bewegungsrhythmus von Arbeitern an Maschinen zu vergleichen. Die gleiche Arbeit kann oft in verschiedener Weise bewältigt werden, und für den Betrieb wie auch für den Arbeiter ist es wichtig, herauszufinden, wie sich die gleiche Leistung möglichst schnell und bei möglichst geringer Ermüdung ausführen läßt. Vergleiche von Arbeitern, die neu zu einer Maschine kommen, mit solchen, die schon jahrelang an ihr arbeiten, sind aufschlußreich. Sie zeigen, wie die Gesamtbewegung integriert wird, und sie zeigen Bewegungspunkte, an denen der Handlungsablauf gestört ist. Wie ein Felsen den normalen Fluß eines Baches unterbricht, so werden in der stark verschnellten Aufnahme auch solche die Gesamtbewegung störenden Elemente sichtbar.

Bei der Dokumentation menschlicher Gesichtsbewegungen kommt es sehr auf Geduld an. Wir versuchten, alle jene Gesichtsausdrücke, die der Schauspieler bewußt dem Publikum darbietet, bei verschiedenen Völkern in Wirklichkeit und unbemerkt einzufangen. Zorn, Erschrecken, Erwartung, Eifersucht, Staunen, Mißtrauen, Ekel, Hochmut, Angst, Spott und so weiter. Wir hockten in schmutzigen Hinterhöfen indianischer Häuser, postierten uns in französischen Luxushotels in die Nähe von Personen der ersten Gesellschaft, bauten in den Bierzelten des Münchner Oktoberfestes zwischen Hunderten von Singenden und Johlenden meine Kamera auf, folgten auf Märkten den erregten Gesichtern der dort Handelnden und Feilschenden. Sahen wir Streit, dann versuchte ich in die Nähe zu kommen. Sahen wir intime Szenen, dann schlich ich mit Teleobjektiv und Spiegelvorsatz heran. In den Gesichtern von Kindern zeigte sich manchmal ein Wechsel von Gefühlen, der schneller war als die Szenenfolge einer Wochenschau. Und in steinharten alten Gesichtern ließ sich aus der Linienführung die Essenz eines langen Lebensweges ablesen. Bei jedem der vielen Gesichter wartete ich geduldig, was sich darin abspielen würde, und wir versuchten aus der jeweiligen Situation zu erkennen, was in der betreffenden Person gerade vor sich ging.

Der Zufall half uns auch hier. Auf Samoa sah mir eine hübsche Insulanerin dabei zu, wie ich auf das leere Meer hinaus filmte, und es ärgerte sie in zunehmendem Maße, daß ich nicht zu ihr, sondern immer nur zu dem fernen Horizont hinsah. Sie preßte die Lippen zusammen, schlug ärgerlich mit der einen Faust gegen die andere Hand, wurde immer unruhiger... wir haben nirgends einen deutlicheren Ausdruck ärgerlicher Ungeduld festhalten können. Auf dem Markt von Pisak im Hochland von Peru entdeckte Eibl-Eibesfeldt eine Indianerin, die im Getümmel ihr Kind verloren hatte. Mit größter Schwierigkeit glückte es mir, zwischen den vielen Leuten ihr Gesicht in meinen Spiegel zu bekommen – ein einmaliges Dokument von tiefer Bestürzung und Angst. Ein Mädchen, das ich auf der Promenade in Nizza filmte, unterhielt sich mit einem älteren Mann, der ihr offenbar den Hof machte. Sie hörte ihm lächelnd zu, dann legte sich plötzlich ein Schleier über ihre Züge. Ihr hübscher Kopf neigte sich, die Augen verengten sich, der Mund öffnete sich langsam – und sie gähnte herzhaft. Und den analogen Fall erlebten wir dann nochmals am Tanganjikasee, als wir bei Jane Goodall freilebende Schimpansen filmten. Ich hatte eine ruhig dasitzende Schimpansenmatrone im Bild und ließ den Film laufen, da öffnete sich

auch dieser Mund – allerdings noch um ein Vielfaches weiter –, und auch sie gähnte herzhaft.
In manchen Fällen konnten wir mimische Ausdrücke auch künstlich auslösen. So war Eibl sehr daran gelegen, das menschliche Wutsignal des Entblößens der Eckzähne festzuhalten. Als wir in Kenia in einer einsamen Gegend zwei Karamojokriegern begegneten und diese uns frech anbettelten, bot sich dazu eine Gelegenheit. Eibl gab dem einen – nachdem ich schnell die Kamera aufgebaut und den Spiegel auf ihn eingestellt hatte – die kleinste Münze, die wir besaßen. Das war für den Mann eine Beleidigung, und er war auch sehr ärgerlich. Während er uns in seinem Kauderwelsch dezidiert die Meinung sagte, traten seine Eckzähne deutlich in Erscheinung. Eibl steckte die Münze wieder ein, und ich zog das Federwerk frisch auf. Dann zog Eibl dieselbe Münze abermals hervor und überreichte sie zum zweitenmal. Man muß bedenken, daß diese Männer immerhin Speere in der Hand hatten und es im Umkreis von Kilometern außer uns keinen Menschen gab. Indem ich schnell einen Zehnshillingschein aus der Tasche zog und höflich überreichte, konnte ich das Schlimmste gerade noch verhindern. Unser Ziel war erreicht. Die beiden entfernten sich grollend – die Eckzähne des einen waren für immer verewigt.
Eibl war auch interessiert, möglichst viele Aufnahmen des menschlichen »Augengrußes« – ein leichtes Öffnen der Augen mit gleichzeitigem Hochziehen der Brauen, das vor allem bei Koketterien eingesetzt wird – zu bekommen. Dieses Zeichen – wie sich zeigte, auch eine Erbkoordination – war amüsanter auszulösen. Wir richteten den Spiegel auf verschiedene weibliche Wesen, und während einer von uns filmte, blickte der andere möglichst verführerisch zu ihr hin – ohne freilich selbst dieses Signal zu verwenden. Manche Damen sahen uns bloß erstaunt an – bei vielen aber hatten wir Erfolg.
Gute Ergebnisse hatten wir auch mit einer Dose, aus der, wenn man sie öffnet, eine Schlange hervorspringt. In Japan setzte ich mich in Parks zu fremden Leuten auf die Bank – während diesmal Eibl die Kamera führte. Ich lächelte die betreffende Person freundlich an, hielt ihr die Dose hin, schraubte sie auf – und die Schlange sprang hervor. Wir gewannen hier eindrucksvolle Dokumente des Übergangs vom höflich-erstaunten zum erschreckt-verblüfften Gesicht.

In Luxor, im Tal der Könige, fallen die Straßenhändler wie Heuschrecken über die ankommenden Touristen her und versuchen ihnen Ketten, Skarabäen und sonstige Andenken zu verkaufen. Eine stärkere Gestik der Überredung als bei diesen Ägyptern gibt es wohl kaum. Auch hier lösten wir die Handlung künstlich aus, indem ich mich mit der Kamera auf der Spitze eines der kahlen Hügel aufbaute und mit dem Teleobjektiv aufnahm, wie meine Frau in einem Auto vorfuhr und dann ausstieg. Sogleich stürzten zwei Händler auf sie los – und sie hatte nichts anderes zu tun, als scheinbar unentschlossen stehenzubleiben. Was immer den beiden an Gesten zu Gebote stand, haben wir so auf Film festgehalten.

Ein Experiment zur Auslösung von Konfliktsituationen machten wir in Städten, meist vom Hotelfenster aus. Ich stellte die Kamera so auf, daß man sie von unten nicht sehen konnte, richtete sie auf einen Weg oder Gehsteig und ließ dann den Zeitraffer laufen. Inzwischen ging Eibl unauffällig zu der Stelle, zeichnete mit Kreide einen Kreis auf den Boden, legte in die Mitte eine größere Geldnote, beschwerte diese mit einem Stein und verschwand.

Es ist erstaunlich, wie viele Menschen an einer solchen Note vorbeigehen, ohne sie zu betrachten. Jene, die auf sie aufmerksam wurden, zeigten recht verschiedene Reaktionen. In Nairobi filmten wir einen Mann, der wie versteinert stehenblieb – es war immerhin eine Pfundnote –, sie dann schnell aufhob und weiterging, dann innehielt, kehrtmachte, zurückeilte und sie wieder in den Kreis legte. Ein anderer schlug einen rechtwinkeligen Haken und entfernte sich über die Wiese. Auf einem belebten Gehsteig strömten erst zahllose Passanten über die Stelle hinweg, wobei die meisten jedoch dem Kreis auswichen. Dann blieb einer stehen, schaute auf die Note, ein zweiter blieb stehen, und innerhalb von ein paar Minuten bildete sich ein Kreis. Jeder neutralisierte hier den anderen. In der verschnellten Aufnahme war zu sehen, wie der Ring immer dichter und erregter wurde, dann trat eine Person besonders in Erscheinung, redete heftig – der Ring wurde kleiner –, und plötzlich hob der Mann die Note auf, die Masse flutete über ihm zusammen – und der ganze Menschenknäuel mit dem Mutigen in der Mitte wälzte sich hinweg.

Daheim saßen wir vor dem Betrachtungsgerät, fügten verschiedene Szenen zusammen, verglichen sie und suchten nach Unterschied und Übereinstimmung. Die Menschen aus Fleisch und Blut, die ich gefilmt hatte, wurden jetzt zu Marionetten – und wir fragten uns, wer die Drähte ihrer einzelnen Bewegungen zog. War es ihr »freier Wille«? War es Erziehung? Oder waren es Mechanismen in ihrem Gehirn, die auf der ganzen Welt bei allen Menschen gleich sind? Und mich beschäftigte hauptsächlich die Frage: Welche Grundgesetze der Lebensentfaltung mündeten letztendlich in diesem und jenem Tun –?

Meine Technik, Menschen ohne ihr Wissen zu filmen: Vor das Objektiv der Kamera ist eine Attrappe mit eingebautem Spiegel montiert, so daß jedermann glaubt, ich filme in eine andere Richtung. So filmte ich unbemerkt Großaufnahmen – hier von Rikscha – Kulis in Hong Kong.

Das Gähnen ist ein Beispiel für eine Erbkoordination (angeborene Motorik) beim Menschen. Die biologische Bedeutung dieser Ausdrucksbewegung liegt in ihrer stimmungsübertragenden Wirkung. Für rudelbildende Tiere ist es wichtig, daß der Lebensablauf der Individuen synchronisiert ist. Bei Schimpansen und bei Menschen wirkt Gähnen gleichermaßen »ansteckend«.

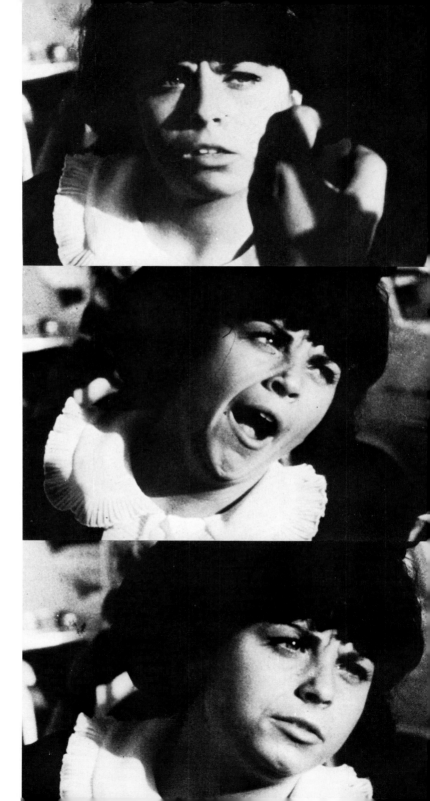

Eine den meisten höheren Wirbeltieren angeborene Verhaltensweise ist das »Sichern«. Beim zivilisierten Menschen besteht nicht mehr die Gefahr, während der Nahrungsaufnahme von Raubtieren angegriffen zu werden, trotzdem zeigen essende Menschen immer noch diese Erbkoordination. Nach jedem dritten oder vierten Bissen wandern die Augen unwillkürlich nach beiden Seiten.

Eine weitere Erbkoordination, die man mit der Spiegelkamera bei Menschen in aller Welt in Zeitlupe festhalten konnte, ist der »Augengruß«. Mit einem Lächeln verbindet sich ein kurzes aufforderndes Hochziehen der Augenbrauen. Ich hielt dieses unbewußte Signal, das Sympathie ausdrückt, erstmals bei dieser Französin fest. Die Bewegung dauert nur eine sechszehntel Sekunde.

Hier das gleiche Gesichtssignal, später von Eibl-Eibesfeld bei einem Huli von Neu Guinea gefilmt. Dieser Stamm kam erst wenige Jahre vorher mit Weißen in Berührung: die Bewegung konnte deshalb nicht durch Nachmachen erworben worden sein. Auch heute noch behaupten führende amerikanische Psychologen, daß alles menschliche Verhalten – auch unsere Mimik – das Ergebnis von Erziehung sei. Unsere unbeobachtet gefilmten Spiegelaufnahmen bewiesen schlüssig das Gegenteil.

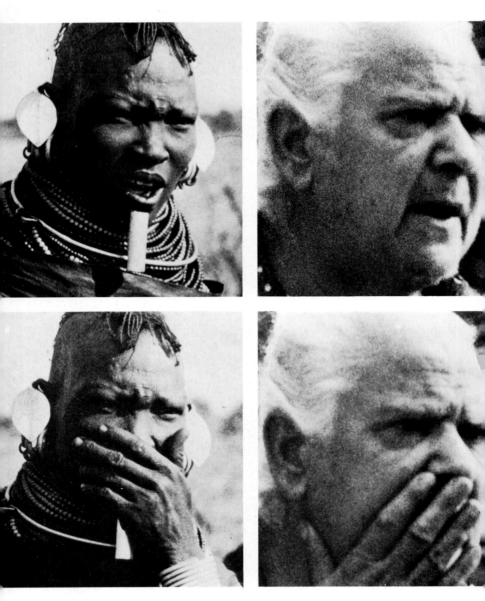

Das reflexhafte Einziehen von Luft bei Überraschung ist eine angeborene Abwehrreaktion. Gleichzeitig – ebenfalls angeborenermaßen – schießt die Hand vor den Mund. Auch diese Erbkoordination konnten wir bei Menschen verschiedener Rasse in unbeobachteter Aufnahme festhalten.

2.
Das Neugierwesen

Die Beobachtung des Menschen würde einen außerirdischen Gast vor manches Problem stellen. Nehmen wir an, ein unsichtbares Raumschiff wäre auf einem schneebedeckten Gipfel der Alpen gelandet und die darin befindlichen Gäste blickten auf einen Wintersportplatz im Tal. Sie sehen, wie Menschen über die weißen Hänge hochklettern – und dann talwärts sausen. Wie sie wieder hochklettern – und wieder abwärts gleiten. Bestimmt würden die Gäste sich fragen, was das bedeutet.
Nach Nahrung suchen diese Wesen hier nicht, das wäre offenbar. Auf diesen Hängen gibt es ja nichts Eßbares, nur Schnee und Felsen. Was also ist der Zweck dieses emsigen Tuns? Bei Tieren kommt es vor, daß sie sich an bestimmten Orten zu Paarungszwecken versammeln. Aber auch das ist hier offenbar nicht der Fall. Die auf den Hängen auf und ab eilenden Gestalten bewegen sich zwar auch zu zweit oder in Gruppen – aber der Sinn ihrer Tätigkeit ist doch zweifellos ein anderer. Welches aber ist der Sinn? Was wird durch diesen beträchtlichen Aufwand an Energie gewonnen?
Genau diese Fragen legten mir Aufnahmen nahe, die ich in zehnfacher Verschnellung in Sankt Christoph am Arlberg gedreht hatte. Im normalen Zeitablauf haben wir uns an sportliche Tätigkeiten so gewöhnt, daß sie uns kaum als eine Besonderheit des Menschen auffallen. Wie jeder weiß, handelt es sich dabei zum Teil um das Ergebnis vernünftiger Überlegung. Dem Sport Betreibenden liegt daran, den Körper zu trainieren und gesund zu erhalten. Auch Preise können gewonnen werden, und man kann anderen imponieren. Damit sind aber die Motive noch nicht erschöpft. Es steckt vielmehr noch etwas anderes, etwas Triebhaftes dahinter; ein Bedürfnis, neue Fähigkeiten zu erwerben, sich in neuer Geschicklichkeit zu erproben. Etwas mehr Spielerisches. Ein Drang, aus dem nor-

malen Leben herauszutreten. Ein Bedürfnis nach Abwechslung – nach Neuem.

Ein anderer Schauplatz: die Akropolis von Athen. Auch hier filmte ich das Treiben in zehnfacher Verschnellung, und auch hier machte mich die Betrachtung meiner Aufnahmen nachdenklich. Der Gast aus dem Weltenraum würde sich auch hier fragen: Wozu dieser Aufwand an Energie? Über weite Strecken, ja über Meere, kamen die Menschen hierher, um etwas zu sehen, was ihnen nicht eigentlich nützte. Warum? Auch im Tourismus liegt etwas Triebhaftes. Eine Sehnsucht, sich aus dem normalen Lebensraum zu entfernen, die Grenzen des gewohnten Bereiches zu durchbrechen und neue Eindrücke zu gewinnen. Ein Drang nach Abwechslung – nach Neuem.

Am Strand von Nizza filmte ich einen jungen Mann, der mitten unter den Badenden sitzend Zeitung las. Auch hier vermittelte mir die verschnellte Aufnahme völlig neuartige Aspekte. Er durchpflügte die Zeitung, griff dann nach einer zweiten, durchpflügte diese, griff nach einer dritten, und als er diese beendet hatte – griff er wieder nach der ersten. Wenn wir Zeitungen und Bücher lesen, ist uns längst nicht mehr bewußt, daß wir da Mitteilungen in uns hineinfressen, deren Kenntnis für uns weitgehend ohne Sinn ist. Auch Gespräche, die ich in aller Welt filmte, hinterließen uns diesen Eindruck. Es ging hier längst nicht mehr nur darum, relevante Informationen auszutauschen, sondern sehr oft um das bloße »Plaudern«, Neuigkeiten zu hören bereitet dem Menschen Vergnügen. Das auch ein wesentlicher Grund dafür, warum Veranstaltungen uns anziehen, warum es uns in Theater, in Kinos und an den Fernsehschirm lockt. Wir wollen Abwechslung. Wir wollen wenigstens in der Phantasie aus den engen Bereichen des täglichen Lebens heraustreten. Unsere Sinne dürsten nach neuen Eindrücken. Ein Drang, eine »Gier« nach Neuem beseelt uns – eben »Neugier«.

Ist dies nun eine Besonderheit, die uns von den Tieren unterscheidet? Ja, *aber nur zum Teil.* Denn viele Tiere zeigen ein ähnliches triebhaftes Verhalten – für gewöhnlich allerdings nur bis zur Geschlechtsreife.

Wie schon erwähnt, ist allen Tieren, die Teile ihres Verhaltens durch Lernen erwerben, ein Trieb angeboren, sich aktiv mit der Umwelt auseinanderzusetzen. Die junge Ratte, die junge Dohle, der junge Löwe erproben im »Spiel« ihr gesamtes Verhaltensinventar. Sie untersuchen die Objekte der Umwelt auf ihre Beschaffenheit, drehen und wenden sie, erproben an ihnen die verschiedensten Bewegungen – und gewinnen so Erfahrung, lernen durch Übung. Die einzelnen Erbkoordinationen, die oft nur aus kurzen Bewegungsabläufen bestehen, werden so zu längeren Komplexen erfolgreichen Verhaltens zusammengebaut.

Sehr bemerkenswert ist weiter, daß sich zum Beispiel der Spieltrieb weniger schnell erschöpft als die übrigen Triebe. Die Appetenz zum Spielen bleibt viel länger wirksam als andere Appetenzen, die, wenn sie sich ausleben können, bald wieder abklingen. Es entspricht dies auch durchaus dem biologischen Zweck dieses Vorganges. Denn nur durch immer neues Üben und Erproben gelangt das Tier zu der für das spätere Leben so wichtigen Sicherheit in seinen Bewegungen. Wie sehr es das Neue an sich ist, das in diesem Triebverhalten gesucht wird, hat eine von Lorenz gemachte Beobachtung gezeigt. Selbst ein wohlbekannter Leckerbissen vermag das »neugiergestimmte« Tier nicht von der Untersuchung anderer, ihm noch unbekannter Gegenstände abzulenken. Sogar, wenn das Tier gerade die Bewegungsweisen des Fressens durchprobiert – also »Fressen spielt« –, zieht es ein fremdes Übungsobjekt dem ihm wohlbekannten Leckerbissen vor. Lorenz schrieb dazu: »Um es anthropomorph auszudrücken: Das Tier will nicht fressen, sondern es will ›wissen‹, was es in dem betreffenden Lebensraum ›theoretisch‹ alles zu fressen gibt!«

Beim Menschenkind ist das analoge Instinktverhalten deutlich sichtbar. In der Regel ist hier die Mutter das erste Objekt des Neugier- und Spielverhaltens. Das Kind betastet und erkundet ihr Gesicht und gelangt so zu einer ersten Raumvorstellung. Sobald es dann herumkriechen kann, beginnt es die nähere Umwelt zu erforschen. Es betastet Gegenstände, führt sie an den Mund, dreht sie herum – und gewinnt so Erfahrung über ihre Beschaffenheit. Hier liegt die große Bedeutung des für das Kind so wichtigen »Spielzeugs«, das bei Naturkindern oft aus nichts anderem als aus Steinen und Zweigen besteht. Das Kind lernt durch die Auseinandersetzung mit diesen Objekten, wie Gegenstände sich bewegen lassen und sich verhalten, wenn man sie miteinander in Berührung bringt. Es lernt die Verknüpfung von Ursache und Wirkung – und es lernt gleichzeitig die Möglichkeiten seines Körpers und seiner Hände.

In unserem Sprachgebrauch sind »Neugier« und »Spiel« durchaus nicht identische Begriffe. Es ist aber sehr wahrscheinlich, daß beide Phänomene eine gemeinsame Wurzel haben. *Der Unterschied besteht bloß darin, daß Neugier zu einem Erkunden und Sicherwerden in der Umwelt führt, Spiel dagegen zu einem Erkunden und Sicherwerden in neuen Fähigkeiten.* Im ersten Fall geht es also in erster Linie um Information, im zweiten um den Zusammenbau von Bewegungsmustern. In beiden wird jedoch gleichermaßen das »Neue« triebhaft angestrebt. Es kann also sein, daß es sich hier um zwei verschiedene, aber sehr ähnlich wirkende Triebe handelt. Oder aber das Streben nach neuem »Erkennen« und jenes nach neuem »Können« – also das eine die Sensorik und das andere die Motorik betreffend – werden vom gleichen Motor angetrieben.
Dem Instinkt der Neugier steht jener nach *Sicherheit* entgegen. Die Neugier treibt an – die Angst hält zurück. Manche meiner Zeitlupenaufnahmen von Kindern zeigten das sich daraus ergebende Konfliktverhalten. Man sieht einerseits, wie die fremde Umwelt lockt, wie sie das Kind herausfordert. Und man sieht anderseits, wie das Kind von einer inneren Stimme gewarnt wird, sich nur vorsichtig an das Neue heranzubegeben, nur zögernd die neuen Schritte zu wagen.
Der Schutz der Eltern ist hier von entscheidender Bedeutung. Ist ein Lebewesen bei der Geburt noch nicht »fertig«, muß es erst wesentliche, lebenswichtige Fähigkeiten erwerben, dann ist ein entsprechender Schutz die Voraussetzung. Im Lauf der Evolution mußte sich also – parallel mit dem Abbau der Instinktsteuerung und der Erweiterung der Lernfähigkeit – bei den Eltern zwangsläufig ein Instinkt zur Behütung der Nachkommen entwickeln. Das eine war ohne das andere einfach nicht möglich. Der Schmetterling kümmert sich nach Ablage seiner Eier nicht im geringsten um die daraus schlüpfenden Raupen. Diese kommen aber auch schon »fertig« zur Welt; auf Grund des ihnen angeborenen Verhaltens können sie sich auch ohne Schutz und Fürsorge durchsetzen. Das Lernwesen dagegen ist auf den mühsamen Vorgang des Erkundens und Übens angewiesen, und in dieser hilflosen Situation wird es einerseits durch den Brutpflegetrieb der Eltern und anderseits durch seine eigene »Angst« geschützt. *Der Abbau der Instinkte auf der einen Seite machte also die Bildung und Verstärkung anderer Instinkte notwendig.*

Wie das Verhalten von Kind und Eltern aufeinander abgestimmt ist, führten uns wiederum verschnellte Aufnahmen deutlich vor Augen. Mutter und Kind sind wie durch ein unsichtbares Gummiband zusammengehalten. Sobald das Kind sich entfernt, tritt bei ihr besorgte Reaktion auf; auch wenn sie spricht oder etwas anderes tut, reagiert sie fast ständig auf das Kind. Das Kind wieder wagt sich Stück für Stück weiter von ihr fort, erkundet die Welt, erprobt sich, spielt mit diesem oder jenem Objekt. Am Badestrand und in Parks hielt ich fest, wie Kinder auch die Eltern selbst als Übungsprojekt benützen. Sie klettern auf ihnen herum, versuchen an ihnen ihre Kräfte, wecken Reaktionen – was dann sogleich wiederholt wird –, und die Eltern lassen das Kind gewähren, ja ermutigen es. Bei Pavianen, die wir in analoger Situation filmten, zeigte sich das gleiche Verhalten.

Ein wichtiger Aspekt des Erkundens besteht in der Fähigkeit, sich vom Gegenstand des jeweiligen Interesses auch wieder zu »distanzieren«. Das Menschenbaby beherrscht diese Fähigkeit zunächst noch nicht. Hat es ein Objekt gefaßt, dann führt es dieses zum Mund und kann sich dann nur schwer von dieser starren Handlungskette lösen. Wird das Kind älter, dann sieht man, wie es den Gegenstand wieder vom Mund wegnimmt, ihn anschaut, dann nochmals zum Mund führt, dann vielleicht weglegt und mit der anderen Hand ergreift oder ihn wegwirft – und so fort. Nur die intelligentesten Lerntiere (z. B. Hund und Affe) zeigen ebenfalls diese Fähigkeit, *sich vom Objekt zu lösen* und es in einem neuen, forschenden »Angriff« von einem anderen Gesichtswinkel her zu erkunden.

Bei den Bewegungsspielen ist die Beharrlichkeit, mit der neue, erfolgreiche Handlungen wiederholt werden, sehr charakteristisch. Wenn ein Kind herausfindet, wie man Klötzchen aufeinanderschichten und den Turm dann umwerfen kann, will es dies wiederholen. Hat es den Mut aufgebracht, über eine Rutschbahn hinunterzurutschen, dann ist es von dieser nicht mehr wegzubringen. *Jede neue Fähigkeit ist gleichsam ein Sieg, ein lustvoller Gewinn an Macht.* Schritt für Schritt »erobert sich das Kind so seine Welt« und bezieht immer mehr Objekte in seinen Machtbereich ein. Bei den höheren Lerntieren ist es genauso. Ein von Eibl aufgezogener junger Dachs, der beim Spielen lernte, wie man einen Purzelbaum schlägt, wiederholte das dann immer wieder. Jede irgendwie zielführende Bewegungsfolge wird durch wiederholtes Ausführen »eingeschliffen«, die Kommandos im Gehirn werden so fest miteinander verknüpft. Dem Tier stehen dann die solcherart geschaffenen Erwerb-Koordinationen weiter zur Verfügung – es hat sie von nun an in seinem »Vorrat«.

Interessant ist auch die Verwendung von »Ersatzobjekten«. Ein junger Löwe behandelt seine Geschwister, als wären sie Beutetiere, und übt so Jagdverhalten. Ein junger, von Eibl im Haus aufgezogener Iltis besetzte einen Papierkorb und verteidigte ihn – wie das dann später erwachsene Tier seinen Bau verteidigt. Für das Menschenkind sind der Ball und der Sandhaufen die idealen Ersatzobjekte: der Ball zum Üben des Jagens, Fangens und Festhaltens, der Sand als Objekt zur Erprobung der Gestaltungsfähigkeit seiner Hände – und seines Geistes.

Aus dem »Experimentierspiel« geht das »Konstruktionsspiel« hervor. Die Tendenz, Objekte in ihre Teile zu zerlegen – was zu erhöhter Materialkenntnis führt –, kann man auch bei Vögeln und höheren Säugern beobachten. Das Zusammensetzen von Objekten dagegen findet sich nur beim Menschenkind – und bei jungen Affen. Lorenz schreibt dazu: »Was schon die Jungtiere niederer Affen, etwa der Kapuziner (Cebus), bei diesen Spielen im Aufeinanderbauen und Ineinanderschachteln von Objekten, Benutzen von Hebelwirkungen und dergleichen leisten, ist ganz erstaunlich. Ihre intensiven und von sachlicher Objektbezogenheit zeugenden Forschungen wirken schon beinahe menschlich.«

Ist nun das Neugier- und Spielverhalten beim Menschen wirklich nach jeder Richtung hin »frei«? Oder ist der Drang, Informationen und Fähigkeiten zu erwerben, nach bestimmten »Richtungen« hin festgelegt? Ist erblich fixiert, was das Wesen in seinem spielerischen Erkunden bevorzugt lernen soll?

Bei den Tieren ist nicht daran zu zweifeln, daß »Lerndispositionen« ihre Spiele beeinflussen. So finden wir bei Pflanzenfressern, bei denen nicht so sehr Angriffshandlungen als vielmehr das Entkommen vor Raubtieren eine Rolle spielt, *Fluchtspiele* besonders ausgeprägt. Bei den Raubtieren stehen wieder *Jagd- und Kampfspiele* im Vordergrund. Wenn wir beim Menschenkind sehen, wie das Mädchen zur Puppe tendiert, der Junge dagegen zum Klettern (Früchtesuchen) und zum Speer (Jagd), dann sehen wir eine offenbar erblich beeinflußte Ausrichtung. Sehr typisch für Menschenkinder – Jungen wie Mädchen – ist der Drang, Häuser zu bauen. Für den körperlich wenig geschützten Menschen ist die Schaffung eines geeigneten Zufluchtorts zum Ausruhen und zum Schlafen von besonderer Bedeutung, und so wäre es nicht verwunderlich, wenn sich bei uns in dieser Richtung eine Spielpräferenz herausgebildet hätte.

Natürlich werden die Spiele auch durch das Tun der Erwachsenen und durch kulturelle Gepflogenheiten sehr stark beeinflußt. »Moden«, die den Verlauf einzelner Spiele bestimmen, wurden auch schon bei den Affen und anderen Tieren nachgewiesen. Der bei vielen Lernwesen stark entwickelte Nachahmungstrieb spielt beim Menschenkind gleichfalls eine wichtige Rolle. Er sporrt das Kind dazu an, die bei den Eltern beobachteten Bewegungsmuster zu übernehmen. Auch bei den sogenannten »Trotzperioden«, auf die ich später noch zurückkommen werde, handelt es sich – möglicherweise – um erblich fixierte »Lerndispositionen«. Was hier – wiederum im Spiel, obwohl es uns durchaus ernst erscheint – erlernt wird, ist das Durchsetzen des eigenen Willens gegen den der Eltern. Hier bereitet sich bei dem heranwachsenden Wesen die Individualität und Selbständigkeit vor, das für das weitere Leben so wichtige eigene Erwägen und Entscheiden.

Zwischen Tier und Mensch besteht nun aber ein sehr wesentlicher Unterschied. Während bei allen Lerntieren das Neugierverhalten nach der Geschlechtsreife an Intensität verliert oder völlig abklingt, ist dies bei uns Menschen nicht der Fall. *Wir bewahren die jugendliche Eigenschaft der Neugier bis ins Alter.* Wir bleiben am Neuen und an möglichen Änderungen interessiert. Wie der deutsche Soziologe Gehlen sagte, bleibt der Mensch »weltoffen«.

Ist ein Lerntier – etwa ein Wolf oder ein Löwe – »erwachsen«, dann hat es alle lebenswichtigen Fähigkeiten erworben und zeigt keinerlei Drang, weitere zu erlangen. Das Tier ist dann gleichsam in seine besondere Lebensform und Umwelt »eingebettet« und zeigt kein Bedürfnis, aus diesen Grenzen auszubrechen. Der Mensch ist in dieser Beziehung anders. Vom ursprünglichen Lebensraum unserer Vorfahren, den Tropen, ausgehend, bevölkerten wir die ganze Erde, versuchten uns praktisch überall und schufen uns, wo die Bedingungen nicht ausreichten, eine passende *künstliche Umwelt*. Zweifellos wäre diese Entwicklung ohne unsere besonders ausgebildete Intelligenz nicht möglich gewesen, doch hat unser »persistierender« Neugiertrieb sicherlich dazu wesentlich beigetragen. Er war der Motor dafür, daß sich unser Interesse überhaupt dem »Neuen« zuwandte. Er gab uns die grundsätzliche Bereitschaft, es auch mit sehr veränderten Verhältnissen aufzunehmen und sie in neuer Art zu meistern.

Am Strand von Nizza filmte ich bei meterhoher Brandung eine ältere Frau, die sich die Schuhe ausgezogen hatte und bis über die Knöchel im Wasser stand. In der verschnellten Aufnahme kam heraus, wie sie sich – offensichtlich aus reinem Mutwillen – immer wieder ein Stück weiter gegen die Brecher vorwagte. Schließlich kamen einige besonders hohe Wellen und erfaßten sie beinahe, wobei ihr lang herunterreichendes Kleid bis zur Hüfte naß wurde. Natürlich ist das eine Ausnahme. Denn im allgemeinen sind gerade Frauen konservativ und spielen weniger mit der Gefahr – was wohl mit ihrer biologischen Funktion des Gebärens und Aufziehens der Kinder zusammenhängt. Trotzdem war auch dieser Vorgang für den menschlichen Neugierdrang typisch.

Im menschlichen Sport ist das Herausfordern von Schwierigkeiten und Gefahren besonders stark ausgeprägt. Beim Klettern, Tauchen und im Wintersport setzt mancher sein Leben aufs Spiel. Eine ganz ähnliche Tendenz zeigt sich auch bei den Wagnissen menschlichen Unternehmertums – und nicht zuletzt auch in der Forschung. Der forschende Mensch war immer ein neugieriger, ja ein spielerischer Mensch. *Nicht sachlich vernünftiges Erwerbsstreben hat zu den meisten Entdeckungen und Erfindungen geführt, sondern der in manchen Individuen besonders stark ausgeprägte Neugiertrieb.* Wenn es in der menschlichen Entwicklung immer ein Streben gab, die Grenzen zu erweitern, ja aus ihnen auszubrechen, wenn mit jeder neuen Generation immer wieder neue, oft phantastische Ideen und Pläne auftauchten, wenn wir sogar in den Weltenraum vordringen – dann ist das nicht bloß eine Funktion unseres Intellekts, *sondern dieser Intellekt wird durch eine uns innewohnende triebhafte Besonderheit gelenkt,* durch eine unseren Willen entscheidend beeinflussende und richtunggebende Kraft.

Charakteristisch für den Neugiertrieb ist, daß er sich besonders dann entfaltet, wenn kein anderer Triebdruck besteht, wenn also die übrigen Bedürfnisse abgeklungen sind. Das gilt für den Men-

schen wie für alle übrigen Lernwesen. Schon Schiller hat geschrieben: »Das Tier arbeitet, wenn ein Mangel die Triebfeder seiner Tätigkeit ist, und es spielt, wenn der Reichtum an Kraft diese Triebfeder ist.« Solange etwa Angst, Hunger oder sexuelles Bedürfnis die Handlungen bestimmt, ist auch der Mensch nicht neugierig. Dann spielen auch wir nicht, wagen auch wir uns nicht spielerisch an neue Aufgaben. Erst wenn wir ohne andere Appetenzen sind, werden wir unternehmungslustig, mutwillig. Dann reizt es uns, das normale Lebensmuster zu verlassen – gleichgültig nach welcher Richtung. *Dann kommt das »Dionysische«, das Gewagte, wahrhaft Menschliche zum Vorschein.*
Untersuchungen an Singvögeln haben gezeigt, daß sie die variationsreichsten und damit schönsten Lieder nicht in ihrer Fortpflanzungszeit, sondern außerhalb dieser Periode singen. Sie »dichten« dann, wie der Vogelliebhaber sagt. Und Schimpansen, denen Morris Pinsel, Farben und eine Leinwand gab, führten im »entspannten Feld« Malereien aus, die ein ästhetisches Grundempfinden für Symmetrie und Ausgewogenheit erkennen ließen. Diese und ähnliche Beobachtungen legen die Vermutung nahe, daß unser Spiel- und Neugiertrieb nicht nur für Entdeckung, Erforschung und Neuerungsstreben verantwortlich ist, sondern auch unsere künstlerische Entfaltung wesentlich gefördert hat.
Lorenz hat in seiner Abhandlung über »Ganzheit und Teil in der tierischen und menschlichen Gemeinschaft« die Grundzüge des Neugierverhaltens dargelegt, von ihm stammt die Bezeichnung »Neugierwesen«. Sein Ausgangspunkt war die Unterscheidung zwischen spezialisierten und nichtspezialisierten Tieren. Während die »Spezialisten« auf eine ganz bestimmte Lebensart festgelegt und in dieser dann auch jeder Konkurrenz überlegen sind, haben die »Nichtspezialisten« den Vorteil, anpassungsfähig und daher nicht auf eine ganz bestimmte Umweltsituation angewiesen zu sein. Ihre Konkurrenzfähigkeit mag somit im einzelnen geringer sein, doch sind sie dafür dem Risiko einer Umweltänderung weniger unterworfen. Sie können solchen Änderungen durch ihre Lernfähigkeit folgen. Alle »Neugierwesen« sind nun durchwegs Nichtspezialisten. Ihre Verhaltensweisen sind nur in geringem Ausmaß erblich fixiert, und ihre angeborenen auslösenden Mechanismen (AAM) sprechen in der Regel nur auf weitverbreitete – und somit meist »merkmalarme« –

Schlüsselreize an. Sie behandeln alles Neue, »als wäre es für sie von größter biologischer Wichtigkeit«, und finden so »in den verschiedensten und extremsten Lebensräumen unfehlbar jede Kleinigkeit heraus, die zur Erhaltung ihres Lebens beitragen kann«. Der Mensch ist nun das extremste aller »Neugierwesen«. Bei uns persistiert die Neugier und Lernbereitschaft bis ins Alter, bei uns ist dieses Instinktverhalten »auf die Spitze getrieben«.
Lorenz bezeichnete in diesem Sinn den Menschen als »Spezialisten im Nicht-spezialisiert-Sein«. Gemeinsam mit Gehlen sah er »eine der konstitutiven Eigenschaften des Menschen, ja vielleicht die wichtigste unter ihnen, in seiner dauernden, neugierig-forschenden Auseinandersetzung mit der Welt der Dinge; in der spezifisch menschlichen Tätigkeit des aktiven Weiterbauens an der eigenen Umwelt«. Auf die Art, wie dieses »Weiterbauen« praktisch erfolgte, werde ich in diesem Buch noch mehrfach zurückkommen.
Wie kam es eigentlich zu diesem merkwürdigen Unterschied zwischen uns und den uns verwandten Lerntieren? Wie erklärt es sich, daß beim Menschen dieser Instinkt nicht mit der Geschlechtsreife erlischt? Lorenz machte hierfür zwei Phänomene verantwortlich – beide sind umstritten. Ich will diese Überlegungen jedoch trotzdem anführen.
Wie Bolk schon 1926 darlegte, hat der Mensch eine Anzahl von »persistenten Jugendmerkmalen«. Als erstes führte Bolk an: die Haarlosigkeit unseres Körpers bei behaartbleibendem Kopf; ferner das Überwiegen des Gehirnschädels über den Gesichtsschädel; die fast rechtwinkelige Abknickung der Schädelbasis gegen die Wirbelsäule (samt der durch sie bedingten, weit nach vorne gerückten Lage des Hinterhauptloches); das relativ hohe Hirngewicht (im Verhältnis zum Körpergewicht); verschiedene Baueigentümlichkeiten der weiblichen Geschlechtsorgane; die Pigmentierung der Haut und anderes mehr. Diese Eigentümlichkeiten finden sich nun auch – das ist eine sehr merkwürdige Parallele – bei den frühen Entwicklungsstadien der Menschenaffen. Deren Embryos sind gleichfalls haarlos (mit Ausnahme des Kopfes) und zeigen auch alle übrigen soeben aufgezählten Besonderheiten. Somit erinnert der Mensch – ausgerechnet – an den Fötus der Menschenaffen. Und in diesem Sinne sprach Bolk von einer »Fötalisation« des Menschen. Daß er mit dieser Hypothese nicht nur Aufsehen, sondern auch viel

Ärgernis erregte, liegt auf der Hand. Der Gedanke, daß wir vom Affen abstammen, war für viele schlimm genug – völlig grotesk jedoch schien die Idee, daß wir sozusagen ein permanentes Jugendstadium der Menschenaffen darstellen sollten.

Nun sind im Tierreich solche Vorgänge einer »Entwicklungshemmung« durchaus nicht selten. Sowohl bei den Krebsen und den Zweiflüglern wie auch bei den Schwanzlurchen und weiteren Tiergruppen kommt es nicht selten vor, daß bereits frühe Entwicklungsstadien zur Geschlechtsreife gelangt sind und somit den restlichen, bei verwandten Tierarten noch deutlich zu verfolgenden Entwicklungszyklus gar nicht mehr durchmachen. Der Zoologe nennt diese Erscheinung »Neotenie«. Das klassische Beispiel dafür ist der zu den Schwanzlurchen gehörende Axolotl, bei dem das Zustandekommen dieses Phänomens noch heute verfolgt werden kann. Als Larve hat dieses Tier Kiemen und lebt im Wasser, später kann es die Kiemen zurückbilden und wächst dann zu dem außerhalb des Wassers lebenden Salamander heran. Bei den meisten Exemplaren werden jedoch bereits die Larven geschlechtsreif. Diese Exemplare behalten dann die Kiemen und bleiben bis an ihr Lebensende Wassertiere. Im Lauf der Evolution ist es auf diese Weise – wenn ein solcher Vorgang erblich wurde – zur Bildung mancher neuer Arten gekommen.

Lorenz bezeichnete das beim Menschen »persistierende« Neugierverhalten – in Hinblick auf die von Bolk aufgezeigten weiteren Merkmale einer »Entwicklungshemmung« – als einen Fall von Neotenie. Und er gab auch für das Zustandekommen dieser menschlichen Neotenie eine Erklärung – und zwar deutete er sie als eine *mögliche Folge von Domestikation*. Schon früher waren bei Haustieren an verschiedenen körperlichen Merkmalen Phänomene der Neotenie nachgewiesen worden. Darüber hinaus fand Lorenz auch in ihrem Verhalten Hinweise für Neotenie. Der Mensch hat aber nun sich selbst gegen die natürliche Auslese in ganz ähnlicher Weise abgeschirmt wie er auch seine Haustiere gegen die natürlichen Gefahren schützt. Und Lorenz hatte schon auf andere Eigentümlichkeiten des Menschen hingewiesen, seines Erachtens Folgen dieser »Selbstdomestikation«. Auf Grund dieser Erwägungen sprach er die Vermutung aus, daß das beim Menschen persistierende Neugierverhalten eine Form von Neotenie und daß diese wiederum eine Folge unserer Selbstdomestikation sei.

Die Eigenart unseres Neugierverhaltens ist im Lauf unserer Entwicklungsgeschichte nur sehr allmählich in Erscheinung getreten. Erst lange nachdem unsere Vorfahren bereits die ersten Werkzeuge verwendeten, begannen sie sich aus dem Rahmen der Natur zu lösen und gingen dazu über, diese Natur »zu überwältigen«, ihr Leben willentlich zu verändern, es künstlich zu »gestalten«. Dabei führte jede Neuerung zu neuer Gewohnheit, zu neuer »Tradition«. Und diese dann durch Erziehung weitergegeben, meist sehr starren Verhaltensmuster wurden zu Gegenpolen der Veränderung. Sie wurden jeweils zu einer selbsterrichteten Mauer, gegen die sich weiteres Neugierverhalten zwangsläufig erst wieder richten mußte.

In dem einsamen El-Molo-Dorf am Rudolfsee in Kenia beobachteten wir Kinder unbemerkt beim Spielen. Sie spielten »Häuserbauen«, mit Schilfrohren und Tuchresten. Das Bewegungsmuster meiner Aufnahmen zeigte, wo die Kinder bei der Konstruktion zusammenhalfen und wie sie sich dabei die ortsüblichen Krale zum Vorbild nahmen. Dann liefen sie davon und spielten etwas anderes. Ich wollte die Aufnahme gerade abbrechen, als ein kleines Mädchen auftauchte. Sie blieb vor einem dieser Machwerke stehen, betrachtete es, überlegte. Dann ging sie kurz entschlossen darauf zu, riß es nieder, nahm die Fetzen, die als Dach gedient hatten, und versuchte, ob sich daraus nicht ein Röckchen und ein Umhang machen ließen. Diese kleine Szene mag banal erscheinen, *doch enthält sie bereits jenen Zusammenhang, mit dem sich die menschliche Entwicklung immer und überall auseinandersetzen mußte.* Um etwas Neues erproben oder schaffen zu können, muß oft etwas schon Bestehendes erst zerstört werden. Das gilt im kleinen wie auch im großen – und war die Ursache mancher Revolution und mancher Kriege.

Vor diesem »bösen Dilemma« stehen jedoch nicht nur wir; praktisch die gesamte Höherentwicklung der Organismen, beginnend bei den ersten bereits »Leben« zeigenden Molekülkomplexen, bis herauf zu den Säugetieren und zum Menschen war damit konfrontiert. »Ohne starre Strukturen«, so schrieb Lorenz, »ist kein organisches System von höherer Integrationsstufe möglich, stets aber müssen die Strukturen des bestehenden Systems zerbrochen werden, soll ein neues von noch höherer Stufe der Integration erreicht werden.« Und etwas später fügt er dann hinzu: »Ob ein Krebs sich häutet, ob ein Mensch von der Persönlichkeitsstruktur des Kindes in die des Mannes hinüberwechselt oder ob eine überalterte menschliche Gesellschaftsordnung in eine neue übergeht, immer und überall ist der Entwicklungsfortschritt mit Gefahren verbunden, und zwar deshalb, weil die alte Struktur abgebrochen werden muß, ehe noch die neue zu voller Funktionsfähigkeit gediehen ist.« *Dieser Gefahr* war der Mensch mehr ausgesetzt als irgendein anderes Wesen. Sind wir doch die ersten und einzigen, die sich nicht nur »anpassen« können, sondern die sogar befähigt sind, sich selbst und das eigene Lebensmuster grundsätzlich zu verändern. Nietzsche nannte den Menschen »das noch nicht festgestellte Tier« – eine Doppelbedeutung mit tiefem Sinn. Und Gehlen, noch etwas genauer, nannte uns das »riskierte Wesen, das Wesen mit einer konstitutionellen Chance zu verunglücken«. Wie erschreckend wahr gerade letzteres ist, wird besonders heute, bei unserem rasenden technischen Fortschritt, deutlich. Noch nie im Lauf der Geschichte hat der Mensch gezögert, alle verfügbaren Kräfte einzusetzen, um einer von ihm erschauten Neuerung zum Durchbruch zu verhelfen. Heute, im Atomzeitalter, bringt uns das der »konstitutionellen Chance zu verunglücken« nur allzu nahe.

Indem wir der Natur überlegen wurden, kam es zu einer schicksalhaften Verknüpfung von Ursache und Wirkung. Da wir unser Leben immer mehr sicherten, gewannen wir immer mehr freie und sorgenlose Zeit, gelangten wir in Sicherheit, in ein »entspanntes Feld«. Dieses entspannte Feld wieder war der Nährboden für die Entfaltung unseres Neugierdranges, der uns zu weiteren Versuchen, weiteren Ideen, zu weiterer Machtsteigerung führt. Der Schimpanse »Sultan« auf der Affenstation in Teneriffa konnte die Aufgabe, durch Zusammenfügen zweier Stöcke eine außerhalb des Käfigs liegende Banane herbeizuangeln, zunächst nicht lösen. Er versuchte es immer wieder mit dem einen oder dem anderen Stockteil – schließlich wurde er wütend und gab es auf. Später spielte er dann mit den Stöcken und setzte sie dabei *zufällig zusammen*. Nun wandte er sich sofort wieder der nicht bewältigten Aufgabe zu und angelte sich die Banane. Unter Triebdruck war ihm die Lösung der Aufgabe nicht geglückt, im entspannten Feld des Spieles dagegen hatte er sie gelöst. Bei den menschlichen Entdeckungen und Erfindungen dürfte es oft ähnlich gewesen sein. Sicherlich wurden manche der neuen Ideen aus Not und Verzweiflung geboren – zu sehr vielen Neuerungen aber gelangte der Mensch bestimmt im spielerischen Versuch.

»Neugier«... Normalerweise sehen wir darin eine eher schlechte und recht banale Eigenschaft – ganz bestimmt keine »Besonderheit des Menschen«. Aus der Betrachtung der uns nächstverwandten Tiere ergibt sich jedoch, daß hier ein Phänomen zum Ausdruck kommt, dem wir sehr Wesentliches verdanken. Bei unseren Tierverwandten umspannt die Wirksamkeit dieses Instinktes meist nur einige Jahre und gestattet ihnen, sich »anzupassen«. *Bei uns persistiert dieser Trieb.* Unsere »Weltoffenheit« bleibt bis über unsere Geschlechtsreife hinweg erhalten; unser interessiertes Erkunden, unser ständiges Spiel mit neuen Möglichkeiten setzt sich bis ins Alter fort. Auf diese Weise wird unsere geistige Kraft immer wieder angespannt, sich spielerisch *auch im »Sinnlosen« zu erproben – und dabei kommt es nicht selten zur Entdeckung von »Sinnvollem«.* Ist ein solcher »Fortschritt« gefunden, so setzt er sich meist auch durch, etabliert sich, gewinnt Macht über uns, wird zur Gewohnheit und Tradition. Aber schon ist wieder etwas »Neues« entstanden, der Mensch ändert sich – und das Alte zerbricht. Wir sind »Neugierwesen« zur höchsten Potenz. Wir sind das »riskierte«, »nicht festgestellte« Wesen. Wir fordern die Natur heraus – auch wenn das Ergebnis sich gegen uns selbst richtet. *Auf einem messerscharfen Grat wandern wir hinan.* Wir verändern, wir »häuten« uns nahezu ununterbrochen. Und bei jeder solchen Häutung sind wir »in Gefahr«.

3.
Die künstlichen Organe

Kaum etwas erscheint uns Menschen selbstverständlicher als der Gebrauch von Werkzeugen. Seit früher Jugend nehmen wir unaufhörlich Dinge in die Hand und legen sie wieder weg. Trotzdem sollte man dieses so Selbstverständliche einmal mit anderen Augen sehen lernen.

Da sind die winzigen einzelligen Organismen; man versuche sich einmal vorzustellen, wie sich aus ihnen die großen, »vielzelligen« Wesen entwickelten. Es begann wohl damit, daß solche Einzeller sich teilten – sich aber nicht trennten. Es blieben vielmehr soundso viele in einem Klumpen beisammen, sie bildeten eine »Kolonie«. Im Lauf der Zeit spezialisierten sich dann in solchen »Zellkolonien« einzelne Zellen auf bestimmte Aufgaben. Die einen bildeten etwa eine schützende Haut, andere wieder Muskelstränge, die eine Fortbewegung der Kolonie ermöglichen, wieder andere ein Stützskelett, Nerven und so weiter. Das jeweilige Organisationsrezept befand sich in den »Keimzellen«, deren gleichfalls spezialisierte Tätigkeit es war, sich von der Kolonie, wenn diese entsprechend anwuchs, abzulösen und weitere Kolonien zu bilden. Die die Evolution fördernde Einrichtung der Zweigeschlechtlichkeit – das gelegentliche Verschmelzen von Keimzellen – stammt bereits von den Einzellern und blieb erhalten. Sehr vereinfacht dargestellt ist das der Weg, der nach heutiger Auffassung zur Entstehung der immer komplizierter werdenden »vielzelligen« Organismen geführt hat. Jeder solche Organismus ist ein arbeitsteiliges System. Hunderte, Tausende, ja Millionen von Zellen bilden besondere »Organe«. Es sind gleichsam Betriebsabteilungen, die auf die Erfüllung bestimmter Funktionen ausgerichtet sind. Jedes Organ stellt Ansprüche: es muß ernährt werden, muß repariert werden, der Gesamtkörper muß es ständig mit sich herumtragen. Er muß es pflegen, schützen, ihm Energie zuführen. Jedes Organ leistet also einerseits gewisse Dienste, ist jedoch andererseits auch wieder eine Bürde. Und niemals ist es den Lebewesen geglückt, *Organe, die sie gerade nicht brauchten, von sich abzulösen, um sie dann später – bei Bedarf – wieder mit dem Körper zu verbinden.*

Manche Tiere benötigen zum Beispiel ihre Geschlechtsorgane nur einmal im Jahr oder einmal im Leben – sie müssen sie aber ständig mit sich tragen, ernähren, pflegen, verteidigen. Das Nashorn braucht sein Horn nur gelegentlich – und trägt dieses doch ständig mit sich herum. Schläft ein Tier, dann benützt es viele seiner Organe nicht – diese müssen aber trotzdem ernährt werden. Hier steht nun plötzlich ein Wesen – der Mensch –, *das Organe ablegt und gegen andere vertauscht!* Das ist durchaus nichts Selbstverständliches, sondern vom Standpunkt der Evolution aus eine Ungeheuerlichkeit! Ein Fortschritt mit ganz unabsehbaren Folgen.

Schon das Wort Werkzeug ist irreführend. Es handelt sich hier nicht einfach um ein »Zeug«, mit dem man »werkt«. Es ist vielmehr eine *Erweiterung unseres Körpers durch künstliche Hinzufügung von Organen;* ein Fortschritt, dem wir mehr oder weniger unser Menschsein verdanken.

Wir neigen zur Ansicht, die Grundlage zu unserem Fortschritt sei unser besonders entwickelter *Geist* gewesen, unsere *Intelligenz.* Das stimmt, ist aber nur die Hälfte. Denn eine zweite Voraussetzung war ebenso entscheidend: ein Organ, mit dem wir künstliche Gebilde herstellen und mit unserem Körper verbinden konnten – *unsere Hände.*

Nehmen wir an, Wölfe oder Löwen oder Antilopen hätten vor einer Million Jahren ein dem Menschen ähnliches Gehirn entwickelt: Was wäre dann aus ihnen geworden? Nichts wesentlich anderes. Und zwar einfach deshalb, weil die Tatzen eines Löwen oder eines Wolfes und ebenso auch die Läufe einer Antilope nicht imstande sind, künstliche Organe anzufertigen und mit dem Gesamtkörper zu verbinden. Ein Löwe könnte vielleicht mit dem Maul einen Bleistift führen – er könnte aber niemals einen solchen herstellen...

Wenn man die Dinge so betrachtet, dann rücken unsere so unerfreulichen Verwandten – die Affen – *plötzlich in ein ganz anderes Licht.*

Als Baumkletterer entwickelten sie zum Klettern geeignete Gliedmaßen. Sie konnten nun besser an die Früchte der Bäume gelangen, konnten sich im Astwerk vor Raubtieren in Sicherheit bringen, sie hatten also eine sichere Lebensbasis, und sie vermehrten sich. Dann kamen Trockenperioden. Die Bäume wurden spärlicher, Steppengebiete breiteten sich aus. Damals – so vermutet man heute – waren die Affen gezwungen, über den Boden von einem Baum zum anderen zu laufen. Da es in den Bäumen nicht mehr genug Nahrung gab, gingen einige Arten – darunter auch unsere Vorfahren – dazu über, auf Tiere der Steppe Jagd zu machen. Schon in den Bäumen war die Haltung der Affen ziemlich aufrecht gewesen; jetzt bot sich ihnen in dieser Stellung die Möglichkeit, über das hohe Gras hinwegzuschauen. Sie lernten, aufrecht auf den Hinterbeinen zu laufen, *und die Kletterhände wurden plötzlich für andere Verwendungszwecke frei.*

Eine weitere Begleiterscheinung dieses Vorganges war die Vergrößerung des Gehirns. Im aufrechten Gang wird der Kopf von der Wirbelsäule getragen; die Zellen, die bis dahin die starken Rückenmuskeln zum Tragen des Kopfes bildeten, wurden somit arbeitslos. Allmählich bildeten sich diese Organe zurück – der Schädel vergrößerte sich. Wieso es im einzelnen zu dieser Vergrößerung kam, ist noch nicht geklärt; jedenfalls vergrößerte er sich derart, daß er schließlich frei, im Gleichgewicht auf der Wirbelsäule ruhte. Die Schädelkapsel wurde dabei größer, und die Zahl der in diesem Raum Platz findenden Ganglienzellen stieg beträchtlich an. Die Funktionsfähigkeit des Organes, das sie bildeten – des Gehirns –, wurde dadurch gesteigert. Durch Ausguß von fossilen Schädeln konnte die Entwicklung einzelner Hirnabschnitte nachträglich verfolgt werden. Besonders das Vorderhirn nahm bei dieser Entwicklung an Volumen zu – jener Teil also, in dem sich heute unser Assoziationsdenken abspielt. Während die uns nächstverwandten Menschenaffen ein Hirnvolumen von 300 bis 685 Kubikzentimeter haben, lag es bei unseren Vorfahren, den Australopithecinen, bereits bei 450 bis 800 Kubikzentimeter. Und bei den heute lebenden Menschenrassen ist es auf 1000 bis 1800 Kubikzentimeter angewachsen.

Wie ungeheuer lange es dauerte, bis dieses Gehirn zu seiner späteren Leistungskraft kam, geht daraus hervor, daß unsere Vorfahren über eine halbe Million Jahre lang auf dem Stadium der Verwendung einiger weniger, sehr primitiver »künstlicher Organe« (besonders des Faustkeils) verblieben. In dieser Zeit differenzierte sich im Vorderhirn ein besonderer Abschnitt – die »Brocasche Region« –, der wir unser Sprechvermögen verdanken. Die in Jagdgemeinschaften lebenden Urmenschen gelangten jetzt zur Fähigkeit sprachlicher Verständigung – das dürfte den nunmehr einsetzenden Fortschritt beschleunigt haben.

Es dauerte aber immer noch sehr lange, ehe der Mensch zu Ackerbau und Viehzucht gelangte, ehe er die künstlichen Organe »Topf«, »Pflug« und »Wagen« anzufertigen lernte. Erst in den letzten 10 000 Jahren ging es dann rapide vorwärts – *eine Entwicklung, die ohne die von den Affen ererbten Kletterhände undenkbar und unmöglich gewesen wäre.*

Betrachten wir die künstlichen Organe des Menschen nun etwas eingehender. Wo sind ihre Vor- und Nachteile?

Ihr erster Vorteil besteht darin, daß sie nicht aus lebenden Zellen bestehen und daher nicht laufend ernährt werden müssen. Das bedeutet für den Energiehaushalt des Lebewesens eine ganz gehörige Einsparung. Der zweite Vorteil: sie sind ablegbar. Wenn sie nicht gebraucht werden, kann man sie weglegen. Der Mensch braucht sie also nicht ständig mit sich herumzutragen. Das bedeutet eine weitere Energieeinsparung und eine geradezu ungeheure Erleichterung. Der dritte Vorteil: sie sind austauschbar. Der Mensch wird damit zum höchstspezialisierten Wesen der Welt. Hält er einen Speer, dann ist er auf Jagd spezialisiert. Hält er ein Ruder, dann ist er auf Fortbewegung spezialisiert. Betätigt er einen Webstuhl, dann ist er auf Tuchherstellung spezialisiert... Während die Vielzeller in der Evolution gewaltige Zeitabschnitte brauchten, um durch Zelldifferenzierungen zu spezialisierten Organen zu kommen – *und dann an diese gebunden blieben –,* gelangte der Mensch dahin, sich spezialisierte Organe zu schaffen und diese dann – je nach Bedarf – mit seinem Körper zu verbinden. Der Mensch wurde, biologisch betrachtet, *zu einem einzigartigen Verwandlungskünstler.*

Vierter Vorteil: Die künstlichen Organe können von verschiedenen Individuen benützt werden. Ein Messer kann jetzt von mir und kurz darauf von einem anderen verwendet werden. Das ist – besonders in Gemeinschaften – ein ungeheurer Vorteil. Während in einem Wolfsrudel jedes einzelne Individuum alle natürlichen Organe des

Wolfes hervorbringen muß, genügt im Menschenrudel ein künstliches Organ »Sense« oder »Herd«; es kann von verschiedenen Individuen nacheinander oder gemeinsam verwendet werden. Zu einer ähnlichen »Rationalisierung« kam es bereits bei den staatenbildenden Insekten, jedoch auf erblicher Grundlage. Bei den Bienen besorgt die »Königin« das Eierlegen für alle, und bei den Termiten übernehmen die besonders ausgebildeten »Krieger« die Verteidigung der Gemeinschaft. Auch hier verfügt also die Gemeinschaft über gewisse Organe nur in geringerer Zahl; diese müssen also nicht bei allen Individuen ausgebildet sein. Der Mensch kann nun aber solche spezialisierte Organe künstlich bilden *und sie auch von einem zum anderen weitergeben.* Auch hier stehen wir also vor einer wesentlichen Einsparung an Material und Kraft.

Von besonderer Bedeutung ist der fünfte Vorteil: das Individuum muß die von ihm verwendeten künstlichen Organe nicht unbedingt selbst anfertigen. Innerhalb einer Gemeinschaft kann sich der eine auf die Anfertigung dieser und ein anderer auf die Anfertigung jener künstlichen Organe spezialisieren. Es kam also zur Ausbildung des »Handwerks« und des »Gewerbes«, worauf wir in einem späteren Kapitel noch zurückkommen. Indem ein Mensch sich auf eine bestimmte Herstellung spezialisiert, kann er sie auch besser und rationeller ausführen. Auch hier kommt es zu einer Einsparung von Kraft, die sich noch dazu mit einer Qualitätsverbesserung verbindet.

Noch ein sechster Vorteil ist zu erwähnen: Die Herstellung eines künstlichen Organes braucht nicht unbedingt von einem Individuum allein »finanziert« zu werden. Es können sich mehrere in die »Kosten« solcher Herstellung teilen und dann das Organ gemeinsam oder abwechselnd benützen, es gemeinsam »besitzen«. Und auch die »Vermietung« oder der »Verkauf« – bei natürlichen Organen undenkbar – wurde jetzt möglich.

Diesen Vorteilen steht jedoch auch ein *Nachteil* gegenüber: die künstlichen Organe muß man bewachen. Natürliche Organe können nicht »gestohlen« werden. Ein Tier kann zwar einem anderen ein Stück wegbeißen, doch dient ihm dieses Stück dann bloß als Nahrung, nicht aber in seiner ursprünglichen Funktion. Beißt eine Eidechse einem Insekt die Flügel weg – dann kann sie mit diesen Flügeln nicht fliegen. Ein künstliches Organ dagegen kann ohne weiteres auch von einem anderen Menschen verwendet werden; deshalb wurde das Problem des »Eigentums« beim Menschen so wichtig. Es gibt eine Reihe von Theorien und Darstellungen, wie der Mensch zur Gemeinschaftsbildung und zu seinen diversen Ordnungsformen gekommen ist, und sehr wahrscheinlich ist diese Bildung auch nicht immer in gleicher Weise erfolgt. *Die Notwendigkeit des Schutzes der künstlichen Organe war jedoch bei dieser Entwicklung bestimmt immer maßgebend.* Der Mensch konnte seine Macht nur steigern, indem er sich künstliche Organe schuf – diese waren aber andererseits von Anbeginn mit der Hypothek eines notwendigen Schutzes belastet.

Im Lauf der letzten 6000 Jahre – und ganz besonders in den letzten 100 Jahren – stieg dann die Zahl unserer künstlichen Organe ins wahrhaft Gigantische. Dabei entfernten sich diese zusätzlichen Funktionsträger so sehr von unserem Körper, daß ihre Zugehörigkeit zu diesem heute kaum mehr zu erkennen ist. Dazu kommt noch, daß der Mensch diese Gebilde von Anfang an als etwas Gesondertes betrachtete. Da die künstlichen Organe von uns getrennt sind, da sie nicht aus »Fleisch und Blut« bestehen, da sie anders zustande kommen und meist auch ganz anders aussehen als unsere natürlichen Organe, haben wir sie *in andere Schubladen unserer Gehirnkartothek eingeordnet.* Biologisch gesehen, vom Standpunkt der Evolution aus, ist das jedoch nicht richtig. Sie sind samt und sonders Erweiterungen unseres Körpers und können auch in ihrem Zusammenwirken mit diesen nur so verstanden werden.

Bei einem künstlichen Gebiß ist es noch ohne weiteres klar, daß dies ein künstlich angefügtes Organ ist, ersetzt es doch unsere natürlichen Zähne. Eine Brille ersetzt zwar nicht ein fehlendes Organ, verbessert jedoch ein geschwächtes. Sie ist daher eine zusätzliche, unsere körperliche Macht steigernde funktionelle Einheit – und in diesem Sinn ein künstliches Organ. Ein Feldstecher wird – im Gegensatz zur Brille – nicht mehr ständig am Auge getragen; ein Fernrohr benötigt bereits eine eigene Stütze; und die Riesenteleskope, mit denen wir bis weit in den Weltraum hinausschauen, sind bereits tausendmal größer als wir selbst. Sie stehen am Ort, festgemauert, und benötigen ein ganzes Gebäude. *Ein künstliches Organ kann also auch größer sein als wir selbst;* es muß nicht an unseren Körper gebunden sein; es muß nicht herumgetragen werden; es kann vielmehr auch zu einer feststehenden Vorrichtung werden, die wir dann mit unserem Körper verbinden, indem wir zu ihr hingehen, statt sie an unseren Körper heranzubringen.

Auch unser natürliches Organ Gehirn wurde so verbessert. Die ältesten Schrifttafeln, die man in Mesopotamien fand, dienten zur Unterstützung des menschlichen Gedächtnisses. Im weiteren Verlauf wurden ähnliche Tontafeln auch als »Briefe« verwendet – sie wurden so *zu künstlichen Organen der Verständigung*. Papier, Feder, Schreibmaschine, Druckpresse und so weiter setzten diese Entwicklung fort. Eine öffentliche Bibliothek – wieder eine riesengroße feststehende Einheit – ist schließlich auch ein künstliches Organ. Dieses Beispiel zeigt überdies, daß künstliche Organe auch von der Gemeinschaft geschaffen werden können und dem einzelnen dann anteilig dienen. Weitere Beispiele für solche »Gemeinschaftsorgane« sind etwa die Post – als Organisationskörper, um Informationen zu befördern – sowie »Polizei« und »Militär« als noch größere organisierte Gebilde zu unserem Schutz.

Noch eine Entwicklungslinie: Haut und Fell schützen die Tiere einerseits vor Verletzung und andererseits vor Kälte. Unsere Schuhe und Kleider stellen eine künstliche Verbesserung dieser Funktionen dar. Eine noch wirksamere Hülle, die uns allerdings an einen Ort fesselt, sind unsere »Häuser« und unsere »Wohnungen«. Ein Hotelzimmer mieten wir nur vorübergehend; *solange wir über dieses Zimmer verfügen, ist es wiederum unser »künstliches Organ«*. Wir können künstliche Organe also auch nur vorübergehend besitzen. Durch eine Eintrittskarte mieten wir uns das temporäre Gebrauchsrecht eines Kinos, eines Theaters, einer Oper. Für eine gewisse Zeitspanne haben wir dann ein anteiliges »Recht« auf die Leistungen, die sie bieten. In Kenia filmten Eibl und ich Sunjos, die heute noch mit dem Hackstock das Feld bestellen. Der Hackstock – oder eine Keule – brauchte nicht künstlich angefertigt zu werden, sondern es gab sie bereits in Form von abgebrochenen Ästen. Und die Affenhand war an nichts mehr gewöhnt als an die Umklammerung solcher Objekte. Die ersten künstlichen Organe waren somit nicht das Ergebnis einer Herstellung, *sondern einer »Findung«*. Und die besondere damit verbundene Gehirnleistung bestand darin, zu erkennen, *daß sich die Hand durch Hinzufügung eines fremden Objektes in ihrer Leistungsfähigkeit verbessern ließ.*

Der »Pflug« wurde bereits mit *körperfremder* Energie betrieben. In diesem Fall gelingt es dem Menschen, ein anderes Lebewesen – den vor den Pflug gespannten Ochsen – sein künstliches Organ antreiben zu lassen. Das »Haustier« wird so ebenfalls zu einem künstlichen Organ. Künstliche Organe können somit auch Lebewesen sein – vor allem auch Menschen. Jeder »Sklave« war ein universal verwendbares künstliches Organ – und jeder, den wir heute gegen Bezahlung zu einer Dienstleistung für uns veranlassen, ist für die Zeit, da er uns »dient«, ebenfalls unser künstliches Organ. Mit dem Wort »künstlich« ist also nicht gemeint »künstlich hergestellt« – sondern »künstlich der Organisation unseres Körpers hinzugefügt«.

Bis zum Menschen mußte jeder Organismus die von ihm benötigte Energie irgendwie gewinnen, »vereinnahmen« – bei den Pflanzen ist die Quelle das Sonnenlicht, bei den Tieren organische Substanz, die sie abbauen. Manche Lebewesen machen sich auch andere Kräfte, etwa Wind und Wasserbewegungen, zunutze; die Hauptmenge an Energie muß jedoch immer den Umweg über ihren Körper nehmen. Das Dienstbarmachen von Energie, die gleich außerhalb des Körpers direkt für diesen wirkt, ist für den Organismus naturgemäß ein gewaltiger Vorteil. *Auf der Perfektionierung dieser Möglichkeit beruht weitgehend der menschliche Fortschritt.*

Die künstlichen Organe des Menschen sind also ungeheuer verschiedenartig geworden, sie sind auf das komplizierteste miteinander verflochten – und die meisten lassen kaum mehr erkennen, daß sie tatsächlich Teile unserer körperlichen Organisation sind. In einer Hinsicht aber zeigen sie auch heute noch sehr deutlich ihre Zugehörigkeit zu unserem Körper. – Und damit kommen wir wieder in die Bereiche der Verhaltensforschung zurück.

Jedes künstliche Organ benötigt – so wie die meisten unserer natürlichen Organe – eine entsprechende Steuerung. So wie alle angeborenen Funktionen und Verhaltensweisen auf erblich fixierten Steuerungsrezepten beruhen, so wie erworbenes Verhalten nur durch Aufbau entsprechender Erwerb-Koordinationen möglich ist, *genauso benötigen wir auch zur Bedienung jedes künstlichen Organes eine entsprechende Erwerb-Koordination.* Selbst bei einem so einfachen künstlichen Organ wie einem Sessel müssen wir erst »lernen«, durch welche Bewegungsfolge man sich dieses Objekts bedienen kann – wie man sich also darauf niedersetzen muß. Und auch so große und selbständig tätige Gebilde, wie es etwa das künstliche Organ »Eisenbahn« oder das künstliche Organ »Theater« sind, müssen wir entsprechend »bedienen« – müssen also lernen, wo und wie diese Organe tätig sind und wie wir vorgehen müssen, um sie für unsere Bedürfnisse einzuspannen. Die Betrachtung aus dieser durchaus unüblichen Perspektive führt zu wesentlichen Konsequenzen. Im vorliegenden Buch über Besonderheiten des menschlichen Verhaltens ist nur das Grundprinzip dieser Form von Machtentfaltung wichtig, und dieses besteht eben darin, daß die Funktionserfüllungen sich vom Körper lösten, während die Steuerung – zumindest teilweise – beim Gehirn verbleibt.

Gewisse Vorstufen gibt es auch hier bereits bei den Tieren. Einige Arten gebrauchten Werkzeuge. Der Begriff »künstliches Organ« ist jedoch noch wesentlich weiter als der Begriff »Werkzeug«; *er umfaßt jede einem Organismus dienende funktionelle Einheit.* In diesem Sinne sind auch schon das Netz der Spinne und das Nest des Vogels künstliche Organe.

Um die »Findung« eines künstlichen Organes handelt es sich, wenn ein Tier eine schon bestehende Höhle zu seinem Schutz benützt – wie das auch beim Urmenschen der Fall war. Um »Gemeinschaftsorgane« handelt es sich bei den Bauten der Termiten und bei den Dämmen der Biber. Die Degradierung von Lebewesen zu künstlichen Organen finden wir bei manchen Ameisen, die andere Arten in ihren Dienst zwingen. Und um die Gewinnung der Leistung eines anderen Individuums durch Gegengabe der eigenen Leistung – worauf wir noch zurückkommen – handelt es sich bei den Formen der Symbiose und der Vergesellschaftung. Alle diese Formen der Verwendung von künstlichen Organen (wie auch der Dienstbarmachung von körperfremder Energie) gehen bei den Tieren jedoch fast ausnahmslos auf genetische Veränderungen des Erbrezeptes zurück. Sie sind also mit der Besonderheit der menschlichen Machtentfaltung leistungsmäßig nicht zu vergleichen.

Zu der geistigen Leistung, durch eigene Erfahrung (sowie Weitergabe derselben) zu solchen zusätzlichen Einheiten zu gelangen, reicht das Gehirn der Tiere nicht aus. Allerdings, und damit kommen wir wieder zum Ausgangspunkt dieses Kapitels zurück, war dazu nicht nur eine geistige Leistung erforderlich, sondern auch ein für eine solche Leistung geeignetes Organ. Vom Delphin zum Beispiel wissen wir heute, daß er ein besonders hoch entwickeltes Gehirn hat. Das nützt ihm aber wenig, da er mit seinen Flossen niemals künstliche Organe anfertigen oder diese mit seinem Körper verbinden könnte. Der Greiffuß der Vögel wäre für solche Zwecke geeignet, doch sind bei diesen Tieren die Vorderextremitäten zu Flügeln umgebildet, und so benötigen sie die Hinterbeine, um darauf zu stehen. Aus den Eichhörnchen hätten sich eventuell Wesen mit künstlichen Organen entwickeln können, doch sind diese Tiere wieder recht klein, und bei Gehirnleistungen spielt ja, wie wir gesehen haben, eine entsprechende Anzahl von Ganglienzellen eine wichtige Rolle.

Die Affen könnten natürlich mit ihren Händen genau das gleiche erreichen wie wir – ja sogar noch mehr, denn sie haben ja deren vier. Aber auch bei ihnen reicht das Gehirn nicht aus. Von geringfügigen Ausnahmen abgesehen, vermag dieses weder das Prinzip der Verwendung künstlicher Organe zu begreifen noch die zur Herstellung solcher Einheiten nötigen Erwerb-Koordinationen aufzubauen, noch schließlich jene weiteren zu bilden, die nötig sind, um die künstlichen Organe auch sinnvoll zu verwenden.

Lorenz, der junge Affen eingehend studierte, wunderte sich darüber, daß aus diesen Tieren schließlich nicht mehr wird – »als ein geschickt kletternder Affe«. Ihm drängte sich die Vermutung auf, daß die Vorfahren der heutigen Menschenaffen bereits höhere geistige Fähigkeiten besessen hätten. Kortlandt, der jahrelang Schimpansen im Freiland beobachtete, kam zu folgender Hypothese: die Vorfahren der heutigen Schimpansen seien in der Tat wesentlich intelligenter gewesen, doch seien sie durch die Australopithecinen – also durch unsere Vorfahren – aus der Savanne wieder verdrängt worden und mußten deshalb in die Urwälder zurückkehren. Die Savanne war offenbar jene Umwelt, die die Weiterentwicklung begünstigte. So wurden – nach Kortlandt – die heutigen Menschenaffen durch unsere Vorfahren in ihrer Entwicklung wieder zurückgeworfen.

Lorenz wies noch auf eine weitere wichtige Eigenschaft des Menschen hin, die wir möglicherweise der kletternden Lebensweise unserer Vorfahren verdanken. Beim Klettern und vor allem beim Springen von Ast zu Ast ist ein richtiges Einschätzen räumlicher Dimensionen wichtig. Schon vor dem Sprung muß das Gehirn eine

entsprechende Raumvorstellung erarbeiten – eine »zentrale Raumrepräsentanz«, wie Lorenz es nennt.
Diesen Umstand verdanken wir, seiner Ansicht nach, unser sehr optisch orientiertes Denken, was auch in unserer Sprache ausgeprägt zum Audruck kommt. So sagen wir etwa, daß wir »unklare« Vorstellungen »anschaulich« machen; wir gewinnen »Einsicht« in Zusammenhänge, »durchschauen« eine Absicht, »erfassen« einen Begriff.
Biologisch betrachtet, ist also unser heutiger Fortschritt in mehrfacher Hinsicht mit jenen fernen Tagen unserer Vergangenheit verknüpft. *Nur indem die Affen in Anpassung an das Leben in den Urwaldbäumen ihre Kletterhände entwickelten, ergab sich die Voraussetzung dafür, daß uns eine Herstellung von künstlichen Organen möglich war.* Indem unsere Vorfahren dann durch klimatische Veränderungen gezwungen waren, sich einem Leben in der Steppe anzupassen, kam es zu Veränderungen in der körperlichen Organisation und dabei auch zu einer Vergrößerung ihres Gehirns. Und die im Kletterleben gewonnene räumliche Vorstellungsfähigkeit mag für unsere Weiterentwicklung gleichfalls wichtig gewesen sein.
Der Mensch kann als das »Wesen mit den künstlichen Organen« bezeichnet werden. Für diese Besonderheit war unsere Intelligenz ausschlaggebend, doch ebenso auch unsere Hände, unsere Vorstellungskraft – und unser persistierendes Neugierverhalten. *Nur indem all dies zusammenwirkte, konnten wir die Grenzen, die unseren körperlichen Organen gesetzt waren, überwinden.* Zuerst überaus langsam, dann aber, als Sprache und Schrift dazukamen, erweiterten und wandelten wir uns immer schneller, gewannen wir immer mehr Organe, die unsere Macht vergrößerten und die heute – in tausendfacher Kompliziertheit ineinander verzahnt – bereits den ganzen Erdball umspannen.

4.
Gesichtssignale

Auf unseren Reisen durch Afrika besuchten wir auch die Olduvaischlucht, wo Leakey 1959 und 1960 die ältesten Reste von Urmenschen (»Zinjanthropus«, »Homo habilis«) fand. Nach seiner ersten Berechnung lebten diese Urvorfahren – die man zu den »Australopithecinen« zählt – vor etwa einer Million Jahren. Leakey fand Teile von Schädeln, dazu verschiedene Knochen sowie Wurfsteine und roh behauene Faustkeile. Die Gesteinsschichten, in denen sich diese Fossilien befanden, liegen etwa hundert Meter unter der heutigen Oberfläche des umgebenden Niveaus. Der Olduvaifluß schnitt einen steilen und malerischen Cañon durch diese Schichten und legte dabei einige dieser für uns so bedeutsamen Spuren unserer Entwicklungsgeschichte frei. Der deutsche Zoologe Kattwinkel, der 1911 in dieser Gegend Schmetterlinge sammelte und dabei auch nach Olduvai kam, entdeckte sie als erster. Leakey führte dann ab 1931 umfassende Ausgrabungen durch, bei denen, in den allertiefsten Schichten, auch geebnete und von Steinen umgrenzte Plätze ans Licht kamen. Diese deutete er als Reste von Schutzbauten.

Wie weitere Fossilien aus diesen Schichten zeigten, hat sich das Landschaftsbild seit jener Urzeit nicht wesentlich verändert. Infolge von Klimaschwankungen waren damals die Urwälder schütterer geworden, und es hatten sich weite, mit Gestrüpp und hohem Gras bewachsene Lichtungen gebildet. Hier lebten Gazellen, Büffel, Nashörner – allerdings zum Teil heute schon ausgestorbene Arten. Die hauptsächlichen Raubfeinde des Urmenschen, der bereits aufrecht ging und in Gruppen lebte, waren die großen Raubkatzen.

In dieser Zeit dürften sich unsere menschlichen Gesichtsbewegungen als eine Art von *lautloser Zeichensprache* entwickelt haben.

Über Lautäußerungen – ähnlich jenen der heutigen Affen – verfügte der Urmensch ohne Zweifel, doch in seiner damaligen Situation, umgeben von Raubfeinden und im Kampf um eine scheue Beute, waren auch lautlose Verständigungssignale für ihn wichtig. Wenn sich daher erblich fixierte Ausdrucksbewegungen bei ihm bildeten, die von den Artgenossen durch gleichfalls erblich fixierte Mechanismen angeborenen Erkennens verstanden wurden, dann war das ein Vorteil und hatte »Auslesewert«. Diese Entwicklung – auf die wir heute freilich nur rückschließen können – drückte sich, körperlich, *in einer Vermehrung und Differenzierung unserer Gesichtsmuskeln aus.* Es ist dies einer der wesentlichen körperlichen Unterschiede zwischen uns und den heute lebenden Affen – die wohl auch Grimassen schneiden, jedoch keine so fein nuancierten Bewegungen ausführen können wie wir.

Schon Darwin vermutete, daß uns die Ausdrucksbewegungen der menschlichen Mimik – die ja auch heute noch in unserer Verständigung eine wesentliche Rolle spielen – weitgehend angeboren und deshalb in ihren Grundelementen bei allen Völkern gleich sind. Eine der Hauptaufgaben unserer unbemerkten Filmaufnahmen bei verschiedenen Völkern war die Überprüfung eben dieser Ansicht. Der Film ist ein vorzügliches Mittel zur Dokumentation und näheren Analyse dieser Vorgänge – und so ist erstaunlich, daß trotz des Interesses, das der menschlichen Mimik entgegengebracht wird, bisher so wenig Gebrauch von diesem Mittel gemacht wurde. In der ausgezeichneten Göttinger Enzyklopädie kann man zum Beispiel alle nur erdenklichen tierischen Verhaltensmuster anfordern – etwa »schreitender Elefant«, »auffliegende Graugans« oder ähnliches, Szenen wie »lächelnder Chinese«, »zorniger Nilotohamite« oder »neugieriger Indianer« aber gibt es nicht.

Wir machten uns daher an die Arbeit, ein solches Grundinventar der menschlichen Gesichtsbewegungen aufzunehmen. Wir fanden bei den verschiedenen Völkern eine so weitgehende Übereinstimmung in den einzelnen Ausdrücken, daß dies nicht auf ein Lernen durch Nachmachen zurückzuführen sein kann. Wie kam es also zu den einzelnen Gesichtsbewegungen? Wo hatten sie ihren Ursprung?

Wie schon im ersten Teil dieses Buches ausgeführt, gingen bei den Tieren viele der zu Signalen ritualisierten Bewegungen aus »Intentionsbewegungen« hervor, in denen sich die Appetenz zu bestimmten Verhaltensweisen bereits andeutet. Bei den Cichliden sahen wir, daß sich aus der Bewegung des beabsichtigten Wegschwimmens das Signal für die Jungen »Achtung, ich schwimme jetzt weiter!« entwickelte. Und ein anderes Beispiel für eine solche Entstehungsphase entdeckte Eibl in tropischen Meeren bei den »Maulputzern«. Diese sehr wendigen Fische schwimmen anderen ins Maul und säubern es. Fische, die auf diese Weise von Parasiten befreit werden wollen, bleiben an Plätzen, wo Maulputzer leben, ruhig im Wasser stehen, öffnen das Maul und spreizen die Kiemen. Daraufhin beginnen die Maulputzer mit ihrer Arbeit; hat der Fisch genug, dann gibt er das durch ein kurz angedeutetes, aber deutlich sichtbares Schließen des Maules zu erkennen. Das heißt dann: »Schwimmt heraus, ich schließe jetzt gleich das Maul!« Ein sehr einfaches menschliches Gesichtssignal, das wohl ebenfalls aus einer Intentionsbewegung hervorging, ist das Zähnefletschen bei starkem Zorn als eine Vorwarnung des Beißens. Eine ganz analoge Bewegung führen auch zahlreiche Säugetiere aus – zum Beispiel der Hund. Die besondere Bedeutung einer solchen Drohbewegung liegt darin, daß sie dem Drohenden unter Umständen die Mühe – und das Risiko – des tatsächlichen Zubeißens erspart. Schon das Signal kann genügen, um den Gegner einzuschüchtern und zum Rückzug zu veranlassen.

Beim Menschen ist dieses Zeichen ein Hinweis darauf, daß es unter unseren Ahnen welche gab, die sich durch Zubeißen verteidigten. Wie schon erwähnt, erhalten sich solche Signale dann oft länger als die Organe, mit denen sie ausgeführt werden. So fletscht der Hirsch heute noch als Drohung die Zähne – obwohl er sich nicht mehr mit ihnen, sondern mit seinem Geweih und seinen Hufen verteidigt. Ganz ähnlich liegen die Dinge auch bei uns. Indem der Mensch im Zorn durch entsprechendes Auseinanderziehen der Lippen gerade die Eckzähne entblößt, unterstreicht er die Bedeutung von Organen, die auch bei uns längst keine Waffen mehr sind. Daraus kann man schließen, daß bei unseren Urvorfahren diese Eckzähne offenbar noch stärker entwickelt waren – wie heute noch beim Gorilla. Am Beispiel des Zähnefletschens kann man sich auch die Entstehung des zu diesem Signal gehörenden rezeptiven Mechanismus vor Augen führen. Höchstwahrscheinlich bildete sich dieser bereits vor

der »Ritualisierung« des Signals. Zähnefletschen ist, wie gesagt, eine sehr ursprüngliche und weitverbreitete Intentionsbewegung, die eine Bereitschaft zum Beißen ausdrückt. Deshalb war es für Artgenossen – aber auch für andere Lebewesen – von Vorteil, wenn sie über einen rezeptiven Mechanismus verfügten, der ihnen beim Anblick eines solchen Zähnefletschens sagte: Achtung, dieser Kerl ist in Beißstimmung! Hatte sich ein solcher angeborener Mechanismus des Erkennens, der entsprechende Vorsicht auslöste, einmal gebildet, so war die Voraussetzung für eine Verbesserung des Signals gegeben. Ein noch verstärktes, übertriebenes Zähnefletschen sagte dann noch deutlicher: »Achtung, ich bin zum Beißen bereit!«
Untersucht man das Zustandekommen der menschlichen Gesichtsbewegung aus dieser Perspektive, dann wird aus etwas Wohlvertrautem und Alltäglichem etwas recht Kompliziertes. Denn viele unserer Gesichtssignale ergeben sich aus der Vermischung und Kombination von verschiedenen Grundbewegungen. Schon beim Hund zeigte Lorenz, wie sich die Merkmale für drei verschiedene Stärken von Angriffsstimmung mit jenen von drei verschiedenen Stärken von Fluchtabsichten vermischen können und wie sich durch eine solche »Überlagerung« neun verschiedene Gesichtsausdrücke ergeben. Beim Menschen liegen die Dinge noch weit schwieriger – einerseits, weil wir über viel mehr und viel feiner nuancierte Grundbewegungen verfügen, anderseits, weil zu diesen erblich fixierten Bewegungen noch weitere hinzukommen, die wir durch Nachmachen erwerben und die somit durch den jeweiligen Kulturkreis, in dem wir aufwachsen, beeinflußt sind.
Wie meine Aufnahmen zeigten, drückt sich etwa Interesse bei den verschiedenen Völkern in durchaus analoger Weise aus, und zwar in verschiedenen Bewegungen, die auch Intensitätsgrade zum Ausdruck bringen. Zunächst kann das Gesicht völlig unbewegt und entspannt bleiben; nur die Ausrichtung der Augen verrät dann Interesse. Auf dem »Schlachtfeld« eines solchen Gesichtes ereignet sich weiter nichts. Weder Neugier noch Furcht noch sonst irgendein Gefühl kommen darin zum Ausdruck. Das »Gefühlsbarometer« steht hier gleichsam auf Null. Das einzige, was sichtbar zum Ausdruck kommt, ist ein ruhiges, neutrales Interesse. Wachsendes Interesse manifestiert sich beim Menschen – wie auch bei den meisten höheren Wirbeltieren – darin, daß die Sinnespforten sich öffnen, um

möglichst zahlreiche Meldungen ins Gehirn hereinzulassen. Als wichtigste solche Pforte weiten sich bei uns die Augenspalten, und der Kopf wendet sich in die betreffende Richtung. Schon dieses einfache Zeichen konnte bei den Urmenschen ein für die Rudelgenossen und Jungen wichtiger Hinweis sein. Diese konnten daraus ersehen, wo das Zentrum des Interesses lag – eine bei Jagd oder Gefahr unter Umständen wichtige Information. Hatte etwa der Rudelführer, als erfahrenstes Individuum, etwas bemerkt, dann konnte die lautlose Übermittlung der betreffenden Richtung an die anderen sehr wohl über Erfolg oder Mißerfolg der nächsten Sekunden entscheiden.

Ein weiteres Zeichen für Interesse ist das Öffnen des Mundes, das schon Darwin beschrieben hat. Ob es sich dabei um ein Erschlaffen der Kiefermuskeln handelt – als Folge angespannter Aufmerksamkeit – oder aber um ein Mittel, um die Hörfähigkeit zu steigern, ist noch offen. Darwin wandte sich gegen die zweite Alternative, wies jedoch darauf hin, daß man mit offenem Mund leiser atmet, was bei angestrengtem Hören immerhin von Vorteil sein kann. Anderseits mag in diesem Ausdruck eines »erstaunten« Interesses auch schon ein Anzeichen der Angst enthalten sein. Denn bei starker Angst oder Entsetzen öffnet sich der Mund weit, und es wird – wie bei jeder Anstrengung – reflexhaft tief eingeatmet. Es könnte daher der geöffnete Mund auch schon die Bereitschaft andeuten, sich vor Gefahr zu schützen und wegzuspringen. Schon dieser so einfache Ausdruck zeigt also, wie schwierig die Analyse sein kann.

Ein weiteres, sehr natürliches Zeichen für Interesse und Neugier ist das Vorbeugen des Kopfes, der sich dann oft schräg stellt oder auch seitliche oder kreisende Bewegungen ausführt. Das Vorbeugen bringt nicht nur die Augen und die Ohren, sondern auch die Nase näher an das Objekt heran – und es mag sich damit ein Einziehen der Luft zur besseren Geruchsaufnahme verbinden. Das Schräghalten ist wahrscheinlich ein Mittel, um akustisch besser zu lokalisieren. Und durch seitliche oder kreisende Bewegung wird das räumliche Sehen verbessert und der betreffende Gegenstand aus verschiedenen Richtungen erkundet. Ein weiteres Zeichen gesteigerter Aufmerksamkeit, das ich mehrfach festhielt, ist das unwillkürliche Hochführen der Hand an den Mund oder zur Nase. Auch hier mag sich bereits wieder Angst überlagern, indem die Hand sich den

Sinnespforten nähert – um diese nötigenfalls zu schützen. Auch bei ängstlichen Menschen sieht man häufig, wie sie eine Hand vor das Gesicht halten, als wollten sie sich dahinter verstecken.

Verstärkt sich die Regung der Angst, dann bleibt der Kopf zunächst vorgeneigt, und auch die Augen bleiben weit offen, doch die erkundenden Kopfbewegungen fallen nun weg. Ähnlich wie die meisten Tiere erstarrt auch der Mensch bei Erschrecken oder Angst zur Unbeweglichkeit. Ein Lebewesen lenkt so weniger Aufmerksamkeit auf sich und hat somit bessere Chancen, von einem Feind übersehen zu werden. Diese angeborene Furchtreaktion liegt auch dem Unbeweglichwerden des interessiert Herschauenden zugrunde. Bei wachsendem »Mißtrauen« – wie wir Interesse, das durch Angst überlagert ist, bezeichnen – gehen Kopf und Körper zurück und tendieren zu einer seitlichen Drehung. Dies sind bereits Intentionsbewegungen des Wegwendens und Flüchtens. Die Sehschlitze verengen sich, um die Sehorgane abzuschirmen. Der Mund schließt sich ebenfalls; starkes Mißtrauen äußert sich vielfach auch noch in einem Rümpfen der Nase. Diese letztgenannte Bewegung mag wieder ein Hinweis dafür sein, daß Vorfahren von uns noch in der Lage waren, ihre Nasenlöcher abzuschließen.

Einige dieser Bewegungen wurden zu besonderen Signalen ritualisiert. So setzt sich unser Ausdruck für Verachtung – für den Darwin sich besonders interessierte – aus mehreren Ausdrucksbewegungen zusammen: aus einem Hoch- und einem halben Wegdrehen des Kopfes, einem Verengen der Sehschlitze und einem gleichzeitigen Ausstoßen von Luft durch die Nase. Das Anheben des Kopfes ist einerseits eine Rückzugsbewegung, andererseits aber auch ein Ausdruck des »Imponierens«, bei dem sich das Individuum – Mensch wie Tier – möglichst noch größer und eindrucksvoller macht. Der Rest ist ritualisiertes Mißtrauen. Indem man vor einem anderen Menschen die Sinnespforten abschließt, sich wegwendet und auch noch Luft ausstößt, sagt man: »Mit dir will ich nichts zu tun haben. Dich will ich nicht sehen, nicht hören, nicht riechen. Die Luft, die von dir ausgeht, stoße ich zurück!« Und in Verbindung mit dem Kopfheben heißt das in kürzerer Formulierung: »Auf dich sehe ich herab – du riechst schlecht!«

Auch Bewegungen des Interesses und der Aufmerksamkeit wurden ritualisiert – allerdings auf subtilere Art. Wenden wir einem anderen Menschen betont den Kopf zu und betrachten wir ihn mit offenem Blick – dann ergibt das den Ausdruck des Vertrauens. Ein plötzliches Augenöffnen ist ein sehr ursprüngliches Zeichen freudiger Überraschung. Ein etwas leichteres Augenöffnen, unterstrichen durch ein Anheben der Augenbrauen, wurde zum Zeichen eines freundlichen Grußes, zu einem Signal der Sympathie. Diese uns wahrscheinlich auch angeborene Bewegung wird besonders von der Frau beim Flirten eingesetzt. Ein ähnliches Hochziehen der Augenbrauen wurde im Gespräch zu einem Zeichen für erhöhte Aufmerksamkeit. Dagegen werden bei Ablehnung – was wir nicht sehen wollen – die Augen geschlossen. Und ebenso schließen wir ganz reflexhaft die Augen beim Gedanken an eine für uns schreckliche Vorstellung.

Darwin war der Ansicht, daß sich die menschlichen Intentionsbewegungen aus Gewohnheiten – also aus erworbenen Assoziationen – erklären. Ganz im Gegensatz zu der heute weitverbreiteten Meinung, daß Darwin die Evolution nur aus dem Prinzip der natürlichen Auslese zu erklären versucht hätte, war er in Wahrheit – ebenso wie Lamarck – der Überzeugung, daß sich erworbene Eigenschaften vererben können, »Handlungen, die anfangs willkürlich sind, werden bald gewohnheitsmäßig und zuletzt erblich«, schrieb er in Erklärung seines ersten »Prinzips« für das Zustandekommen der menschlichen Ausdrucksbewegungen. Für ein tatsächliches Erblichwerden von erworbenen Eigenschaften konnte bisher allerdings kein Nachweis erbracht werden. Dagegen stimmt die heutige Verhaltensforschung mit Darwin darin überein, daß die Ausdrucksbewegungen des Menschen einen »natürlichen und unabhängigen Ursprung« hatten; daß sie also nicht »willkürlich und bewußt zur Erreichung dieses speziellen Zweckes« ausgeführt wurden. Es waren vielmehr bereits vorhandene, durchaus unwillkürliche Bewegungen, aus denen sich über den Weg der Ritualisierung die verschiedenen Signale der menschlichen Mimik entwickelt haben.

Bei Tieren führten Ritualisierungen auch zur Veränderung oder zur besonderen Ausbildung von Organen, wodurch die Signalwirksamkeit noch vergrößert wird. Eibl vermutet, daß die uns verbliebene Behaarung über den Augen – die Augenbrauen also – ebenfalls in diesem Sinne gedeutet werden könnten. Nicht nur die Notwendigkeit, unsere Augen vor dem herabfließenden Stirnschweiß zu schützen, hätte somit das Bestehenbleiben dieser Haare verursacht, sondern auch die weitere Funktion, die Ausdrucksbewegung des Augengrußes noch zu unterstreichen. Die Tatsache, daß Mädchen ihren Augenbrauen so viel Aufmerksamkeit schenken, paßt nach Eibls Ansicht gut in diese Hypothese. Indem sie diese anmalen und nachziehen, werden nicht nur die Augen besser umrahmt, sondern es wird auch ihre Signalwirksamkeit gesteigert. Auch ein auffälliges Dauersignal (etwa erstaunter Ausdruck) kann so geschaffen werden.

Ein noch nicht erwähntes Zeichen für Mißtrauen sind auch vertikale Stirnfalten. Der Ursprung dieser Bewegung liegt wohl in der ganz analogen Faltenbildung bei angespanntem Ausschauhalten in hellem Licht – ein bei unseren Urvorfahren zweifellos häufiger und wichtiger Vorgang. In diesem Fall diente die Faltenbildung zur besseren Beschattung der Augen – und die Muskelanspannung unterstützt wahrscheinlich auch das genaue Fixieren. Da unser Denken, wie erwähnt, visuell orientiert ist, wäre es nicht verwunderlich, wenn sich dieses Zeichen für angespanntes Schauen auch auf ein angespanntes »Nach-innen-Schauen« übertragen hätte. Jedenfalls führen wir beim Nachdenken die gleiche Bewegung aus, *besonders, wenn wir auf ein gedankliches Hindernis stoßen.* Der Mißtrauische steht ebenfalls vor einem Denkproblem, und so erklärt sich hier die Faltenbildung als zusätzlicher Ausdruck. Ganz ähnliche Falten finden wir auch als Signal der Drohung. Sie sind auch hier ein Zeichen erhöhter geistiger Tätigkeit und Ausdruck des Willens, einen Widerstand zu überwinden.

Das Kind hat zunächst noch keinerlei Gesichtsfalten, diese entstehen erst je nach der Art der im weiteren Leben ausgeführten Gesichtsbewegungen. Deshalb gelangen auch Menschen, bei denen bestimmte Gesichtsausdrücke vorherrschen, zu einer Faltenbildung, die ihre Grundeinstellung verrät. Eine besonders ausgeprägte angeborene Bewegung ist das Hochziehen der Mundwinkel bei guter Laune und das Herunterziehen bei schlechter Laune. In der Karikatur kann mit Hilfe dieser beiden Linien jedes Gesicht in ein fröhliches oder mißmutiges verwandelt werden. Bei einem Menschen, in dessen Leben Mißmut und Mißtrauen zur Grundeinstellung wurden, prägen die abwärts laufenden Mundwinkel

schließlich das Antlitz. Bei sehr alten Leuten begegnet man nicht selten einem ängstlichen oder mitleidheischenden Dauerausdruck. Dieser besagt: »Tut mir bitte nichts zuleide, ich bin alt und schwach!«
Wieweit werden nun solche angeborenen Grundbewegungen durch Erziehung und Tradition beeinflußt? Auch zu dieser Frage erhielten wir durch meine Aufnahmen manchen Hinweis.
Bei manchen Völkern filmte ich Gesichtsausdrücke, die ebenso frei und ungehemmt zutage treten wie bei Kindern. Ein Beispiel waren etwa die Samoaner, deren sehr selbstbewußte und stolze Lebenseinstellung sich bereits darin kundtut, daß ihre Hütten allerseits offen sind. Sie lassen den anderen unbedenklich in das eigene Leben hineinschauen. Ebenso offen und unverhüllt sind auch die Gefühlsregungen in ihrem Gesicht. Nicht minder unmittelbare Ausdrücke filmte ich bei den Turkanas und Karamojos in Kenia. Diese Stämme sind von der Zivilisation noch fast unberührt und verhalten sich offen und stolz. Der stärksten Mimik begegneten wir bei einigen Shom Pen, die wir auf Groß-Nikobar im Golf von Bengalen – wahrscheinlich als erste Weiße – zu Gesicht bekamen. Sie zeigten Ausdrücke von einer Deutlichkeit und Kraft, die auch den besten Schauspieler in den Schatten stellten.
Bei anderen Völkern zeigten sich die Gesichtsbewegungen – offenbar auf Grund von traditionellen Einflüssen – gehemmt. Hier hatte der Mensch eine Art von Kontrollmechanismus entwickelt, durch den die unmittelbaren Ausdrücke unterdrückt wurden. Besonders deutlich zeigten dies Aufnahmen in Benares in Indien. Hier stieß ich auf ganz maskenhaft unbewegte Gesichter, in denen die ernste Lebensauffassung des Inders wie auch der besondere Nimbus der heiligen Stadt zum Ausdruck kamen. Bei einem etwa achtjährigen Jungen hielt ich fest, wie er zu lachen begann und wie ihm dieses Lachen dann gleich wieder gefror – als wäre es etwas Verbotenes. Bei den Ostasiaten gehört Beherrschtheit zum guten Ton. Zwiegespräche, die ich in Japan filmte, zeigten ebenfalls deutlich diesen die normalen Regungen unterdrückenden Kontrollmechanismus.
Eine dritte Entwicklungsstufe fanden wir in Europa. Hier sind die mimischen Ausdrücke – besonders bei den südlichen Völkern – ungemein stark, aber nicht ehrlich. Die ursprünglichen Gesichtsbewegungen werden hier mehr oder minder bewußt eingesetzt – sie wer-

den »manipuliert«. Der Mensch ist hier dahin gelangt, die angeborenen Gesichtssignale zu steigern – oder auch zur Vortäuschung von nicht vorhandenen Gefühlen zu verwenden. Dies entspringt der Sitte – im besonderen dem Takt, der Höflichkeit, der »Kultur«. Mitgefühl wird vorgetäuscht, auch wenn keines vorhanden ist – eben aus Höflichkeit. Oder man lächelt dem anderen zu, auch wenn man ihm gar nicht wohlgesinnt ist – aus guter Erziehung oder zur Vermeidung von Zwist. Bei Zwiegesprächen unterstreicht das Gesicht des Zuhörenden oft das, was der andere gerade erzählt. Sagt dieser etwas Ernstes, dann wird auch der Zuhörende ernst, erzählt er von einer Überraschung, dann führt auch der Zuhörer eine überraschte Gesichtsbewegung aus. Auch das ist meist nicht unmittelbar empfunden, sondern Konvention. Die Unterscheidung, was hier noch »echt« und was bereits »gespielt« ist, wird ungemein schwer. Schon bei Kindern kann man sehen, wie ihre Intelligenz Herrschaft über die Gesichtsbewegungen erlangt und diese dann für bestimmte Ziele einsetzt. Die Bildung solcher dem Willen unterworfener Steuerungen erfolgt durchaus unbewußt. Sie gründen sich auf ein Nachmachen dessen, was die Erwachsenen tun.

Eibl führte laufend Protokolle über die Begleitumstände der Aufnahmen. So verhinderten wir nach bester Möglichkeit, daß mimische und gestische Ausdrücke später falsch gedeutet oder subjektiv interpretiert werden konnten.

Ritualisierung gibt es natürlich auch im erworbenen, durch Tradition weitergegebenen Verhalten – daher stammt ja auch dieser Begriff. So entstanden etwa im Rahmen des »guten Benehmens« sehr viele zum Teil winzige und doch gut wahrnehmbare Bewegungen, die nur innerhalb bestimmter Kulturkreise eingesetzt – und auch nur dort verstanden werden. Zu besonders stark abgewandelten Formen kam es dabei in der Gestik, über die wir noch sprechen werden. Bei Zeremonien, kultischen Handlungen und im Tanz haben sich manche Signale so sehr von den ursprünglichen Ausdrucksbewegungen entfernt, daß sie ihren Ursprung kaum mehr erkennen lassen.

Eine noch weiter fortgeschrittene »Manipulation« zeigt schließlich der Schauspieler. Um die jeweiligen Gefühle seiner Rolle auf das Publikum zu übertragen, muß er die einzelnen Ausdrücke möglichst eindeutig und überzeugend bringen. Wir ließen uns auch solche Gesichtsausdrücke vorspielen und hatten so die Möglichkeit, willentlich erzeugte Ausdrücke mit analogen, die ich unbemerkt im freien Leben gefilmt hatte, zu vergleichen. Es zeigte sich dabei, daß der Schauspieler Unwesentliches wegläßt und Wesentliches unterstreicht. Beim guten Darsteller kann man – ähnlich wie im Attrappenversuch – sehen, auf welche mimischen Merkmale es bei der Auslösung bestimmter Signalwirkungen besonders ankommt. Weiters führt der Schauspieler, um besondere »Effekte« zu erzielen, bewußt verschiedene »Überlagerungen« aus. Und schließlich – das ließ sich besonders bei Aufnahmen von Schauspielern des klassischen japanischen Theaters beobachten – entstanden im Lauf der Zeit auch gewisse traditionelle Ausdrücke, die eine Art Geheimsprache zwischen dem Schauspieler und seinem Publikum darstellen. Auch darauf komme ich noch zurück.

Der Gast vom anderen Stern würde die Vorderfläche unseres Kopfes – unser »Gefühlsbarometer« – wahrscheinlich anders sehen als wir selbst. Sehr wahrscheinlich ist uns nicht nur das Erkennen der wichtigsten und ursprünglichsten Grundbewegungen angeboren, sondern auch das Grundschema des Gesichtes selbst, das wir nicht als eine Summe von Mund, Augen, Geruchsöffnung und so weiter, sondern als eine Ganzheit empfinden. Sich von dieser Betrachtungsform zu lösen – ein Gesicht wirklich »objektiv« zu sehen – ist dem Menschen daher kaum möglich. Für Augenblicke kann man sich jedoch diesen Eindruck verschaffen, indem man Großaufnahmen nicht nur in veränderter Geschwindigkeit, sondern auch noch auf den Kopf gestellt betrachtet. Man blickt dann auf eine Fläche, die Falten wirft und deren Vorsprünge und Öffnungen ihre Lage zueinander verändern. Der Eindruck – erschreckend fremd – ist jedoch nur kurz. Dann erkennt das Gehirn den Trick und dreht im Geist das Bild wieder herum, ordnet die Einzelheiten wieder in das gewohnte Schema.

5.
Das Freundschaftszeichen

Warum lächelt der Mensch eigentlich so häufig? In Gesellschaft, in Geschäften, auf der Straße, überall sieht man dieses Signal auf den Gesichtern aufblitzen. Sind wir besonders freundliche Wesen? – Die Verhaltensforschung hat gezeigt, daß gerade dies nicht der Fall ist. Der Mensch ist wohl gesellig, aber durchaus nicht besonders »freundlich«. Und gerade deshalb hat das menschliche Lächeln eine besondere »Funktion«, eine für uns sogar sehr wesentliche Bedeutung.
Wie schon erwähnt, ist bei uns die »Aggressivität« besonders ausgeprägt – nicht den Tieren, sondern unseren Mitmenschen gegenüber. Es handelt sich dabei um einen echten, uns angeborenen Instinkt mit spontaner Erregungsproduktion und entsprechendem Appetenzverhalten. Die Vorteile, die dieser merkwürdige – scheinbar gegen die eigene Art gerichtete – Trieb bringt, wurden von Lorenz bei Tieren genau studiert und in seinem schon erwähnten Buch »Das sogenannte Böse« dargestellt. Der Aggressionstrieb bewirkt erstens, daß sich die Tiere – indem sie einander bekämpfen – ziemlich gleichmäßig über den verfügbaren Lebensraum ausbreiten, ein für das Überleben der Art nicht unerheblicher Vorteil. Zweitens führen die der Paarung vorausgehenden Kämpfe zwischen den männlichen Tieren dazu, daß sich die stärksten begünstigt fortpflanzen – wiederum ein Vorteil für die Art. Drittens kommt es so auch zur Herauszüchtung möglichst wehrhafter Verteidiger für die Brut – ein Vorteil für Arten, die Brutpflege betreiben. Viertens kann der Aggressionstrieb auch zum Motor für andere Tätigkeiten werden. Und fünftens führt er bei gesellig lebenden Tieren – bei denen er besonders stark ausgebildet ist – zur Bildung einer Rangordnung, wodurch die leistungsfähigsten Individuen zu einer Führerstellung kommen.

Nun führt jedoch der Aggressionstrieb andererseits auch zu einem schwerwiegenden Problem. Für die Paarung ist eine intime Annäherung nötig – hier stellt die instinktive Tendenz, den Artgenossen fernzuhalten, einen Störfaktor dar. Ebenso ist auch für die Brutpflege ein enger Kontakt Voraussetzung. Und auch eine Gemeinschaftsbildung hat nur Sinn, wenn die einzelnen Rudelgenossen zu einem Zusammenwirken bereit sind. Der Aggressionstrieb konnte deshalb seine unbestreibaren Vorzüge nur entfalten, *wenn sich gleichzeitig auch noch andere angeborene Aktions- und Reaktionsnormen bildeten, die diesen Trieb im biologisch richtigen Moment hemmen und neutralisieren.*

Schon im ersten Teil dieses Buches wurden einige Beispiele für solche den Aggressionstrieb neutralisierende Mechanismen angeführt. So erwähnte ich die Tanzfliegen, bei denen das Männchen dem Weibchen ein »Geschenk« überreicht. Dadurch wird die Aufmerksamkeit des Weibchens abgelenkt, und das Männchen kann die Begattung ausführen. Bei vielen höheren Wirbeltieren – einschließlich des Menschen – wird die im Aggressionstrieb wurzelnde »Kontaktscheu« des Partners durch entsprechend »kindliches« Verhalten abgebaut – und so wird dann die Annäherung vollzogen. Bei der Brutpflege selbst kommt es uns ziemlich selbstverständlich vor, daß die Eltern ihre Jungen nicht nur an sich heranlassen, sondern auch entsprechend für sie sorgen – *aber selbstverständlich ist das durchaus nicht.* Die Brutpflege bereitet den Eltern erhebliche Mühe und bedeutet für sie eine wesentliche Einschränkung in ihrem sonstigen Triebverhalten. Auch diese »freundlichen« Reaktionen müssen also durch entsprechende Mechanismen erst bewirkt werden. Und zwar sind es vom Jungtier ausgehende Schlüsselreize, die bei den Eltern dieses Verhalten auslösen. Bei den Truthahnküken sind es zum Beispiel die piependen Laute. Kann die Mutter sie nicht hören, so führt das dazu, daß sie die eigenen Jungen tötet. Andere Schlüsselreize bestehen in besonderen Formmerkmalen der Jungtiere – oder in sonstigen Reizkombinationen, die die Eltern wahrnehmen. Daß auch das Menschenkind durch Aussenden entsprechender Signalreize bei den Eltern – und überhaupt bei den Erwachsenen – solche Reaktionen auslösen kann, wurde bereits erwähnt. Hier ist es die für uns »niedliche« Form und das uns »rührende« täppische Verhalten. Dazu kommen noch das Weinen des

Kindes, das gleichfalls unseren Beschützerinstinkt wachruft, sowie – *sein »Lächeln«*. Wie stark gerade dieses letzte Signal wirkt, kann man an dem Entzücken jeder Mutter sehen, wenn ihr Kind es »aussendet«. Es ist eine Art »Belohnung« des Kindes für die Eltern und stellt gleichzeitig eine nicht zu unterschätzende »Waffe« des Kindes dar. Es schafft eine persönliche, die Eltern verpflichtende Beziehung und trägt zweifellos wesentlich zur Bandbildung bei.

Die besonderen Signale der Jungtiere an ihre brutpflegenden Eltern – einschließlich jener des menschlichen Kindes – dienen somit dazu, Aggression zu hemmen und Sympathie und Hilfsbereitschaft auszulösen. Beim Weinen und Lächeln (das wir zunächst noch mit dem »Lachen« verbunden betrachten wollen) kommen noch weitere, konkrete Signalbedeutungen hinzu. So heißt Weinen: »Mir geht es schlecht!« Lächeln oder Lachen dagegen heißt: »Mir geht es gut!« Die Eltern beantworten dieses Signal nun gleichfalls mit einem Lächeln, was weiter bedeutet: »Ich liebe dich. Ich bin dir gut, du kannst dich auf mich verlassen!« Es löst so angstvolle Spannungen und gewinnt die zusätzliche Funktion der *Ermutigung*. In einem japanischen Vergnügungspark filmte ich die Gesichtsausdrücke von Eltern, die dabei zusahen, wie ihre Kleinen in einer Kindereisenbahn im Kreis fuhren. Jedesmal wenn ein Kind an seinen Eltern vorbeikam, blitzte in deren Gesicht dieses deutliche Zeichen auf: »Keine Angst, hier sind wir!« Und: »Gut gemacht, wir sind stolz auf dich!« Diese Zeichen sind für die Kinder in den ersten Jahren ihres Lebens ungemein wichtig und entsprechen dem »Stimmfühlungslaut« bei vielen Tieren, besonders bei Vögeln. An dem gleichmäßigen »Duck-duck-duck« der Henne erkennt das Küken, daß alles in Ordnung ist, und wird so in allen Handlungen, die die Henne gutheißt, bestärkt. Beim Menschen begleitet das elterliche Lächeln in ganz analoger Weise das Kind bei seinen ersten Vorstößen in das Neuland des Lebens.

Im weiteren Verlauf lernt das Kind dann durch Erfahrung, was es mit seinem Lächeln alles bewirken kann, und setzt dieses bald auch bewußt ein. So bleibt es dann während des ganzen Lebens – und stets bleibt auch die Doppelbedeutung des Lächelns erhalten. Einerseits wirbt es um Sympathie und bittet: »Hab mich lieb!« Anderseits hat es ermutigenden Charakter und besagt: »Ich hab' dich lieb – komm nur zu mir! Verlaß dich auf mich, du kannst mir vertrauen!« – In der Liebeswerbung gewinnen beide Bedeutungen noch besondere Kraft. Indem der eine Partner den anderen anlächelt, versucht er sich möglichst »reizend« – also die Sinne des anderen »reizend« – zu machen. Und andererseits wieder bedeutet das Lächeln auch hier: »Du darfst dich mir nähern, fürchte dich nicht, du gefällst mir!« Im täglichen Gemeinschaftsleben wurde das Lächeln dann zu einem ganz allgemeinen Gruß. Und ebenso wie die anderen Grußformen wurde es zur Routine, zur Schablone. Wir werden zur Höflichkeit erzogen, und jeder lernt aus eigener Erfahrung, daß man bei anderen Menschen durch Lächeln und freundliches Grüßen mehr erreicht. Die gelegentliche Unduldsamkeit und Gereiztheit der anderen wird so etwas neutralisiert. Man braucht nur einige Tage lang im Beruf oder im übrigen Lebensbereich niemanden zu grüßen und auch jedes Lächeln zu vermeiden: zwangsläufig zieht das den »Ärger« der andern nach sich. Daß auch das routinehafte Lächeln immer noch eine Kraft bewahrt, zeigt die auslösende Funktion dieses Signals besonders deutlich. Jeder Politiker, der sich an einen Wählerkreis wendet oder sich photographieren läßt, lächelt – er weiß, daß er damit mehr Sympathie erweckt. Bei den klugen Chinesen ist das »Lächeln auf alle Fälle« zu einer Lebensweisheit geworden. Und auch in den USA ist ein ganzes Volk dazu übergegangen, bei jeder nur irgendwie passenden Gelegenheit ein schon ganz plakathaft ritualisiertes »Cheese-Lächeln« aufzusetzen. Die Frage, warum der Mensch so viel lächelt, könnte somit richtiger beantwortet werden: Wir lächeln, *weil wir an sich recht unfreundliche Wesen sind*. Es ist dies ein Mittel, um beim andern Kontaktbereitschaft auszulösen und ihm die eigene Kontaktbereitschaft zu erkennen zu geben. Es ist also ein Brückenschlag, der nicht allein auf unsere Erziehung oder unsere Laune zurückzuführen, sondern der einfach notwendig ist.

Die ungeheure Bedeutung dieses kleinen Zeichens wurde uns besonders klar, als wir uns in entlegenen Teilen Afrikas Eingeborenensiedlungen näherten. Solange uns unbewegte, finstere Gesichter entgegenstarrten, konnte sich die Begegnung so oder so entwickeln. Das mißmutig und böse blickende Gesicht ist eine deutliche Warnung und löst, besonders bei Annäherung, wachsende Beklommenheit aus. Und zwar nicht nur auf Grund von schlechten Erfahrungen, sondern auf Grund einer weit »tiefer« in uns gelegenen Reaktion angeborenen Erkennens. Gehen die Mundwinkel dagegen hoch, taucht das erste Lächeln auf, dann ist die Situation mit einem Schlag eine andere. Ohne ein einziges Wort, ohne eine einzige Geste ist dann deutlich: daß man willkommen ist; daß man sich diesem lächelnden Individuum nähern darf; daß es einem freundlich zu begegnen bereit ist. Und betritt man dann die fremde Siedlung, nimmt man Kontakt auf und versucht man sich sprachlich zu verständigen, dann fliegt dieses Lächeln auch weiterhin ständig hin und her, als eine Art von permanenter Rückversicherung dafür, daß man einander wohlgesinnt ist – genau die gleiche Rückversicherung, *deren auch das heranwachsende Menschenkind von seiten seiner Eltern so dringend bedarf.*

Wie kam dieses so wichtige Gesichtszeichen in unserer Entwicklungsgeschichte zustande? Aus welcher ursprünglichen Bewegung ist es hervorgegangen?

Auch im Tierreich sind ähnliche freundschaftsauslösende Signale verbreitet. Sehr häufig gingen sie aus Bewegungen hervor, die bereits eine freundliche Grundhaltung erkennen ließen. So ist etwa bei den Säugetieren verbreitet, daß die Mutter das Fell ihres Jungen putzt und »kämmt«. Da eine solche »Hautpflege« immer der Ausdruck einer freundlichen Grundstimmung ist, putzen auch erwachsene Tiere einander, um freundliche Stimmung beim anderen zu bewirken. Eine solche Bewegung wird so zum »Gruß« – wie wir es auch beim Hund sehen, wenn er uns zur Begrüßung ableckt. Bei verschiedenen Affen (Makaken, Makis) wurden ähnliche Grundbewegungen dann noch weiter ritualisiert. In freundlicher Stimmung belecken diese Tiere einander und kämmen das Fell des anderen mit den Zähnen – als Gruß führen sie die analogen Bewegungen (wobei sie noch schnattern) in die Luft aus. Sie »lecken« und »kämmen« dann in Richtung zum Begrüßten hin.

Naheliegend ist es auch, wenn ein Tier zur Beschwichtigung der Aggression des anderen seine eigenen aggressionsauslösenden Merkmale verbirgt oder seine »Waffen« vom Gegner wegwendet. Bei den Lachmöwen löst zum Beispiel die sehr auffallende schwarze Gesichtszeichnung beim Artgenossen Aggression aus. Im Paarungszeremoniell kam es daher zu der Bewegung, den Kopf vom Partner wegzuwenden. Das sieht als Freundschaftssignal recht merkwürdig aus. Störche wieder drehen als Zeichen des Grußes die Köpfe nach hinten und kehren so den Schnabel von dem Begrüßten ab, wobei sie gleichzeitig auch noch klappern.

Das merkwürdigste Zustandekommen von Grußbewegungen aber ist die »Umorientierung« feindlichen Verhaltens. So begrüßen Pferde sich durch Maulaufreißen und Zähnezeigen – beinahe die gleiche Bewegung, die sie auch als Drohbewegung ausführen. Der Unterschied ist nur, daß das Pferd beim Drohen die Ohren zurücklegt, während es beim Gruß die Ohren aufstellt. Wie solche »Umorientierungen« zustande kommen und welche tiefere Bedeutung sie haben, konnte Lorenz klarstellen.

Der Vorgang spielt sich folgendermaßen ab: ein Individuum A stellt zu einem Individuum B ein freundschaftliches Band her, indem es ein Individuum C bedroht. Durch Schaffung einer gemeinsamen »Front« gegen einen Dritten kann es dann zu einer »Verbündung« kommen, zu einem freundschaftlichen Bund, wie er auch zwischen Menschen in ähnlicher Situation geschlossen wird. Lorenz konnte nun bei Buntbarschen und Graugänsen genauer verfolgen, wie dieser Vorgang einer Bandherstellung zu einer ritualisierten Form der Aggressionshemmung geführt hat. Aus einer zunächst gegen den Partner gerichteten Drohbewegung wird – durch »Umorientierung« – eine Drohung am Partner vorbei gegen einen Dritten (oder gegen ein beliebiges anderes Objekt), und das führt zur Schaffung des Bandes. Die Bewegung wird dann zur »rituell verselbständigten Befriedungszeremonie«; sie wird »zum angestrebten Selbstzweck« – ja »zum Bedürfnis«. Dabei ist wesentlich, daß jeder der beiden Partner die Zeremonie nur mit dem betreffenden anderen Individuum ausführen kann. Praktisch besteht dann dieser »Gruß« darin, daß der Grüßende am Begrüßten vorbei eine Drohbewegung ausführt.

Nach Lorenz ist das menschliche Lächeln in ganz analoger Weise entstanden, und zwar aus einem umorientierten Zähnefletschen gegenüber Dritten. Seiner Ansicht nach sind Lachen und Lächeln lediglich verschiedene Intensitätsgrade derselben Verhaltensweise – »das heißt, sie sprechen mit verschiedenen Schwellen auf dieselbe Qualität aktivitäts-spezifischer Erregung an«. Als besonderes Argument führt er dabei an, daß manche Japaner, wenn sie sich intensiv anlächeln, aneinander vorbeischauen. Lorenz deutet somit das »begrüßende Lächeln« als eine Befriedungszeremonie, »die analog

dem Triumphgeschrei der Gänse durch Ritualisierung einer *neuorientierten* Drohung entstanden ist«. Und er fügte hinzu: »Wenn man das freundliche Vorbei-Zähnefletschen sehr höflicher Japaner sieht, ist man versucht, das anzunehmen.«
Eibl-Eibesfeldt präzisierte seinen Standpunkt zu diesem Thema im »Handbuch der Biologie«. Demnach hätten Lächeln und Lachen »eine gemeinsame Wurzel, scheinen jedoch in verschiedener Weise ritualisiert«. Lächeln ginge oft in Lachen über, und dieses könne somit als eine Steigerungsstufe des Lächelns aufgefaßt werden – »aber nicht allein als solche«. Vielmehr kämen noch weitere Komponenten hinzu. So öffnet sich beim Lachen der Mund, und man stößt rhythmische Laute aus.
Darwin, den dieser Gesichtsausdruck ebenfalls beschäftigte, war der Ansicht, daß das Lachen »ursprünglich der Ausdruck bloßer Freude oder reinen Glücks« gewesen sei. Besonders der Umstand, daß »blödsinnige und geistesschwache Personen« so häufig lächeln, bestärkte ihn in dieser Ansicht. Bei sehr vielen sei es völlig unmöglich, daß sich mit ihrer freudigen Erregtheit eine bestimmte Idee assoziiert: »Sie empfinden einfach Vergnügen und drücken dies durch Lachen und Lächeln aus.« Eine scharfe Trennungslinie zwischen Lachen und Lächeln könne nicht gezogen werden. Entweder sei das Lachen eine »vollständigere Entwicklung eines Lächelns«, oder – noch wahrscheinlicher – ein leises Lächeln sei »die letzte Spur einer durch viele Generationen fest eingewurzelten Gewohnheit zu lachen«. Warum dabei die Mundwinkel zurückgezogen und die Oberlippe hochgezogen würde, erschien ihm als ein »dunkler Punkt«. Seine Vermutung war, daß zum Ausstoßen »eines vollen und ausgiebigen Lautes« die Mundöffnung entsprechend groß sein müsse und es vielleicht deshalb zu dieser Bewegung kommt.
In einem meiner Fernsehfilme wollte ich das Lächeln ursprünglich als umorientierte Drohbewegung – also im Sinne von Lorenz – darstellen. Je genauer ich jedoch meine Aufnahmen analysierte, desto unwahrscheinlicher kam mir diese Deutung vor. In keiner der unbeobachtet gefilmten Aufnahmen von Personen, die andere anlächelten (oder anlachten), war auch nur die geringste Andeutung eines »Vorbei-Zähnefletschens«, also einer Umorientierung, zu erkennen. Weit eher schienen diese Aufnahmen der Darwinschen Deutung recht zu geben, daß Lachen und Lächeln ursprünglich der Aus-

druck einer frohen Stimmung gewesen sei. Darwin war die Funktion des Lächelns als »Aggressionspuffer« nicht aufgefallen, trotzdem ließ sich auch diese Deutung mit seiner Ansicht gut in Einklang bringen. Das Lächeln – zu einem anderen gerichtet – bedeutete dann: »Ich bin guter Laune, dich zu sehen.« Und indirekt hieß das weiter: »Du kannst dich mir ruhig nähern!« Da Lächeln und Lachen stimmungsübertragende Wirkung haben, konnte so auch im anderen bessere Laune und damit erhöhte Kontaktbereitschaft ausgelöst werden.

Je mehr ich jedoch Lachen und Lächeln verglich, desto deutlicher traten diese beiden Ausdrücke auseinander. Im Lächeln war stets etwas Bittendes, Freundliches, Beschwichtigendes oder Ermutigendes – immer aber ein verstecktes »Ich bin dir gut«. Im Lachen dagegen ist immer etwas Aggressives enthalten – ja sehr oft sogar Spott und Hohn. Ich möchte anschließend einige Argumente dafür vortragen, daß diese beiden Signale etwas durchaus Verschiedenes sind – sowohl der Bedeutung als auch der Entstehung nach.

Zunächst das Lachen: Wodurch wird dieser Ausdruck bei uns im einfachsten und ursprünglichsten Fall ausgelöst? Zweifellos durch das »Lächerliche«. Was aber erscheint uns »lächerlich«? Besonders Schadenfreude erweckt unser Lachen: der Anblick fremden Mißgeschicks und die angenehme Erkenntnis, daß einem anderen widerfährt, was einem selbst erspart bleibt. Lachen und Spott sind eng miteinander verwandt – und das bringt uns zurück zu der Situation, wo zwei oder mehrere Individuen andere auslachen, worin Lorenz völlig zurecht einen Ausdruck von Aggression und zugleich ein bandbildendes Mittel erblickt. Gemeinsames Verspotten ist der bei Tieren häufig beobachteten »Ausstoßreaktion« verwandt, die für gewöhnlich durch Mißbildung – oder, allgemeiner gesagt: durch körperliches oder verhaltensmäßiges »Anderssein als die Gruppe« – ausgelöst wird. Diese Reaktion führt dazu, daß der »Außenseiter« nicht nur ausgestoßen, sondern unter Umständen *sogar getötet wird.* Ist gemeinsames Drohen gegen einen Feind gerichtet, dann wird es »Hassen« genannt. *Bei den Primaten verbindet sich mit diesem Vorgang eine rhythmische Lautäußerung, die stark an unser Lachen erinnert.* Solche Vorgänge führen also einerseits zur Bildung gemeinsamer Fronten, andererseits aber bieten sie auch Gelegenheit, aufgestaute Aggressionen an einem be-

stimmten Objekt – das so zu einem »Ersatzobjekt« werden kann – abzureagieren.
Bei den Aufnahmen von lächelnden Personen fiel mir dagegen auf, wie sehr dieses Zeichen jedes Gesicht verschönt und unserer Sympathie näherbringt. Eine chinesische Gemüsehändlerin filmte ich bei einem Wutausbruch – und zehn Minuten später noch einmal lächelnd. Im ersten Fall wirkte das Gesicht häßlich und abstoßend, im zweiten war es geradezu anziehend – obwohl diese Frau durchaus nicht hübsch war. Von Kypsilos von Korinth erzählt die Geschichte, daß er als kleines Kind seinen Häschern entging, indem er sie anlächelte. Und von einem amerikanischen Sergeanten wurde berichtet, daß er zwei Vietkong abwehrte, indem er ihnen ebenfalls ein breites Lächeln entgegensandte. Sie hielten an und lächelten zurück. Dieses Zeichen wirkt also nicht nur aggressionshemmend, *sondern sogar positiv sympathieauslösend.*
Betrachtet man Lachen und Lächeln als etwas Getrenntes, dann zeigt sich auch, daß jede dieser beiden Ausdrucksbewegungen in allen nur erdenklichen Intensitätsgraden auftritt. Bei schwachem Lachen reduziert sich das rhythmisch hervorgestoßene Geräusch zu einem lautlosen, in schneller Folge ausgeführten Ausstoßen von Luft und kann schließlich *auch nur noch in einer einzigen solchen Ausatembewegung oder in der bloßen Andeutung einer solchen bestehen.* Im ganz zarten »Schmunzeln« schließlich unterbleibt jede Atembewegung, und die Lippen werden nur noch geringfügig verzogen – doch selbst diese leichteste Andeutung ist nicht identisch mit dem Lächeln. Dieses wiederum kann sich bis zum Ausdruck der Verzückung steigern, *ohne dabei in Lachen überzugehen, ohne sich also mit Lautäußerungen zu verbinden.*
Ähnlich sind diese beiden Zeichen in der starken, ansteckenden Wirkung. Beim Lächeln liegt das schon allein im Wesen seiner auslösenden Funktion begründet. Beim Lachen ist bekannt, daß es ganz besonders ansteckt; die Wirkung bleibt jedoch meist auf die Gruppe beschränkt. Ein Außenstehender kann wohl durch ein Lächeln oft gleichfalls zu einem solchen veranlaßt werden, doch ein Lachen innerhalb der Gruppe, besonders wenn er den Grund nicht kennt, *wird weit eher Ärger bei ihm auslösen.* Und zwar deshalb, weil er es gegen ihn gerichtet glaubt.
Gerade hier äußert sich der grundsätzliche Unterschied in der

Funktion von Lachen und Lächeln besonders deutlich. Trifft man auf einen fremden Menschen, und lacht man bei seinem Anblick – dann empfindet er das wohl kaum als Gruß, *sondern weit eher als Zeichen des Spotts und der Herabsetzung.* Lächelt man ihm dagegen zu, dann gibt es kein Mißverständnis. In diesem Signal drückt sich nichts Aggressives aus, sondern es sagt ganz eindeutig: »Ich bin froh, daß ich dich sehe«, und in weiterer Bedeutung: »*Ich bin bereit, dir wohlwollend, ja sogar hilfreich zu begegnen.*«
Sehr aufschlußreich ist hier das Verhalten von Personen, die sich verabschieden. Das Lächeln wird dann gleichsam eine Zusammenfassung der Begegnung und sagt: »Ich bin dir (nach wie vor) wohlgesinnt und werde dir auch weiterhin freundlich begegnen.« Haben dagegen die sich Verabschiedenden im Verlauf ihrer Begegnung kräftig miteinander gelacht, dann kann in diesem »Zusammenfassen« auch das gemeinsame Lachen nochmals aufklingen. Die Betreffenden schlagen sich dann vielleicht sogar lachend auf die Schulter – das heißt: »Wir haben gut zusammen gelacht!« Hat man dagegen nicht zusammen gelacht, *dann wirkt ein Lachen zum Abschied ganz offensichtlich als Beleidigung und Herabsetzung.*
Begegnen einander nun Menschen, die bei einem früheren Zusammensein herzlich miteinander lachten, dann kann auch dieser Ausdruck zu einem Gruß werden. Das Lachen ist hier nicht mehr mißverständlich oder beleidigend, sondern knüpft an ein früheres Beisammensein an – an ein Band, das durch gemeinsames Lachen gebildet wurde. So findet man denn auch – vor allem bei jüngeren Leuten – das unbeschwerte Lachen als weitverbreiteten Gruß. Es stellt dann einen Hinweis auf einen bereits geschlossenen Bund dar.
Nun ist das Lachen außerdem – offenbar in sekundärer Funktion – auch noch zu einem Mittel der Erregungsableitung geworden. Schon 1863 wies der englische Philosoph Spencer darauf hin, daß Energie, »die in ihrem Abfluß gehemmt ist«, sich auch »in irgendeiner anderen Richtung Lauf machen kann« und es so zum Lachen kommt. Nach heutiger Terminologie ist ein solches Lachen ein »Übersprungslachen« – wobei man sich jedoch nicht klar ist, ob wirklich die aus anderer Motivation stammende Energie »in andere Bahnen überspringt« oder bloß die Bewegung enthemmt. Auf diese Weise kommt es jedenfalls zum »verlegenen« oder »verschämten«, zum »nervösen«, »hysterischen« oder sogar »ärgerlichen« Lachen.

Schon hier wird deutlich, warum die Unterscheidung zwischen diesen beiden Signalen so schwierig ist und warum wir auch sprachlich dahin gelangt sind, sie in ein und denselben »Topf« zu werfen. Denn es gibt sehr wohl auch ein verlegenes, ein verschämtes oder ein nervöses *Lächeln*. In diesem Fall überlagert sich dann das Freundschaftszeichen dem jeweils entsprechenden Ausdruck der Furcht und Scham beziehungsweise verbindet sich mit Zeichen der Erregung. Das höhnische, sarkastische oder grausame »Lächeln«, von dem man in Romanen liest, ist meines Erachtens kein Lächeln, *sondern ein angedeutetes Auslachen*. Und das gleiche gilt auch für das hochmütige und für das triumphierende »Lächeln«, auch das sind meiner Ansicht Formen des *Lachens*.

Die zusätzliche Funktion des Lachens als eine Form der Erregungsableitung könnte auch erklären, warum geistesgestörte Personen diesen Ausdruck so häufig zeigen. Ihr vielfach behindertes Instinktleben findet eben »in diesem Kanal einen Ausfluß« – und somit wäre ihr Lachen kein ursprüngliches Zeichen von Glück, wie Darwin annahm. Auch das normale Lachen der guten Laune läßt sich als das Ergebnis allgemeiner freudiger Erregtheit auffassen – es wäre demnach also nicht Ausdruck der ursprünglichen, sondern vielmehr einer sekundären Funktion. Das Phänomen, daß Lächeln häufig in Lachen übergeht, läßt sich gleichfalls so erklären. Es ist dann eben ein Übersprungslachen, in dem die freudige Erregtheit des Wiedersehens seinen Ausdruck findet.

Was schließlich das Argument betrifft, daß Japaner bei intensivem Lächeln aneinander vorbeischauen, so halte ich es für nicht stichhaltig. Der Grund zu diesem Verhalten liegt meines Erachtens darin, daß bei den Japanern die Höflichkeit etwas übersteigert ist, was in sehr verfeinerten Gesichts- und Kopfbewegungen zum Ausdruck kommt. Nun erweckt jedes Fixieren – wie schon erwähnt – Reaktionen der Furcht und Abwehr; es ist ein Verhalten, das Angriffshandlungen vorausgeht. Ist das Fixieren dagegen mit einem Lächeln verbunden, dann wird seine Wirkung für gewöhnlich neutralisiert, und wir fühlen kaum noch ein Unbehagen. Der besonders feinfühlige Japaner scheint nun auch diesen Hauch einer möglichen Beunruhigung noch vermeiden zu wollen – indem er bei Gesprächen am anderen vorbeischaut oder gar, beinahe schüchtern, zu Boden blickt. Es ist dies jedoch bestimmt kein Relikt einer einstigen

Aggression – schon gar nicht bei einer von der Tradition her so stark beeinflußten Mimik. *Es ist vielmehr eine der zahlreichen Formen von Höflichkeit, die dem Europäer das Verständnis des Ostasiaten so schwermachen.*

Wenn nun Lachen und Lächeln tatsächlich verschiedene Signale sind, wie ist dann das Lächeln wirklich entstanden? Aus welchen ursprünglichen Bewegungen wurde es ritualisiert?

Darwin hat in seinem Prinzip das Gegensatzes (der »Antithese«) darauf hingewiesen, daß Ausdrucksbewegungen sich auch so erklären lassen, daß sie zu einer anderen Ausdrucksbewegung »direkt entgegengesetzter Natur« sind. Wenn also zum Beispiel auf Grund einer ursprünglichen Bewegung der Kopf als Ausdruck für »Nein« geschwenkt wurde, dann kann es als Signal für eine Bejahung sicherlich kein deutlicheres Zeichen geben als die entgegengesetzte Bewegung – also ein Nicken mit dem Kopf.

Im besonderen zeigte Darwin dieses Prinzip an den Ausdrucksbewegungen von Hund und Katze. Nähert sich etwa ein Wolfshund feindselig, dann geht er aufrecht und steif, den Kopf eher gehoben. Den Schwanz hält er ebenfalls aufrecht und völlig steif; die Haare auf Rücken und Nacken sind gesträubt; die Ohren sind nach vorne gerichtet, und der Blick ist starr. Nähert er sich dagegen dem geliebten Herrn, dann ist der Kopf gesenkt; der Körper ist geduckt und windet sich; der Schwanz ist gesenkt und wedelt; das Haar ist glatt; die Ohren sind nach hinten geschlagen, die Augen erscheinen nicht mehr starr. Bei der Katze ist es wieder so, daß sie sich in feindlicher Haltung duckt und sprungbereit macht. Ihr Schwanz ist dann ausgestreckt und schwingt seitlich; die Ohren sind angelegt; das Maul ist geöffnet, und sie faucht. Liebkost sie ihren Herrn, dann hält sie sich betont aufrecht, den Rücken etwas in die Höhe gewölbt, der Schwanz steht dann steil und unbeweglich hoch; die Ohren sind aufrecht und gespitzt; das Maul ist geschlossen, und sie schnurrt. In jedem Fall ist zweifellos die Angriffsstellung das Ursprüngliche, und jedes einzelne Merkmal hat dort seinen biologischen Sinn. Die Merkmale für die entgegengesetzte Stimmung – also freundliche Kontaktbereitschaft – sind einfach das Gegenteil. Sie haben zum guten Teil keinen besonderen Sinn – oder nur eben den, möglichst entgegengesetzt auszusehen.

Nach diesem Prinzip läßt sich nun auch der Ausdruck des Lächelns als »Antithese« des menschlichen Gesichtsausdrucks für üble Laune verstehen. Dieser setzt sich aus vier Hauptmerkmalen zusammen: zusammengepreßter Mund, nach unten weisende Mundwinkel, Vertikalfalten auf der Stirn und leicht vorgestreckte Lippen. Der zusammengepreßte Mund ist ein Ausdruck von Energieanspannung, ein Zeichen für Entschiedenheit und Halsstarrigkeit. Die herabgezogenen Mundwinkel erklären sich wahrscheinlich aus der Muskelbewegung, die ein Schreien oder Weinen unterdrückt. Die vertikalen Stirnfalten bedeuten auch wieder Angespanntheit. Und das Vorstrecken der Lippen ist ein sehr altes Zeichen, das der Schimpanse bei Ärger besonders ausgeprägt zeigt. Er streckt dann die Lippen röhrenartig vor. Beim Menschen ist diese Bewegung bei trotzigen Kindern noch zu beobachten, besonders bei wilden Völkern. Alle diese Merkmale bringen Erzürntheit, Verdrießlichkeit, Ärgerlichkeit und mürrische Hartnäckigkeit zum Ausdruck – also eine der Kontaktbereitschaft genau entgegengesetze Stimmung. Wollte man also ein Signal entwerfen, das freundliche und entgegenkommende Einstellung deutlich ausdrückt, dann wäre dies: glatte Stirn, entspannt geöffneter Mund, zurückgezogene Lippen und nach oben weisende Mundwinkel. *Und das sind die Merkmale des menschlichen Lächelns.*

In der Gemeinschaft unserer Urvorfahren war es für das Kind sicherlich von größter Bedeutung, zu erkennen, wann es sich einem Erwachsenen nähern durfte und wann besser nicht. Und von ebensolcher Bedeutung war dies auch für Erwachsene, wenn sie Fremden begegneten. Der übelgelaunte, grimmige vielleicht sogar kranke Mensch kann sehr gefährlich sein, wenn man ihm zu nahe kommt, wenn man also seine »Individualdistanz« mißachtet. In diesem Sinne war es für den Menschen höchst wichtig, einen angeborenen Mechanismus des Erkennens auszubilden, der ihn beim Anblick eines solchen Gesichtes entsprechend warnte. Und nicht minder wichtig war für den Menschen die Ausbildung eines entsprechenden Signals für die entgegengesetzte Stimmung: für Kontaktbereitschaft. Und dieses verstärkte sich dann – wie wir gehört haben – noch zu einem Mittel der Aggressionshemmung und der aktiven Auslösung von Sympathie.

Im Rahmen der vom Menschen geschaffenen Ordnungen – auf die wir im nächsten Kapitel zu sprechen kommen – gelangte der

Mensch dahin, zwischen sich und seinen Artgenossen unsichtbare Trennwände aufzubauen. Besonders bei zahlenmäßig wachsender Gemeinschaft – und bei straffer sich herausbildender Rangordnung – kam es zu »Barrieren« der Konvention, die im Lauf der Geschichte vielfach so starr wurden, daß ein Durchbrechen kaum mehr möglich war. In unserer heutigen Gesellschaftsform hat sich das Kasten- und Klassenwesen zwar abgebaut, trotzdem sind immer noch sehr starre Trennwände vorhanden. Wir können zwar einen anderen um Angabe der Zeit oder um sonstige Auskunft bitten; wir können Feuer oder andere kleine Gefälligkeiten von ihm verlangen; doch das sind bloß vorübergehende Lücken in der Wand. Diese bricht erst wirklich nieder, wenn ein passender Dritter uns verbindet – indem er uns »einander vorstellt«.

Das Lächeln war zu allen Zeiten ein Pfeil, der diese unsichtbaren Wände durchdrang. *Unsere heutige Machtstellung verdanken wir der Zusammenarbeit – und das Lächeln erfüllte dabei die wichtige Funktion, uns aggressive Wesen einander näherzubringen.* Durch ein Lächeln – sei dieses nun echt oder »gespielt« – gewinnen wir des anderen Menschen Sympathie und binden ihn an uns. Das komplizierte Netzwerk der menschlichen Zivilisation wird durch tausendundein solcher Lächeln zusammengehalten.

6.
Das Ordnungswesen

Wenn man die in einem Korallenriff lebenden Fische beobachtet, dann zeigt sich, daß in ihrem Treiben eine ganz bestimmte Regelmäßigkeit steckt. Die Tiere bewegen sich durchaus nicht beliebig kreuz und quer, sondern es gibt hier »Eigentumsrechte« und ganz starr festliegende Verhaltensmuster. Manche Arten leben in bestimmten Arealen und verteidigen diese gegen Konkurrenten auf das erbittertste, andere haben sich auf Formen des Nahrungserwerbes spezialisiert, der nur ihnen gelingt. Jeder Erwerbsform können in einem Riff nur soundso viele Individuen nachgehen. Begegnen gleiche oder verschiedene Arten einander, dann zeigen sie so regelmäßige Reaktionen, daß man oft schon im voraus weiß, was sich abspielen wird. Und vergleicht man das sich so ergebende Lebensmuster mit jenem in einem anderen, ähnlich strukturierten Riff, dann zeigen sich auch hier Übereinstimmungen. Auf Grund der angeborenen Verhaltensweisen und der ähnlichen Umweltsituation ergibt sich hier wie dort ein ganz ähnliches Gleichgewicht der Kräfte.
Schaute ein Gast von einem anderen Stern auf eine Großstadt herab, dann würde er ähnliche Beobachtungen machen. Er würde sehen, wie die einzelnen Menschen auf Grund besonderer Verhaltensweisen und mit Hilfe künstlicher Organe sehr verschiedene Erwerbsformen ausüben. Auch hier besetzen manche bestimmte Areale, die sie erbittert verteidigen. Auch hier haben sich Spezialisten herausgebildet, die sich besondere Lebensmöglichkeiten erschließen. Auch hier kann jedes Areal nur soundso viele Individuen der gleichen Erwerbsart »ernähren«. Auch hier handelt es sich um ein Gleichgewicht der Kräfte, das eben für diesen Ort typisch ist – und das an benachbarten, ähnlich strukturierten Orten auch wieder recht ähnlich ausgebildet sein kann.
Ein großer Unterschied besteht jedoch darin, daß in der Menschen-

welt eine ungeheuer komplexe Zusammenarbeit stattfindet und daß hier gewisse Verhaltensweisen von der Gemeinschaft unterbunden werden. So wird der einzelne daran gehindert, den Mitmenschen körperlich zu schädigen, ihm seine künstlichen Organe zu entwenden oder ihn gewaltsam zu einem künstlichen Organ zu machen. Solche Vorschriften für »erlaubtes und nichterlaubtes« Verhalten liegen irgendwo als Gemeinschaftsrezepte vor, und zusätzliche Einrichtungen – »Polizei«, »richterliche Gewalt« – sorgen für ihre Durchsetzung. Hier handelt es sich also nicht bloß um eine Regelmäßigkeit, die sich als ein Gleichgewichtszustand erklärt. Hier werden durch Zusammenarbeit bestimmte Leistungen gesteigert, und andere Verhaltensweisen werden blockiert – es ergibt sich so eine bewußt geschaffene »Ordnung«.

Wie sind nun diese »Ordnungen« – zweifellos eine Besonderheit des Menschen – im einzelnen entstanden? Wo liegen ihre »Rezepte«, und wie werden sie gesteuert? Ist hier in der Evolution etwas völlig Neues hinzugetreten – oder führen Entwicklungswege von den Leistungen der Tiere bis zu jenen unserer menschlichen Organisation?

In Naberera – einer einsamen Gegend von Tanganjika – besuchten wir eine prähistorische Wasserstelle, zu der die im Umkreis lebenden Massais heute wie einst ihre Rinder hintreiben. Das Wasser liegt am Grunde einiger tiefer Einbrüche, zu denen schluchtartige Wege hinabführen. Am Ende dieser Wege sind tropfenartige Vertiefungen in das Gestein geschlagen, und in diese Tröge schöpfen die Massais mit Ledersäcken das noch tiefer gelegene Wasser empor. An einem erhöhten Punkt stellten wir dort die Kamera auf und ließen sie – im Zeitraffer – allein laufen.

Auf der Aufnahme sieht man, wie ein Massai seine Herde durch die Schlucht heruntertreibt, ins Loch hinunterklettert und zu schöpfen beginnt. Er ist splitternackt, und das sehr primitive künstliche Organ – Lederbeutel – ist mit seinen Händen wie verwachsen. In der Verschnellung wird sichtbar, wie außerordentlich regelmäßig die Schöpfbewegung abläuft. Es ist eine Erwerb-Koordination, die sich durch Nachmachen von einer Generation auf die andere fortpflanzte – und von diesem Mann perfekt ausgeführt wird. In der bewußten Rationalisierung äußert sich ein Unterschied zu ähnlichen Erwerb-Koordinationen bei Tieren. Nur durch Selbstbeobachtung

kann der Mensch dahin gelangen, ein Bewegungsmuster so kraftsparend auszuführen.
Nun kommt ein anderer Massai die Schlucht herunter, stellt seinen Speer weg, klettert ebenfalls in das Loch – und die beiden schöpfen nun gemeinsam. Der eine bückt sich und füllt den Beutel, der andere übernimmt ihn, hebt ihn zum Bottich hoch und leert ihn dort aus. Ohne die geringste Stockung wandert der Beutel auf- und abwärts; die Bewegung der beiden ist so perfekt synchronisiert, als wären sie Muskeln am gleichen Arm. Drei Grundprinzipien menschlicher Leistungssteigerung kommen hier zum Ausdruck: Erstens wird ein zielhafter Vorgang in Teile zerlegt, die von verschiedenen Individuen ausgeführt werden. Zweitens spezialisiert sich der einzelne auf seinen Arbeitsanteil und bemüht sich, diesen möglichst rationell abzuwickeln. *Drittens werden die verschiedenen Teilakte so zusammengeordnet, daß sich ein überindividueller Leistungsablauf daraus ergibt.*
Bei den Tieren gibt es angeborene Formen des Erkennens, die wiederum angeborene Bewegungskoordinationen auslösen. Und ebenso kann bei Tieren die Fähigkeit des Erkennens bestimmter Reizsituationen auch *erworben* werden – und solche Schlüsselreize können dann auch wieder die Auslösung *erworbener* Bewegungsfolgen bewirken. Nach diesem Prinzip ließ sich auch die sehr einfache Zusammenarbeit der beiden Wasserschöpfer verstehen. Für den einen war das Herabreichen des leeren Sackes die auslösende Reizsituation dafür, diesen zu ergreifen, zu füllen und hochzuheben – und das war dann wieder das Signal für den anderen, den Sack zu übernehmen, ihn im Bottich auszuleeren und zurückzureichen. In der gesamten menschlichen Zusammenarbeit, so kompliziert sie auch im einzelnen geworden sein mag, sind diese beiden Grundleistungen stets erhalten geblieben. Der Mensch muß für solche Zusammenarbeit zweierlei Fähigkeiten erwerben: Erstens muß er lernen, bestimmte Bewegungsformen auszuführen. Er muß also in seinem Gehirn entsprechende Steuerungsrezepte aufbauen. Und zweitens muß er lernen zu erkennen, wann, wo und im Verhältnis zu welchen äußeren Reizen er die betreffenden Handlungen auszuführen hat. Diese Grundleistungen sind also eine Weiterentwicklung des bereits den Tieren möglichen Verhaltens. Die menschliche Besonderheit äußert sich hier bloß darin, die Zweckmäßigkeit der

Zusammenarbeit an sich zu verstehen – von dieser Intelligenzleistung werden wir noch sprechen.

Noch ein weiteres wichtiges Prinzip trat bereits bei den Wasserschöpfern in Erscheinung. Das von ihnen verwendete künstliche Organ – Lederbeutel – gehörte, funktionell gesehen, nicht mehr streng zu dem einen oder anderen. *Es wurde zum Bestandteil eines leistungserbringenden Prozesses – ebenso wie die beiden Männer selbst.* Wird die menschliche Zusammenarbeit komplizierter, dann tritt dieses Phänomen noch deutlicher in Erscheinung. Die beteiligten Personen und die diversen künstlichen Organe werden in einem solchen Prozeß zu Teilen *eines überindividuellen Ganzen* – zu Teilen *eines unsichtbaren Körpers, den wir »Organisation« nennen.* Ebenso wie Werkzeuge, Maschinen und sonstige »Produktionsmittel« ist auch der Mensch in einem solchen arbeitsteiligen System nur noch Träger einer Funktion, Erfüller von Aufgaben. Wie sehr das zutrifft, kann man in größeren »Betrieben« heute deutlich sehen. Fällt eine der Einheiten aus, dann muß Ersatz geschaffen werden – und viele Funktionen können von einem Menschen *oder* von einer Maschine ausgeübt werden. *Nicht die Struktur der Funktionsträger ist somit wesentlich, sondern ihre Leistung.* Für die Zeit, da ein Mensch im Rahmen eines solchen Organisationskörpers mitwirkt, ist er nicht mehr eigentlich ein Individuum – sondern selbst ein Organ.

Das für jede solche Zusammenarbeit notwendige »Bewegungsrezept« ist die eigentliche »Ordnung« des leistungserbringenden Vorganges. Zunächst kann es noch in den Gehirnen der beteiligten Personen verankert sein – wie etwa bei den Wasserschöpfern. Wird die Zusammenarbeit jedoch größer und komplizierter, dann »sondert« sich diese Funktion von den ausführenden Kräften ab, wird zu einer eigenen Einheit, zu einem besonderen Organ, das nunmehr die Steuerung übernimmt. Bei einem großen Betrieb sind die einzelnen »Produktionsrezepte« bereits das Leistungsergebnis von Hunderten von Menschen – sie werden in Plänen, Zeichnungen und Anordnungen festgehalten, verlassen so das Gehirn des Menschen und werden auch wieder zu künstlich geschaffenen Funktionsträgern. Ebenso spaltet sich die Funktion der Steuerung ab: sie wird von spezialisierten Einheiten – Direktoren, Werkführern und so weiter – übernommen. Und selbst diese Leistung geht heute schon teilweise oder ganz auf künstlich geschaffene Funktionsträger über – auf Computer.

Die Verwandtschaft zwischen den »Körpern menschlicher Zusammenarbeit« und den tierischen und pflanzlichen Körpern wird aus dieser Blickrichtung sehr deutlich. Jeder dieser Körper ist durch eine bestimmte »Ordnung« charakterisiert, die auf eine ganz bestimmte Leistung zugeschnitten ist *und sein muß.* Bei den Organismen kommt diese Ordnung, ganz anders zustande als bei den menschlichen Organisationen, doch hat das darauf, wie die jeweilige Ordnung aussehen muß, wenig Einfluß. Wirklich wichtig ist in jedem Fall nur das eine: daß diese Ordnung »zweckmäßig« ist, also die zu erbringende Leistung ermöglicht. Erbringt ein tierischer oder pflanzlicher Körper oder ein »Körper menschlicher Zusammenarbeit« die Leistung, auf die er ausgerichtet ist, dann ist er »in Ordnung«. Erbringt er sie nicht, dann ist er »nicht in Ordnung«. Dasselbe gilt auch für jede einzelne der Einheiten, aus denen sich diese Körper zusammensetzen – für jedes ihrer »Organe«.

Dabei ist *zwischen zeitlicher und räumlicher Ordnung zu unterscheiden.* Bisher sprachen wir ausschließlich von der Koordination von Bewegungsvorgängen – also von Ordnungen im zeitlichen Ablauf. Diese sind aber wieder nur möglich auf Grund einer räumlichen Ordnung – auf Grund eines ganz bestimmten Nebeneinander, Übereinander und Ineinander der einzelnen Funktionsträger. Eine solche »räumliche Ordnung« ist für jeden Organismus – Tier und Pflanze – und für jede menschliche »Organisation« gleichermaßen wichtig, ja Voraussetzung. Nur wenn Herz, Knochen, Blutgefäße und so weiter zu allen übrigen Einheiten des Systems in einem ganz bestimmten räumlichen Verhältnis stehen, ist der Körper zu seinem in der Dimension »Zeit« abrollenden geordneten Bewegungsvorgang (zu seinem »zweckmäßigen Verhalten«) imstande. Und in jedem Betrieb liegen die Verhältnisse genauso. Nur eine entsprechende *räumliche Anordnung* der Hallen, Menschen, Maschinen und so weiter ermöglicht den leistungserbringenden Prozeß.

Eine Form räumlicher Ordnung trat allerdings erst beim Menschen auf: das »In-Ordnung-Halten« der Dinge. Diese Ordnung betrifft unsere künstlichen Organe und ist eine Begleiterscheinung des Umstandes, daß diese nicht mit unserem Körper verwachsen sind. Wir legen sie ab – und müssen uns jeweils merken, wo sie gerade sind, um sie bei Bedarf wieder verfügbar zu haben. Je zahlreicher sie werden, um so größer wird das Problem. Das »In-Ordnung-Halten« ist also eine weitere Hypothek (neben dem notwendigen Schutz), *mit dem diese uns dienenden Gebilde belastet sind*. Bei unseren natürlichen Organen tritt nur bei der Speicherung unserer »Erinnerungen« ein ähnliches Problem auf. Wie das Gehirn verfährt, um diese bei Bedarf wieder verfügbar zu machen, wissen wir noch nicht. Unsere *künstlichen* Organe ordnen wir (wenn sie klein sind) in Kästen, Fächer und Laden – manche bezeichnen wir mit Buchstaben und Nummern, andere halten wir in Listen fest.

Die bisher besprochenen Ordnungsformen (abgesehen von diesem »In-Ordnung-Halten« der Dinge) sind nur insofern eine Besonderheit des Menschen, als er sie bewußt schuf, während sie sich bei den Tieren und Pflanzen – ganz passiv – auf Grund eines langsamen Auslesevorganges herausbildeten. Die für den Menschen wirklich charakteristische »Ordnung« ist jedoch eine wieder andere und ergibt sich daraus, daß einzelne zielhafte Abläufe einander leicht stören. Bisher sprachen wir bloß von Formen der Leistungssteigerung, die der Mensch durch künstliche Organe und durch die Bildung von überindividuellen »Organisationen« erreichte. Die sich so ergebenden Leistungsgebilde *sind jedoch sehr oft in ihren Tendenzen entgegengesetzt* – das heißt, eine »Ordnung« behindert die andere. Das wird schon deutlich, wenn zwei Menschen über einen Steg wollen, der aber so schmal ist, daß nur einer passieren kann. Einer der beiden muß dann warten – die Ordnung seiner zielhaften Bewegung wird dadurch gestört. Welcher muß nun nachgeben?

Im Korallenriff bildet sich zwischen den dort lebenden Tieren ein »natürliches Gleichgewicht«, dem das Kraftverhältnis der einzelnen Arten zugrunde liegt. Innerhalb der menschlichen Gemeinschaft bildet der Mensch durch Spezialisierung und Zusammenarbeit Leistungskörper, die in ihrer Struktur und ihrem Verhalten nicht minder verschieden sind als die Tiere und Pflanzen. Auch diese rivalisieren untereinander – und auch hier kommt es zu einer Abstimmung der Kräfte, die dem natürlichen (ökologischen) Gleichgewicht der Tiere und Pflanzen in der Natur ganz ähnlich ist. Als Besonderheit hat der Mensch nun aber Ordnungen geschaffen, die in dieses Kraftverhältnis eingreifen und es steuern.

Er schuf also eine »Ordnung der Ordnungen« – er schuf den

»Staat«. In dieser besonders weiten Organisation sind der Mensch und alle von ihm gebildeten Leistungskörper bestimmten Regeln und Einschränkungen – den »Gesetzen« – unterworfen. Wie weit dabei die »Freiheit« der Einzelaktivität beschnitten wird, ist je nach der Art dieser Ordnungen deutlich verschieden.

Besonders hoch integrierte »Ordnungen«, zu denen der Lebensprozeß über den Menschen gelangte, breiteten sich über den ganzen Erdball aus. *Auch ihre Struktur ist – notwendigerweise – jener der Organismen ähnlich.* Auch sie bestehen aus »Organen«, die in der arbeitsteiligen Ganzheit entsprechende Funktionen zu erfüllen haben. Auch ihre »Verhaltensrezepte« sind zu gesonderten Einheiten – den Verfassungen – geworden. Auch diese riesigen Lebenskörper stehen wieder untereinander in Konkurrenz und Konflikt – am Verhalten einzelner deutlich abzulesen.

In der menschlichen Entwicklung spielten jedoch noch weitere Ordnungsformen eine Rolle. Sie dienten nicht sosehr der Leistungssteigerung, als vielmehr der Befriedigung anderer menschlicher Bestrebungen, die zum Teil aus dem uns angeborenen Instinktverhalten hervorgegangen sind.

Da sind zunächst die »Rangordnungen« der menschlichen Gesellschaft. Wie schon erwähnt, gelangen auch in Gemeinschaft lebende Tiere zu ähnlichen Abstimmungen, die ein Kräfteverhältnis festlegen und die zum Beispiel darüber entscheiden, welches Individuum an der Futterstelle oder zur Abreaktion seines Sexualtriebes den Vorrang hat. Bei Hühnern und Affen wurden solche Ordnungen eingehend studiert. Beim Menschen kam es auf Grund seiner Organisationen zwangsläufig zu hierarchisch aufgebauten Befehlssystemen; darüber hinaus ist aber auch in unserem »gesellschaftlichen Leben« die Rangstufe des einzelnen von großer Bedeutung. Ein bei uns stark ausgeprägter Trieb, uns über- beziehungsweise unterzuordnen, spielt dabei eine wesentliche Rolle. Beides führt zu entsprechenden Gefühlen der Befriedigung. Sich einer geachteten Person zu unterwerfen, befriedigt ebenso wie die Führung von anderen. Darüber hinaus läßt uns der menschliche Geltungsdrang – im Verein mit Sexualtrieb und Brutpflegetrieb – noch im besonderen zu leitenden und angesehenen Positionen hinstreben. Diese Tendenzen sind den bei Tieren beobachteten nicht unähnlich – als Besonderheit kommt jedoch beim Menschen hinzu, daß sich bei uns solche Rangunterschiede vielfach mit Vorrechten innerhalb der Gesetze verbunden haben und daß solche Vorrechte über Tradition und Gesetz auch wieder »erblich« wurden. Durch die Sonderrechte von »privilegierten« Klassen wurde somit das allgemein notwendige Ordnungsprinzip durch Gesetze sehr wesentlich kompliziert und auch erschwert.

Weitere interessante Ordnungen sind jene, die wir »Sitte« und »Brauch« nennen. Sie stellen Gewohnheiten der Gemeinschaft dar, die über den Weg der Erziehung den Kindern aufgeprägt werden. Diese »Lebensregeln« sind in den verschiedenen Weltteilen sehr verschieden und beziehen sich hauptsächlich auf Geburt, Brutpflege, Paarung und Tod. Im weiteren betreffen sie die Art, wie man ißt, wohnt und anderen begegnet, wie man grüßt, spricht, wie man sich in dieser und jener Situation verhält und was man unterläßt. Die entsprechenden Steuerungsrezepte wurden manchmal schriftlich niedergelegt, meist aber werden sie durch Vormachen und Sprache von einem Gehirn auf das nächstfolgende übertragen. Als Richter, im Fall von Übertretungen dieser Regeln, fungiert die Gemeinschaft selbst, als »Strafe« dienen gesellschaftliche Sanktionen. Wie in jedem zur Gewohnheit eingeschliffenen Muster verbinden sich auch mit diesen Gewohnheiten der Gemeinschaften entsprechende »Appetenzen«. Die Gemeinschaft hält zäh an ihnen fest – wird sie von außen an deren Ausübung gehindert, dann führt das zu entsprechender Unruhe.

Durch die wachsende Organisiertheit der Welt überschnitten sich diese Muster immer mehr; manche führten andere ad absurdum; neue, die sich über größere Räume ausdehnten, bildeten sich. Was zu Beschränkung führt, wird heute bevorzugt abgebaut; was sich mit Lustgefühlen verbindet, wird beibehalten und möglichst noch verstärkt.

Die dauerhaftesten Ordnungen, zu denen der Mensch überhaupt gelangt ist – und die geheimnisvollsten zugleich –, sind die Religionen. Die Tatsache, daß sich diese Daseinslehren in so großer Zahl entfalteten, ist ein Beweis dafür, daß der Mensch sie offenbar brauchte. Da sie in außersinnlichen Vorstellungen verankert sind – wir werden darüber noch sprechen –, entziehen sie sich jeder praktischen Überprüfung. Das ist wohl mit ein Grund dafür, warum der Mensch an ihnen so besonders starr festhielt.

Ist dem Menschen ein Trieb zur Ordnung angeboren? Das »In-Ordnung-Halten« wurde bei uns erst aktuell, als wir künstliche Organe in größerer Zahl zu verwenden begannen – also kaum zehntausend Jahre zurück. Es ist nicht zu erwarten, daß sich in dieser – biologisch gesehen – kurzen Zeit ein Triebverhalten unseren veränderten Bedürfnissen hätte anpassen können. Ein Drang zu geordneter Bewegung – also zur Bildung von Rezepten für zielhafte Bewegungsabläufe – ist dagegen schon beim Kind zu beobachten. Das ist es ja gerade, was die Kinder in ihren Konstruktionsspielen anstreben, was ihnen bei der Schaffung jedes erfolgreichen Bewegungsmusters Gefühle der Freude und des Triumphes schenkt. Beim Erwachsenen bleibt ein solcher Drang deutlich bestehen – er macht uns überhaupt erst zum Menschen. Alle konstruktive Arbeit, alles Schöpferische im Menschen ist ein Bestreben, zielführende Bewegungen auszuführen und zielführende Raumstrukturen zu schaffen. Aus dieser Quelle stammen die Glücks- und Zufriedenheitsgefühle, die sich mit jeder erfolgreichen Arbeit verbinden. Koordiniertes Zusammenwirken hat für uns auch etwas Anziehendes – man denke an den Eindruck, den ein Ballett oder ein in tadelloser Disziplin vorbeimarschierendes Regiment auf uns macht. Und auch räumliche Ordnung zieht den Menschen an – sie erfreut uns in der Symmetrie und Regelmäßigkeit von Gebäuden und in der geordneten Aufstellung von Menschen bei feierlichen Anlässen und Zeremonien. All das spricht dafür, daß das Erkennen und Anstreben von geordneten raum-zeitlichen Komplexen bereits erblich in uns verankert ist – sei es als ein echter Trieb (vielleicht eng mit dem Neugiertrieb verbunden) oder als eine uns angeborene Lerndisposition.

Ordnung – das notwendige Rezept für jede Form von Leistung – verbindet unsere höchsten menschlichen Errungenschaften mit jeder erfolgreichen Entfaltung des Lebensprozesses, ja sogar mit dessen allererstem Anfang. Die ersten »lebenden« Moleküle waren in sich selbst eine »räumliche Ordnung«, die einen ganz bestimmten Vorgang, also eine »zeitliche Ordnung«, bewirkte. Im weiteren Verlauf kam es dann – wie die heute noch lebenden einfachsten Organismen deutlich zeigen – zu einer Arbeitsteilung zwischen einzelnen Bestandteilen: zur Herausbildung von »Funktionsträgern«. Dabei entstanden auch Steuerungsrezepte, die die Organismen befähigten, sich zu »vermehren« – also weitere identische Ordnungen aufzubauen. Durch Zusammenbleiben solcher Lebenseinheiten – der »Zellen« – kam es dann zur Bildung von arbeitsteiligen Einheiten höherer Integrationsstufe. Das Rezept zur Ausbildung dieser »vielzelligen« Körper blieb nach wie vor die gleiche Einheit – das »Erbrezept« –, dagegen entstand eine neue spezialisierte Einheit zur Steuerung der Bewegungen: das Zentralnervensystem. Zwei Möglichkeiten gab es nun: entweder das »Verhalten« des Lebewesens wurde durch *angeborene* Aktions- und Reaktionsnormen gelenkt, oder das Individuum mußte sie jeweils erst im Verlauf seiner individuellen Auseinandersetzung mit der Umwelt aufbauen. Instinktgesteuerte Tiere eigneten sich besser als »Spezialisten« – Lerntiere dagegen waren anpassungsfähiger. Dem Lernwesen Mensch glückte es auf Grund verschiedener günstiger Voraussetzungen, auch die Begrenztheit seiner natürlichen Organe zu überwinden: er erweiterte seine Macht durch künstliche Funktionsträger. Diese sind nicht mehr mit seinem Körper verwachsen, erfordern aber eine entsprechende Steuerung – und die Rezepte dafür verblieben zunächst im Gehirn. Bei der Zusammenarbeit von mehreren Menschen verteilen sich diese Rezepte dann über die beteiligten Gehirne – und die künstlichen Organe verloren ihre klare Zugehörigkeit zum Individuum. Bei weiterem Anwachsen löste sich in diesen »Organisationen« das Steuerungsrezept vom einzelnen Gehirn los – in Gestalt von geschriebenen oder gezeichneten Vorschriften, deren Ausführung auch wieder von spezialisierten Einheiten wahrgenommen wird. Es entwickelten sich also überindividuelle Leistungskörper, die gegenüber den Tieren und Pflanzen wesentliche Verschiedenheit zeigen: Ihre Teile sind nicht mehr zusammengewachsen, sie bestehen weitgehend aus ganz anderem Material und kommen auch ganz anders zustande. *Trotzdem setzt sich aber auch in ihnen noch das gleiche Prinzip fort.* Ihre »Ordnung« ergibt sich jeweils aus der notwendigen Leistung.

7.
Die Sprache der Hände

Filmt man Hände, dann sieht man, wie viele überflüssige und sinnlose Bewegungen diese Greiforgane ausführen. Besonders wenn der Mensch spricht, zeigen seine Hände ein Eigenleben, als wären sie Lebewesen für sich. Sie beschäftigen sich – so scheint es – mit der Luft. Sie greifen in diese Luft hinein, halten sie fest, kneten sie, oder sie boxen gegen die Luft, schlagen sie zur Seite oder durchbohren sie mit dem Finger. Was hat das zu bedeuten? Zwischen all den sinnvollen Handlungen die unsere Hände ausführen, stören diese unordentlichen Bewegungen gleichsam das Bild.
Analysiert man diese Bewegungen genauer, dann stößt man auf ein in der Evolution sehr wichtiges Prinzip. Aus Ungeordnetem kann – ohne jede bewußte Absicht – Geordnetes entstehen. Auch ganz zufällige Begleiterscheinungen können für ein Lebewesen bedeutsam werden, können zu einer »Funktion« und damit zu einer »Zweckmäßigkeit« gelangen. Dann bewirkt die natürliche Auslese ganz von selbst, daß sich Verstärkungen dieses neuen Merkmales durchsetzen. Aus Zufälligem wird – eine neue »Ordnung«.
Die menschliche Gestik ist dafür ein gutes Beispiel. Sie geht vielfach auf ganz sinnlose Bewegungen zurück, wie wir sie noch bei jedem erregten Menschen beobachten können. Ähnlich den Gesichtsbewegungen wurden sie zu Signalen, die dann durch Ritualisierung noch verdeutlicht und vereinfacht wurden. Zum guten Teil werden sie traditionell weitergegeben, also gelernt, doch gibt es wahrscheinlich auch viele, die bereits zu erblicher Fixierung gelangt sind oder als »Lerndispositionen« vorliegen. Das *Erkennen* dieser Signale wird wiederum vielfach erworben, dürfte jedoch zum Teil gleichfalls bereits durch erbliche festliegende Nervenstrukturen (AAM) erfolgen.
Unwillkürliche Handbewegungen – denen noch kein besonderer Signalwert zukommt – filmte ich bei Menschen in verschiedenen Er-

regungszuständen: bei wartenden Personen in Bahnhofshallen oder auf Flugplätzen; bei Liebespaaren, die ihre Hemmungen noch nicht überwunden haben; und überhaupt bei ungeduldigen, unentschlossenen oder auch ärgerlichen Menschen. Man kann dann sehen, wie die Hände miteinander spielen, wie sie einander festhalten, pressen und streicheln. Oder eine Hand macht sich selbständig, wandert hinauf zum Hals und zum Gesicht, streichelt das Kinn, spielt an der Nase oder mit den Ohren; die Finger kratzen zwischen den Kopfhaaren oder in den Augenwinkeln; oder ein einzelner Finger stochert mit dem Nagel zwischen den Zähnen oder dringt in eines der Nasenlöcher vor... Vom Standpunkt der Verhaltensforschung sind das meist »Übersprungsbewegungen«, wie sie auch Tiere in ganz analoger Weise ausführen. Ein Erregungszustand löst Handlungen aus, die im gegebenen Zusammenhang sinnlos sind. Auch wenn der Wartende nach der Zeitung greift, sich eine Zigarette anzündet oder sich ein Getränk bestellt, geht es nicht eigentlich um Lesen, Rauchen oder Trinken, sondern um das Bedürfnis, irgend etwas zu tun. Sich ruhig zu verhalten fällt dem Menschen schwer, *besonders wenn er sich in einer Konfliktsituation befindet.*

Unter diesen Bewegungen der Erregung gibt es nun auch solche, die bereits Näheres darüber verraten, was der betreffende Mensch gerade tun möchte. So filmte ich etwa in Cuzco einen auf einer Bank sitzenden Priester, der nicht recht wußte, ob er noch länger sitzen bleiben oder aber aufstehen sollte. In der verschnellten Aufnahme kam das deutlich zum Ausdruck. Mehrfach gingen kurze Ansätze zu einer Aufstehbewegung durch seinen Körper. Daß solche »Intentionsbewegungen« auch bei den Tieren weit verbreitet sind, wurde bereits besprochen. Beim Menschen gibt es dafür zahlreiche Beispiele. Ist jemand hungrig, dann kann man das bereits an gewissen Mundbewegungen erkennen. Ist er zornig oder angriffslustig gestimmt, dann ballen sich bereits seine Fäuste. Da wir normalerweise unsere Aufmerksamkeit den Gesichtsbewegungen zuwenden – mit den Augen als Zentrum –, achten wir kaum auf die nicht minder ausdrucksvoll-aufschlußreichen Handbewegungen.

Eine sehr ursprüngliche Intentionsbewegung ist das leichte Öffnen und Vorzucken der Hand, wenn man schon gerne nach etwas greifen möchte. Besonders bei Kindern ist diese Bewegung häufig zu beobachten. Die Handfläche wendet sich nach oben, als wollte sie etwas empfangen. Aus dieser Bewegung entwickelte sich höchstwahrscheinlich die menschliche Bettelbewegung, die auf der ganzen Welt verwendet und auch überall verstanden wird. Die nach oben weisende vorgestreckte Handfläche ist ein sehr leicht verständliches Signal für: »Gib mir bitte!« Bei Bettlern wird dann – vereinfacht – die Hand ruhig gehalten, was jedoch die Signalkraft der Geste keineswegs vermindert. Bei bettelnden Negerkindern filmte ich, wie das Schwesterchen dem kleinen Brüderchen die Hand führt und es so zum Betteln anleitet. Dies würde dafür sprechen, daß diese Geste erworben wird; trotzdem ist wahrscheinlich, daß hier zumindest eine angeborene Lerndisposition vorliegt. Denn unsere nächsten Affenverwandten – die Schimpansen – verwenden diese Geste ebenfalls.

Sie zeigen sie interessanterweise in einer noch mehr übertragenen Bedeutung. Wie auch Jane Goodall beobachten konnte, wurde bei ihnen die Bettelbewegung zu einer Bitte um Erlaubnis und Bestätigung. Will etwa ein rangniederes Tier von einer Banane fressen und ein ranghöheres ist in der Nähe, dann streckt jenes diesem ranghöheren die Hand hin – mit nach oben gehaltener Handfläche. Dieses erteilt dann die Zustimmung, indem es seine Hand – mit nach unten weisender Fläche – auf die bittende Hand legt. Erst dann wagt das rangniedere Tier, die Banane zu ergreifen. Eine weitere Anwendung dieses Signals beobachtete Jane Goodall bei Schimpansenweibchen, wenn sie ihr Neugeborenes – das sie allein zur Welt bringen – in die Gruppe »einführen«. Recht ängstlich führt die Mutter ihr Kleines zu den verschiedenen Hordengenossen hin und »stellt es ihnen vor«, wobei sie die Hand in eben dieser bittenden Geste vorstreckt. Erst wenn sie die entsprechende Antwortgeste als Zeichen der Zustimmung erhalten hat, zeigt sie sich beruhigt. Das Junge ist dann formell in die Herde aufgenommen.

Eine andere Geste des Menschen, die eindeutig aus einer Intentionsbewegung hervorging, ist das Vorstoßen der geöffneten Hand als ein Signal für »Halt! Komm nicht näher!«. Diese Bewegung zeigt deutlich die Absicht des Zurückstoßens und dürfte ebenfalls erblich fixiert sein. Auch taubblinde Kinder zeigen diese Geste, obwohl sie sie bestimmt nicht erlernt haben können. Das entgegengesetzte Zeichen für »Komm näher!« in Form einer heranholenden Bewegung entspringt der Intention des Heranziehens.

Unter den von Eibl studierten Grußformen ist das Heben und Vorzeigen der Handfläche ein sehr ursprüngliches Signal für freundliche Gesinnung. Diese Geste hat mit dem Signal für »Halt!« Ähnlichkeit, ist jedoch von diesem eindeutig zu unterscheiden. Bei »Halt!« wird die Handfläche heftig vorgestoßen; beim Handgruß dagegen wird der Arm ruhig gehoben und die leere Handfläche vorgewiesen – als ein deutliches Zeichen dafür, daß man unbewaffnet ist oder die Waffe weggelegt hat; daß man also keine feindlichen Absichten hegt. Wie schon erwähnt, haben sich ähnliche Grußformen auch bei Tieren entwickelt. Albatrosse etwa grüßen, indem sie ihren Schnabel steil zum Himmel empor-, also vom Begrüßten wegrichten. Das Einrammen des Speeres in den Boden ist ein menschlicher Gruß, dem die gleiche Grundbedeutung innewohnt, ebenso auch das Ablegen von Waffen vor Eintritt in eine Hütte. Das Abnehmen des Hutes – als moderne Grußform – wird vom Abnehmen des Helmes hergeleitet; die Bewegung des Salutierens soll sich aus dem Hochklappen des Visiers entwickelt haben; und das Präsentieren des Gewehres ist wohl als symbolisches Anbieten der eigenen Waffe zu werten. Diese letztgenannten Grußformen sind durchwegs traditionell entstanden, und das gleiche gilt auch für das in den kommunistischen Ländern übliche Zeigen der Faust – ein Drohgruß, der eine gemeinsame Front gegen Dritte zum Ausdruck bringt.

Wie erklärt sich nun das Falten der Hände – als weitverbreitete Geste des Gebetes und in Siam als Zeichen des Grußes? Man hat diese Haltung als eine ritualisierte Unterwerfungsgeste gedeutet, bei der man die unbewaffneten und zusammengefalteten Hände vorstreckt, um sie vom anderen fesseln zu lassen. Betende Pilger, die ich in Benares filmte, hoben die gefalteten Hände auch höher – was dann wieder an die Bettelbewegung erinnert und somit aus der Intention des Greifens abzuleiten wäre. Schließlich werden manchmal auch die Finger verschränkt, und die Geste geht dann in ein Händeringen über. Wie Eibl vermutet, wäre dies ein ritualisiertes Greifen nach Hilfe, ein Suchen nach Schutz. So wie sich das Kind an der Mutter festklammern will, so umklammern hier die beiden Hände – da es nichts zu fassen gibt – einander gegenseitig. Das Falten der Hände mag somit auf verschiedene Wurzeln zurückgehen.

Andere Gesten, die ich bei den Hindus festhielt, sind durchwegs konventionell – werden also durch Tradition weitergegeben. Das Klopfen gegen die eigene Brust ist ein Symbol für das Schlagen des eigenen Körpers, für Reue. Das Untertauchen in das heilige Wasser des Ganges bedeutet ein Reinwaschen, ebenso auch das Begießen mit diesem Wasser, das Benetzen der Augen und anderer Kopfteile sowie das Trinken dieses Wassers. Eine interessante Folge von Aufnahmen konnte ich von Schöpfbewegungen festhalten, wie sie von den am Ufer knienden Gläubigen ausgeführt werden. Manche schöpften mit den hohlen Händen Wasser und hoben es in einer Betbewegung zum Himmel empor – wohl als ein Zeichen der Verehrung. Andere führten – ebenfalls mit aufwärts gerichteten und gewölbten Handflächen – eine etwas kleinere Bewegung aus, wobei sie nur noch mit dem Handrücken das Wasser berührten. Und bei wieder anderen hatte sich das Zeichen bereits völlig vom Wasser gelöst; sie bewegten die nach oben weisenden Handflächen nur noch geringfügig und rhythmisch in der Luft. Hier läßt sich das Fortschreiten traditioneller Ritualisierung gut verfolgen.

Manche Gesten können sich auf diese Art von ihrer ursprünglichen Bedeutung so weit entfernen, daß man ihre Herkunft schließlich nicht mehr erkennt. Wenn der fromme Shintoist bei seinem Gebet im Tempel die Hände zusammenschlägt, dann darf man vermuten, daß er durch dieses Geräusch Gott auf sich und sein Gebet aufmerksam macht. Dreht sich der im Wasser stehende betende Hindu nach den vier Himmelsrichtungen, dann ist es wahrscheinlich, daß dies mit dort wohnenden Göttern zu tun hat. Schlägt dagegen der Christ das Kreuzzeichen, dann ist die Kenntnis eines beinahe zweitausend Jahre weit zurückliegenden Ereignisses notwendig, um den Ursprung dieser Bewegung zu verstehen. Solche symbolische Gesten haben sich in verschiedenen Ritualen entwickelt – und ähnliche Bewegungen gibt es auch in manchen Tänzen. Sie leiten zu beliebig erfundenen Verständigungsgesten über – wie etwa in der Taubstummensprache und in der Signalsprache der Seefahrer.

Eine sicherlich erblich beeinflußte Geste ist das Neigen des Kopfes zum Zeichen der Unterwerfung. Analoge Bewegungen finden wir auch bei manchen Demutsgesten von Tieren, durch die der Unterlegene beim Sieger eine entsprechende Hemmung auslöst. Entweder wird die empfindlichste Körperstelle dargeboten – so hält der

unterlegene Wolf dem Sieger den ungeschützten Hals hin; oder die dem Drohen entgegengesetzte Bewegung wird ausgeführt – das Tier legt sich flach vor dem Sieger auf den Boden. Beim Menschen verbinden sich beide Elemente: die Antithese zur Imponierstellung und das Darbieten einer besonders gefährdeten Stelle – des ungeschützten Hinterhauptes. Daß dies bei uns, wenn auch nur mehr andeutungsweise, auch heute eine entsprechende Hemmung auslöst, kann man durch Selbstbeobachtung feststellen. Das Größermachen und Aufblähen ist auch beim Menschen ein allgemein verwendetes Mittel, um den Gegner einzuschüchtern; man kann es schon bei kleinen Jungen deutlich beobachten. Solange die menschliche Abstammung nicht bekannt war, konnte man dies als eine belanglose Ähnlichkeit auffassen, so aber drückt sich darin eine auf Grund analoger Voraussetzungen entstandene Signalbewegung aus. Für die entgegengesetzte Haltung, unsere Demutstellung, gilt dasselbe. Aus ihr ging dann im weiteren Verlauf – und zwar in konventioneller Ritualisierung – das grüßende Verbeugen hervor, das schließlich nur noch durch ein ganz leichtes Senken des Kopfes angedeutet wird.
Eine Frage, die mich besonders beschäftigte, war die Herkunft des weitverbreiteten Kopfnickens als Zeichen für »Ja« und des Kopfschüttelns als Zeichen für »Nein«. Es gibt hier auch Ausnahmen: So bejahen die Ceylonesen durch ein rhythmisches Hin- und Herschaukeln des Kopfes, und bei Italienern filmten wir ein Heben und leichtes Zurückbeugen des Kopfes für Nein. Darwin nahm an, daß das Kopfschütteln aus der Bewegung des Ablehnens von Nahrung beim Kleinkind hervorgegangen ist und daß unser Nicken – als deutlich entgegengesetztes Zeichen – ursprünglich die Bereitschaft, Nahrung anzunehmen (wobei der Kopf vorgeneigt würde), zum Ausdruck gebracht hat. Unsere Aufnahmen legten mir jedoch eine etwas andere Ableitung nahe.
Daß das Kopfschütteln in der Ablehnbewegung des Kindes seinen Ursprung hat, dürfte wohl kaum zu bezweifeln sein. Es ist ein ritualisiertes Wegwenden nach links und rechts – wobei noch die Abschüttelbewegung des Ekels hinzukommen mag. Beim Ja dagegen glaube ich, daß es sich um eine Intention des Kopfneigens – also um eine ritualisierte Unterwerfungsgeste handelt. Bei verschnellten Aufnahmen von höflich sich verneigenden Japanern kam fast genau

die gleiche nickende Bewegung heraus. Im Laufe der menschlichen Entwicklungsgeschichte könnte eine ähnliche Veränderung erfolgt sein, wie sie uns hier die künstliche Veränderung der Zeit vor Augen führte. Ebenso wie die Wegwendebewegungen im Nein entsprechend verkürzt, verschnellt und wiederholt ausgeführt sind, könnte es auch beim Ja zu einer entsprechenden Verkürzung, Verschnellung und Wiederholung der Demutsbewegung gekommen sein. Indem man ja sagt, unterwirft man sich der Meinung, dem Vorschlag oder der Vorschrift eines anderen. Der sinngemäße Übergang wäre somit ebenfalls gegeben.
Auch die schüttelnde Handbewegung als weiteres Zeichen für nein ist bei verschiedenen Völkern verbreitet. Wie schon Darwin vermutete, dürfte sie sich als eine analoge Bewegung aus dem Kopfschütteln ableiten. Eine weitere, sehr ursprüngliche Geste ist das Führen der Hand zum Mund bei Erstaunen. Der Mensch öffnet den Mund und zieht reflexhaft Luft ein – und die hochgeführte Hand schirmt die Öffnung ab. Es ist das bestimmt nicht bloß ein Zeichen guter Erziehung, sondern eine ganz unwillkürlich instinktive Bewegung. Auch bei der Reaktion des Erschreckens und der Angst wird Luft eingezogen, und die Hand zeigt dann dieselbe Tendenz.
Eine Handbewegung beim Sprechen, die wir an ganz verschiedenen Plätzen mehrmals filmten, ist das Zusammenlegen der Spitzen des Zeigefingers und des Daumens (derselben Hand) zur Unterstreichung der Darlegung eines Argumentes. Meist bewegt sich die Hand dabei erregt hin und her, und die Geste endet oft damit, daß sich die Handfläche plötzlich zum Gesprächspartner hin öffnet. Für gewöhnlich unterstreicht das den Abschluß der Aussage; es darf wohl als symbolisches Eröffnen eines Gedankens, als »Hinreichen« eines Tatbestandes gewertet werden. Die gleiche Geste filmte ich auch bei einem tanzenden Mädchen auf Samoa, doch wurde sie hier mit beiden Händen gleichzeitig und rhythmisch wiederholt ausgeführt. Die Grundbedeutung dürfte auch hier die gleiche gewesen sein – ein symbolisches Eröffnen und Hinreichen des eigenen Wesens, der eigenen Lebensfreude, der eigenen Reize.
Sehr häufig ist in Gesprächen das Zeigen mit dem Finger zu beobachten – eine Bewegung, die schon das Kleinkind im Krabbelstadium ausführt. Zunächst besteht die Geste darin, daß die Fingerspitze auf Objekte gelegt wird, auf die ein anderer aufmerksam ge-

macht werden soll. Ist dann das Objekt in einiger Entfernung, dann bezeichnet die Fingerspitze die entsprechende Richtung. Im Gespräch wird nun – in übertragener Bedeutung – auch auf eine Behauptung gezeigt, die man gerade ausspricht; auf einen Einwand, der hervorgehoben werden soll; auf eine Tatsache, auf die man »hinweist«. Ein solches Zeigen mit dem Finger kann sich auch auf künftige oder schon vergangene Ereignisse beziehen. Zeigt ein Mensch im Gespräch auf den eigenen Kopf, dann heißt das, daß er selbst – oder ein anderer – dumm oder gescheit war. Der in drohender Anklage erhobene Zeigefinger zeigt warnend auf eine bestimmte Absicht. Das Zeigen im Befehl hat ähnliche Bedeutung – oder bezeichnet das Objekt des Befehls. Und im hochritualisierten siamesischen Tanz hat dieses Zeigen – in Verbindung mit einer Drehung der Hand – die Bedeutung einer Herausforderung zum Kampf gewonnen.

Ganz ursprüngliche Formen der Gestik zeigten uns Aufnahmen, die wir in Europa und in Japan von Schauspielern gemacht hatten. Neben den Handbewegungen interessierten uns hier die nicht minder ausdrucksvollen Gesten des Kopfes und des ganzen Körpers. Der Schauspieler muß Vorstellungen und Gefühle ja über eine beträchtliche Distanz hinweg vermitteln, und dazu bedient er sich gewisser Ausdrucksbewegungen, die auch im normalen Leben ausgeführt werden, die er jedoch noch unterstreicht.

Woraus sich die Bewegung des Kokettierens bei Mädchen zusammensetzt, führten uns Schauspielerinnen besonders deutlich vor Augen. Das verlegene Wegwenden besagt: »Ich bin scheu und laufe davon.« Und der zurückgeworfene Blick und ein entsprechendes Lächeln besagen: »Ich habe aber nichts dagegen, wenn du mir nachläufst!« Aus diesem Wechselspiel dieser beiden ritualisierten Elemente – verschämte Abwendung und verstohlene Aufforderung – baut sich ein auf den Geschlechtspartner wirkender Signalreiz auf, der bestimmt nicht erst erlernt wird und den zweifellos auch der Mann angeborenermaßen versteht.

Erregung – um wieder zum Ausgangspunkt dieses Kapitels zurückzukommen – führt zu unruhigen Bewegungen verschiedenster Art und wird auch auf der Bühne so dargestellt. Eine besonders weitgehende Ritualisierung fanden wir bei den Schauspielern des klassischen Kabuki-Theaters in Tokio, deren »Spiel« weitgehend in traditionell festgelegten Bewegungsmustern abläuft. Die weiblichen Rollen werden hier ebenfalls von Männern dargestellt.

Die Kabuki-Frau – wie dieser männlich-weibliche Darsteller der Einfachheit halber genannt werden soll – stellt Erregung durch ein leichtes Hin- und Herwackeln mit dem Kopf dar. Dieses Zeichen ist weithin sichtbar und sagt dem Publikum: »Ich bin erregt.« Ob es freudige oder schmerzliche Erregung ist, muß der Zuschauer aus der jeweiligen Situation der Handlung erraten. Das Zeichen für Ungeduld ist ähnlich, jedoch deutlich zu unterscheiden. In einer etwas langsameren und weiteren Amplitude schwingt nun der ganze Oberkörper puppenhaft hin und her. Diese ritualisierte Bewegung ist ebenso einfach wie überzeugend. Bei einer Samoanerin filmte ich fast genau das gleiche Schwingen im natürlichen Leben. Ein deutliches Kokettieren ist dem japanischen Mädchen – nach klassischer Tradition – nicht gestattet. Die Hand muß das Lächeln verdecken, und nur ein leichtes Hinneigen des Kopfes und die Richtung des verstohlenen Blickes dürfen erraten lassen, wohin das heimliche Interesse gerichtet ist. Weinen wird von der Kabuki-Frau durch Schaukeln des Kopfes dargestellt, verbunden mit einer ritualisierten Bewegung des Abwischens der Tränen – und genau die gleiche Geste fanden wir auch im siamesischen Tanz. Das Aufstampfen mit dem Fuß, als Zeichen für Zorn, ist eine uralte menschliche Ausdrucksbewegung, die aus der Intention des den Angriff einleitenden Schrittes hervorging. Ähnliche Bewegungen gibt es auch bei Tieren. Am Kabuki-Theater ist diese Geste für die weibliche Rolle nicht erlaubt. Ebenso darf die Kabuki-Frau auch Müdigkeit nicht durch Gähnen darstellen – es kam hier statt dessen zur Entwicklung einer hochritualisierten und wieder sehr einfachen und überzeugenden Geste: Die Hand wird flach unter die Wange gebracht, der Kopf neigt sich und bewegt sich leicht hin und her. So versinnbildlicht die Hand das Kopfkissen, auf dem dieser Kopf gern ruhen möchte, und in der Kopfbewegung zeigt sich die Ungeduld, daß dieser so ersehnte Zustand noch nicht da ist. Eine gleichfalls hochritualisierte Geste wurde zum Audruck für Eifersucht. Die Kabuki-Frau wendet den Kopf etwas zur Seite, führt den Zipfel ihres Tüchleins in den Mund, beißt in diesen Zipfel (während sie mit beiden Händen das Tuch abwärts spannt), richtet den Blick auf das Objekt der Eifersucht und schwingt mit dem Kopf hin und her. Das

Beißen in den Tuchzipfel – das wir bereits auf alten Stichen von Kabuki-Darstellern fanden – stellt eine umorientierte Drohbewegung dar. Der Biß gilt im Grund nicht dem Tuch, sondern einem verhaßten Menschen. Solche und ähnliche Signale sind bereits eine konventionelle Geheimsprache zwischen Schauspielern und Publikum. Nimmt die Kabuki-Frau den Tuchzipfel in den Mund, dann weiß – allerdings nur in diesem Kulturkreis – der Zuschauer: »Aha, sie ist eifersüchtig!«
Der Kabuki-Mann dagegen darf seine Erregung überhaupt nicht durch Körperbewegungen ausdrücken. Nach klassischer Tradition muß der japanische Mann sich beherrschen. Hier wurden ritualisierte Lippenbewegungen zu einem Ausweg. In der Darstellung eines Vaters, dessen Sohn die Familie entehrt hat, hält der prächtig gekleidete und imposant dastehende Schauspieler sich völlig unbeweglich. Nur seine Lippen zucken in einer Art die gelernt sein muß. Als Zeichen von äußerster Wut werden die Lippen noch weiter auseinandergezogen, die Eckzähne werden deutlich entblößt, und die Lippen zucken noch stärker. Ja das ganze Gesicht beginnt jetzt zu zucken, die Augen verdrehen sich – erlaubte Zeichen dafür, daß dieser Mann nun völlig die Beherrschung verliert. Die konvulsivischen Bewegungen eines fassungslosen Schmerzes darf der Kabuki-Mann dagegen ganz offen darstellen. Erst wenn die Tränen kommen, verdeckt er das Gesicht.
Erregt sprechende Personen – das zeigten uns wieder unbeobachtet gefilmte Aufnahmen im natürlichen Leben – benützten viele umorientierte Drohbewegungen zur Unterstreichung ihrer sprachlichen Verständigung. Bei ärgerlichen Personen gelten die Schläge der Arme in die Luft im Grunde genommen der Person, die den Ärger verursacht hat. Ebenso greift der Mensch auch in angeregter Debatte in die Luft – er will so die Aufmerksamkeit des anderen festhalten.
Aufnahmen von Süditalienern zeigten uns deutlich den Übergang von der konkret ausgeführten zur umorientierten Bewegung. Will einer von ihnen des anderen Aufmerksamkeit wecken, dann faßt er ihn häufig am Ärmel und schüttelt ihn, oder er faßt seine Schulter oder den Rockaufschlag. Durch einen solchen körperlichen Kontakt wird noch stärker der eigene Wille übertragen und eine Einschüchterung erzielt. Wagt der Sprechende eine so unmittelbare

Berührung nicht, dann werden die gleichen Bewegungen in die Luft ausgeführt und dienen – weniger stark, doch ebenfalls wirksam – demselben Zweck.

In der Biologie ist es eine schon seit langem erkannte Tatsache, daß die Lebensprozesse – ebenso wie anorganische chemische Reaktionen – bei erhöhter Temperatur entsprechend schneller ablaufen. In der Evolution war dies eine Voraussetzung dafür, daß sich »Warmblüter« entwickelten – Säugetiere und Vögel – und daß diese neue »Einrichtung« sich durchsetzte. Denn Tiere mit »zentraler Heizanlage« wurden besonders in kühleren Gebieten den dort sich nur träge bewegenden Kaltblütern überlegen. Der Mensch steigerte dann diesen Vorteil noch durch Kleider und geheizte Häuser – trotzdem weisen die südlichen Völker einen schnelleren Lebensprozeß auf und gelangen meist früher zur Geschlechtsreife. Daß auch das Temperament in dieser Weise beeinflußt sein kann, zeigten etwa Vergleichsaufnahmen von Gesprächen bei Neapolitanern und Nordnorwegern. Die verschnellten Aufnahmen zeigten deutlich, um wieviel weniger »Luftbewegungen« im Norden ausgeführt werden. Es gibt hier aber auch beträchtliche Abweichungen. So ist der Mensch in extrem heißen Gebieten phlegmatischer als etwa in den Kaltsteppen Asiens. Und auch Erziehung und Tradition spielen hier eine Rolle.

Im Lauf der menschlichen Entwicklungsgeschichte wurden also aus Beiprodukten von Erregungszuständen Signale der Verständigung. Brachte eine an sich sinnlose Bewegung eine bestimmte Stimmung genügend deutlich zum Ausdruck, dann konnten sich entsprechende Erkennungsmechanismen allmählich auf sie einstellen – was dann wieder die Voraussetzung für eine weitere Verstärkung und Ritualisierung dieser Zeichen war. Aus Ungeordnetem entstand dann, wie eingangs schon gesagt, eine neue funktionelle Einheit – also etwas für den Organismus »Zweckmäßiges«.

Nach der von den meisten Biologen heute vertretenen Auffassung verhielt es sich bei der Entstehung *körperlicher* Strukturen sehr ähnlich. Veränderungen in den Erbanlagen führten zu Abweichungen vom Normalen, und solche zunächst ganz sinnlose Bildungen konnten – etwa bei einer Veränderung des Lebensraumes – plötzliche Bedeutung erlangen. Dann bewirkte die Auslese, daß sich »Verbesserungen« dieser Strukturen noch bevorzugt durchsetzen –

und es kam so zur Ausbildung entsprechend spezialisierter Organe. In meinen unbemerkt gefilmten und zeitgerafften Aufnahmen von Menschen bei jeder erdenklichen Tätigkeit, wurde mir mit überwältigender Eindringlichkeit vor Augen geführt, wie wenig wir ohne unsere »artifiziellen Funktionsträger« sind: wie die mit unserem Zellkörper nicht verwachsenen, zusätzlich gebildeten Organe unseren Stellenwert, unser Ansehen, unsere Leistungskraft und unsere Kulturentfaltung bestimmen. Unserem Auge erscheinen sie als etwas Getrenntes, aus Sicht der mannigfachen Leistungen, die sich da so anschaulich vor mir entfalteten, waren *sie* das Wesentliche, die Hauptsache, welche die einzelnen Zellkörper in eine geradezu unabsehbare Vielheit ganz außerordentlich verschiedener Lebensstrukturen verwandelten.

Das »Zweckmäßige« an den Lebewesen ist immer nur im Hinblick auf eine vom Organismus benötigte Funktion »zweckmäßig«. *Zweckmäßigkeit ohne Bezug auf eine zu erbringende Leistung gibt es nicht.* Alles Zweckmäßige – ob in Form oder in Bewegung – ist somit gleichsam ein Spiegelbild. Je nachdem, wohin der Spiegel gerichtet ist, sieht es jeweils ganz anders aus.

8.
Mensch und Vielzeller

Man kennt heute über 1,2 Millionen verschiedene »Arten« von Lebewesen (einschließlich der Pflanzen), darunter allein eine halbe Million Insekten. Jede dieser unzähligen Formen stellt ein arbeitsteiliges System, eine ganz bestimmte Anordnung von funktionellen Einheiten dar. Jede ist zu bestimmten Leistungen fähig – wobei es im wesentlichen immer um das gleiche geht: erstens um den Erwerb von Energie und Stoffen und um deren Umbau in arteigene Struktur; zweitens um die Abwehr von störenden oder feindlichen Kräften.

Um eine gewisse Ordnung in diese ungeheure Vielzahl zu bringen – um sie für unser Gehirn übersichtlicher zu machen –, haben die Naturforscher die Lebewesen in Gruppen zusammengefaßt. Linné, der als erster erfolgreich diese große Aufgabe bewältigte, ging von äußeren und strukturellen Ähnlichkeiten aus. Als dann durch Darwin die Abstammungslehre zum Durchbruch kam – wonach alle heute lebenden Arten Zweige an ein und demselben großen Stammbaum sind –, bemühten sich die Biologen, diese natürliche Verwandtschaft zur Grundlage der Einteilungen zu machen, also entwicklungsgeschichtlich nahe verwandte Arten zusammenzufassen. Das von Linné geschaffene System wurde dadurch in vielen Punkten geändert, und es entstand ein »natürliches System«.

Als erste Haupteinteilung der Organismen trennt man die beiden großen »Reiche« der Tiere und der Pflanzen. Die Art der Energie- und Stoffgewinnung ist bei diesen beiden Gruppen grundsätzlich verschieden.

An der Wurzel freilich überschneiden sich die beiden »Reiche«, eine klare Trennungslinie läßt sich hier nicht ziehen. Manche Einzeller können ebensogut als Tiere wie auch als Pflanzen betrachtet werden und werden daher sowohl von den Zoologen als auch von den Botanikern in ihren Systemen geführt. So gibt es etwa Geißeltierchen, die sowohl assimilieren als auch tierisch Nahrung gewinnen. Der Lebensprozeß spaltete sich, und in jeder dieser beiden Hauptrichtungen ist er dann zu einer ungeheuren Zahl von Organisationstypen gelangt.

Sowohl bei den Tieren als auch bei den Pflanzen kann man als weitere Einteilung Einzeller und Vielzeller unterscheiden – doch auch hier ist die Grenze nicht ganz scharf. Unter den Amöben gibt es Formen, die zeitweise als Einzeller leben und sich dann zu recht komplizierten vielzelligen Körpern zusammenfügen (etwa die Schleimpilze). Sodann bilden einige Geißeltierchen – durch normale Trennung – Kolonien von 16 Zellen, die fest miteinander verbunden bleiben. Und bei anderen Geißeltierchen bilden Hunderte von Zellen eine Kugel, wobei es bereits zu einer Arbeitsteilung unter den einzelnen Zellen kommt. Nachdem jedoch die Vielzeller aus den Einzellern hervorgegangen sind, ist es nur natürlich, daß solche Übergangsformen auftraten. Einige von diesen pflanzten sich bis auf den heutigen Tag fort und geben uns so die Möglichkeit, den Weg der damaligen Entwicklung auch heute noch zu sehen.

Das »Reich« der tierischen Organismen wird von den Zoologen (im Gegensatz zu den Botanikern, die keine solche Unterscheidung treffen) in die beiden »Unterreiche« der Protozoen (Einzeller) und der Metazoen (Vielzeller) unterteilt. Die Vielzeller werden nach Hauptmerkmalen des »Bauplanes« ihrer Organisation in ein weiteres Schubladensystem von Kategorien (»Stämme«, »Klassen«, »Ordnungen«, »Familien« usw.) eingereiht. So trennt man etwa als große Gruppen: Schwämme, Hohltiere, Würmer, Gliederfüßer, Weichtiere, Stachelhäuter und Chordatiere. Die letztgenannte Gruppe wird wieder in Untergruppen geteilt, zu denen auch die Säugetiere gehören. Eine verwandtschaftlich zusammengehörige Gruppe unter diesen ist die der Affen. Und in dieser wiederum wird der Mensch als Gattung Homo geführt.

In unserer körperlichen Organisation trennen uns von den Affen nur geringfügige Merkmale. Betrachtet man dagegen den Menschen so, wie es von mir vorgeschlagen wird, *nämlich als ein Wesen, das seine körperliche Organisation durch Hinzufügen von künstlichen Organen erweiterte*, dann sieht die Sache anders aus. Dann ist diese systematische Einreihung nicht mehr gerechtfertigt.

Im Menschen hat der Lebensprozeß ein höheres Organisationsprinzip erreicht, das von den Vielzellern ebenso grundsätzlich verschieden ist wie das Organisationsprinzip der Vielzeller von jenem der Einzeller. In uns gelangte der Lebensprozeß zu einem weiteren, ungeheuer bedeutsamen Fortschritt. Dem Lebewesen »Mensch« gelang es, seinen vom Erbrezept aufgebauten und miteinander verwachsenen Organen weitere hinzuzufügen, die nicht mehr aus körpereigenem Material bestehen müssen und die er auch ablegen, vertauschen und oft sogar mit körperfremder Energie betreiben kann. *So kann sich dasselbe Individuum in ganz verschieden organisierte Leistungskörper verwandeln.* Ein Jäger mit Fernglas und Gewehr ist ein ganz anderes spezialisiertes Organisationsgefüge als ein mit Boot und Netzen ausfahrender Fischer. Und im Verlauf der weiteren Herausbildung spezialisierter Erwerbsformen – von denen anschließend die Rede sein soll – ist ein Schuster ein völlig anderer Organisationskörper als etwa ein Rechtsanwalt oder ein Zahnarzt.
Der nackte menschliche Körper ist nur noch der Ausgangspunkt zur Bildung dieser aus viel mehr funktionellen Einheiten zusammengesetzten Leistungsgebilde – *ähnlich auch wie die Keimzelle der Vielzeller nur Ausgangspunkt zur Bildung größerer Leistungskörper ist.*
Man wird deshalb der Besonderheit der hier erfolgten Weiterentwicklung nicht gerecht, wenn man nur dieses Zentralstück – eben den nackten menschlichen Körper – zum Vergleich und zur Klassifizierung heranzieht. Der *gesamte* Erwerbskörper des Berufstätigen ist das den Körpern der Organismen Vergleichbare.
Funktionell läßt sich der Übergang vom vielzelligen Tier zum »Berufsmenschen« sehr klar formulieren, denn er beruht auf einer entscheidenden Funktionsänderung. Bis herauf zu den höchsten Vielzellern war es immer Sache des Erbrezeptes, die einzelnen Organe aufzubauen. Beim Menschen übernahm nun das Zentralnervensystem – bisher nur für die Steuerung der Organe zuständig – die zusätzliche Aufgabe, weitere Organe zu bilden, deren zweckmäßigen Einsatz es ebenfalls wieder lenkt. Diese Funktionsübernahme und die sich daraus ergebenden strukturellen Änderungen erwiesen sich in ihren Auswirkungen als so bedeutend, daß mir eine radikale Abtrennung der menschlichen Organisationstypen gerechtfertigt erscheint. Unter Berücksichtigung der künstlichen Organe ist es nur folgerichtig, die vom Menschen gebildeten Leistungskörper neben

den Einzellern und den Vielzellern in einen dritten »Unterstamm« einzureihen, in dem die zahlreichen Gruppen der menschlichen Erwerbsformen zu unterscheiden sind. Vom Standpunkt der fortschreitenden Machtentfaltung des Lebensprozesses aus scheint mir diese Einteilung angemessener, als wenn wir den Menschen – unter Vernachlässigung seiner leistungsmäßigen Besonderheit – zu den Affen zählen, aus denen er wohl hervorging, von denen er sich jedoch – was seine Verhaltensstruktur betrifft – ungeheuer weit entfernt hat. Wie sehen nun die einzelnen »Erwerbsformen« aus, die den Menschen zu so gesteigerter Machtentfaltung führten? Genauer: Wie sieht die Struktur und das Verhalten dieser »Erwerbskörper« aus? Und welches ist im einzelnen ihre »Existenzgrundlage«? Das ist genau die gleiche Fragestellung, die der Biologe auch gegenüber allen übrigen Organismen anwendet. Immer ist das zentrale Problem: Wie gewinnt dieser »Käfer« oder jene »Alge« die für die Lebensentfaltung nötigen Mengen an Energie und Stoffen – also die von ihnen benötigte »Nahrung« im weitesten Sinn? Und weiter: Wie ist die jeweilige körperliche Organisation und das artspezifische Verhalten von diesem zentralen Hauptproblem her zu verstehen? Wenden wir nun diese Fragestellung auch auf die spezialisierten Erwerbskörper an, die der Mensch in seinen verschiedenen Berufsformen bildet, dann sehen wir als erste Stufe solche, die den tierischen Organismen noch sehr ähnlich sind. Der eben genannte Jäger und der Fischer sind dafür gute Beispiele. Beide Erwerbstypen sind bereits mit künstlichen Organen ausgestattet und ebenso auch mit entsprechenden Erwerb-Koordinationen, um diese Organe sinnvoll einzusetzen. Das Ergebnis ihrer Anstrengungen ist ebenso »Nahrung« wie bei irgendeinem Tier – nur gelingt es diesen Menschen, durch die spezialisierte Ausweitung ihres Körpers den Ertrag wesentlich zu steigern und die damit verbundene Anstrengung zu verringern (Vgl. Band 2 u. 3).
Die zweite Stufe sind Erwerbsformen, in denen sich die Intelligenz des Menschen noch deutlicher manifestiert. Zum Beispiel: der Ackerbauer und der Viehzüchter. In der freien Natur konnte normalerweise jedes Areal nur soundso viele Individuen eines bestimmten Organisationstyps – also einer bestimmten Tier- oder Pflanzen-»Art« – ernähren. Unsere Vorfahren, die Affen und Urmenschen, waren davon genauso betroffen wie jedes andere Lebe-

wesen. Die Affen lebten von Früchten, Pflanzenteilen und kleinerem Getier, der Urmensch dehnte seine Jagd auch auf größere Tiere aus. Die Idee, alle nicht eßbaren Pflanzen eines Areals zu eliminieren und statt dessen als Nahrung geeignete Pflanzen künstlich zu kultivieren, erscheint uns heute recht selbstverständlich, bedeutete aber einen wahrhaft gigantischen Fortschritt. Denn dasselbe Areal konnte auf diese Weise weit mehr Individuen ernähren. Und bei der Viehzucht war es genauso. In demselben Gebiet konnte auf diese Art weit mehr Beute erzielt werden – und außerdem fielen noch die Schwierigkeiten des Erjagens weg.

Der größte Geistesblitz aber war ein anderer. Wie wir gesehen haben, kam der Mensch zur Bildung von weit größeren Gemeinschaften, als dies seiner ererbten Anlage, in Rudeln zu leben, entsprach. In diesen größeren Gruppen kam es dann zu einer Arbeitsteilung, wodurch sich der eine auf dies und der andere auf jenes spezialisieren konnte. Bei der Bedeutung, welche die künstlichen Organe gewannen, kam es im weiteren dahin, daß einige in der Gemeinschaft sich auch auf deren Herstellung spezialisierten. Durch Tausch dieser »Produkte« konnte nun gleichfalls Nahrung erworben werden. Das erscheint heute ebenfalls selbstverständlich. In der Tat liegt hier aber eine ganz besondere Intelligenzleistung vor, die einer näheren Betrachtung wert ist.

Schon der Ackerbau erforderte einen Überblick über Ursachen und Wirkungen, die mehr als ein halbes Jahr auseinanderliegen. Die Intelligenzleistung bestand hier in dem Begreifen, daß durch eine Tätigkeit, die zunächst keine Nahrung hervorbrachte – nämlich Roden, Aufgraben und so weiter –, zu einem späteren Zeitpunkt sehr wohl Nahrung gewonnen werden konnte. Und bei der Viehzucht war es genauso. Hier mußte begriffen werden, daß ein *Nicht*töten eines Tieres zu mehr Nahrung führen kann – ein im Grunde ganz widersinniger Zusammenhang. Das ist die wesentliche Intelligenzleistung, zu der das Gehirn des Affen nicht ausreicht. Wohl kann auch er Ursachen und Wirkungen verknüpfen – aber nur dann, wenn diese räumlich und zeitlich dicht beisammenliegen. Beim Nahrungserwerb durch Herstellung von künstlichen Organen wird nun der Erwerbszusammenhang noch wesentlich komplizierter. Bei einem Schuhmacher zum Beispiel führte keine seiner Berufsbewegungen dazu, Tiere oder Pflanzen zu erbeuten – und dennoch gelangte er durch diese Tätigkeit an Nahrung. Die Verknüpfung von Ursache und Wirkung ist hier durch ein Zwischenglied noch unanschaulicher geworden. Versuche, die Yerkes und Wolfe mit Schimpansen anstellten, haben gezeigt, daß auch Affen dahin gebracht werden können, einen so indirekten Zusammenhang zu begreifen. *Aber selbst produzieren können sie diesen Zusammenhang nicht.*

Wirklich fruchtbar wurde der menschliche »Leistungsaustausch« aber erst durch die weitere Erfindung des Geldes. Erst durch diesen neutralen Vermittler – auch ein »künstliches Organ« – wurde es möglich, jede Leistung in jede andere zu verwandeln und nötigenfalls auch für *eine* eigene Leistung das Ergebnis von *mehreren* Leistungen anderer zu erhalten.

Zur Existenzgrundlage solcher menschlicher »Berufe« wurde somit ein Bedarf von anderen Menschen. Auf diesen Bedarf – den wir heute ganz allgemein »Absatzmarkt« nennen – sind nun die einzelnen menschlichen Erwerbskörper in ihrer Struktur und ihrem Verhalten ebenso ausgerichtet wie die Tiere auf ihre Nahrungsquellen. Und so wie bei den Tieren die Entstehung jeder neuen Art wieder zur Existenzgrundlage für andere Arten wurde (als eine mögliche neue Nahrungsquelle), so wird in der menschlichen Wirtschaft jede neu entstehende Berufsart auch wieder zur Existenzgrundlage für andere. Und ebenso wie jedes Areal nur soundso viele Individuen einer Tier- und Pflanzenart ernähren kann – so kann auch jeder Bezirk einer Großstadt oder eines Landgebietes nur eine ganz bestimmte Zahl von Ärzten oder Schustern oder Gemüsehändlern ernähren. Die menschlichen Erwerbskörper sind somit äußerlich von den tierischen und pflanzlichen Organismen ungeheuer verschieden, unterliegen aber trotzdem ähnlichen Gesetzen. Verschieden ist an ihnen zunächst, daß ihre Teile nicht fest miteinander verbunden sind und daß sie daher auch weit mehr anwachsen können, als das bei Organismen der Fall ist. Ihre künstlichen Organe können beliebig erneuert werden. Die »Fortpflanzung« erfolgt hier auf eine völlig andere und viel einfachere Art. Und sogar die Verwandlung von einem Erwerbskörper in einen anderen ist hier möglich. Anderseits aber stehen auch hier Erwerbskörper, die sich um Erschließung der gleichen Erwerbsquellen bemühen, in erbitterter Konkurrenz. Und auch hier wirkt sich

eine natürliche Auslese dahingehend aus, daß sich die leistungsfähigeren Körper durchsetzen.
Daß der Mensch künstliche Organe nicht nur zum Zweck des Erwerbs, sondern auch zur Erzielung von »Vergnügen« einsetzt, kompliziert das Bild. Diese Tendenz des Menschen, über die wir noch sprechen werden, ist ein weiterer Ausdruck unserer Intelligenz und unseres Fortschrittes. Tiere und Pflanzen können das »Ergebnis ihrer Anstrengung« im wesentlichen nur eben in Vergrößerung oder Vermehrung ihrer Struktur umsetzen – beim Menschen wird auch dieses Prinzip durchbrochen. Er kann den Überschuß seines Erwerbes auch dazu verwenden, sich gezielt *Vergnügen* zu verschaffen – er schuf sich dafür eine Unzahl weiterer künstlicher Organe, die ihn gleichsam wie ein glitzerndes Prachtkleid umgeben. Für das Bestehen und Vorwärtskommen des einzelnen ist jedoch ausschließlich seine *Erwerbs*struktur maßgebend. Sie ist somit zur Beschreibung und Kennzeichnung dieser besonderen Organisationsformen des Lebensprozesses heranzuziehen. Im einzelnen besteht diese Struktur immer erstens aus der berufstätigen Person selbst, zweitens aus der Gesamtheit der für die betreffende Erwerbsform notwendigen künstlichen Organe – seien diese nun im »Eigentum« der Person oder bloß von ihr »gemietet« oder im Rahmen einer bestehenden Gemeinschaft »anteilig verfügbar«. Und drittens muß diese Struktur auch alle für diese Berufsausübung nötigen Steuerungsrezepte umfassen – sie befinden sich im Gehirn der Person, können aber teilweise (als Pläne, Anleitung usw.) auch wieder als vom Körper getrennte Organe vorliegen.
Der Lebensprozeß gelangte über den Menschen aber noch zu einer weiteren Machtsteigerung, zur Bildung von noch komplexeren Strukturen. Verschiedene Menschen mit mannigfachen künstlichen Organen verbanden sich, wie gezeigt, zu Erwerbskörpern von noch höherer Integrationsstufe – so entstanden »Betriebe«, »Unternehmen« und sonstige »Erwerbsorganisationen«. In diesen nimmt der Mensch selbst nur noch die Stellung eines Organes ein, und manche Funktion kann ebensogut von ihm wie auch von einem künstlich geschaffenen Gebilde (Maschine, Apparat) ausgeführt werden. Legen wir auch an diese Organisationstypen den gleichen Maßstab an, dann stellen sie ein weiteres und somit viertes »Unterreich« der Organismen dar.

Diese »Erwerbsorganisationen« – wie ich sie als neue Kategorie zu nennen vorschlage – können sich selbst auch wieder ganz oder teilweise aus anderen Organisationen aufbauen (wie es etwa bei einem Trust oder einem Staatsgebilde der Fall ist). Daraus ergibt sich aber keine Notwendigkeit zu weiteren grundsätzlichen Unterscheidungen. Denn auch wenn die Ineinanderschachtelung noch fortschreitet, wird dadurch kein neues Organisationsprinzip mehr geschaffen. Ist eine Organisation Teil einer anderen, dann ist sie deren Organ – genauso wie ein Mensch oder eine Maschine. Sie ist dann eben auch nur wieder ein Funktionsträger, ein Erfüller von ganz bestimmten Aufgaben innerhalb des arbeitsteiligen Systems. In diese Gruppe gehören somit alle selbständig tätigen *überindividuellen* Erwerbskörper einschließlich der Staatsgebilde – sofern diese eine Organisation zur Erwerbssteigerung darstellen. Übt ein Staat dagegen nur die Funktion des Schutzes nach außen und der Aufrechterhaltung der inneren Ordnung aus, dann ist er ein Gemeinschaftsorgan seiner Bürger.

Der Übergang vom dritten Unterreich der »Berufsmenschen« zum vierten Unterreich der »Erwerbsorganisationen« läßt sich nicht scharf abgrenzen. Hat ein berufstätiger Mensch auch Hilfskräfte – etwa ein Schuster einen Gesellen und einen Laufburschen –, dann sind das künstliche Organe in der morphologischen Struktur seines Berufskörpers. Vergrößert sich aber sein Betrieb zu einer industriellen Schuhfabrikation, dann handelt es sich bereits um einen überindividuellen Leistungskörper, um eine überindividuelle Erwerbsorganisation. Die Frage, wie dort das Ertragsergebnis aufgeteilt wird, ob ein einziger Gewinn und Risiko trägt oder mehrere Teilnehmer in dieser Organisation einen Anteil haben, erscheint mir dabei nicht wesentlich. Wesentlich ist vielmehr das Überindividuelle, das selbst einen Betriebseigner zu einem organisatorischen – und auch vertauschbaren – Bestandteil macht. Diese Überindividualität konstituiert etwas Besonderes, das meines Erachtens die Abtrennung des vierten Unterreiches rechtfertigt. Da es sich auch hier – wie bei allen Einteilungen des »natürlichen« Systems – um eine künstliche Einteilung handelt, die wir – zum Zweck besserer Übersicht und besseren Verstehens – in die Natur hineintragen, darf es nicht stören, wenn keine klare Abgrenzung gelingt. Praktisch wird man einen Berufstätigen, unter dessen künstlichen Organen sich auch menschliche Hilfskräfte befinden, noch so lange in das dritte Unterreich einreihen, als er selbst der leistungsmäßig wirklich dominierende Teil ist. Fügen sich dagegen immer mehr spezialisierte Menschen zu einem Leistungskörper zusammen, in dem jeder einschließlich des zentralen Organisators nur noch einen beschränkten Beitrag zur Gesamtleistung erbringt, dann handelt es sich bereits um ein andersartiges und höher integriertes Leistungsgebilde.

Der Übergang vom Vielzeller zum Berufsmenschen ist dagegen wesentlich klarer. Er ergibt sich nicht nur aus der schon besprochenen Übernahme der Organbildung durch das Zentralnervensystem, sondern ist noch durch eine weitere, nicht minder bedeutsame Funktionsänderung gekennzeichnet. Bei allen Vielzellern war für jeden evolutionären Fortschritt, also für jeden »Artenwandel«, immer das Erbrezept maßgebend. Nur Änderungen in diesem Rezept konnten zu erblichen Veränderungen und Verbesserungen führen. Eine Einrichtung, die das Zustandekommen solcher Verbesserungen förderte, war die geschlechtliche Paarung. Durch sie wurden Erbrezepte miteinander vermischt, und zufällig (durch Mutationen) aufgetretene Erbänderungen wurden mannigfach kombiniert. Die Chance, daß so auch eine leistungsfähigere Struktur zustande kam, wurde dadurch noch größer. Beim Organisationstyp »Mensch« trat auch hier ein bedeutungsvoller Wandel auf. Das Zentralnervensystem übernahm nun auch die Funktion der Evolutionsförderung. *Auf Grund unserer Intelligenz verbessern wir Menschen uns selbst.* Wir gelangten zur Verbesserung unseres Körpers – und geben die Rezepte für die so entwickelten neuen Strukturen auch direkt (über Sprache und Schrift) an andere Individuen weiter. Der ganze mühevolle Apparat der Vermischung von Erbfaktoren in der Zweigeschlechtlichkeit war von da an überholt. Das Tempo der möglichen Verbesserung – im Sinne von »Anpassung« und Machtsteigerung – wurde so sicherlich um ein Hunderttausendfaches erhöht. Diese Entwicklung hatte sich innerhalb der Vielzeller bereits bei den Lerntieren angebahnt, als deren Zentralnervensystem in zunehmendem Maße die Schaffung von Verhaltensrezepten übernahm. Dadurch wurde jedoch immer nur das Verhalten betroffen – nicht die körperliche Struktur. Im Menschen wurde dann plötzlich der Punkt erreicht, wo sich das

Zentralnervensystem auch in die Belange des körperlichen Aufbaues und der körperlichen Verbesserung einmischte. Es entwarf den *Aufbau* und die *Anfügung* von zusätzlichen Funktionsträgern, lenkte deren Herstellung und Erprobung und übernahm auch die Funktion der *Weitergabe ihrer Aufbau- und Verwendungsrezepte.* So konnten nun auch durch Erfahrung geschaffene Körperstrukturen weitergegeben werden. Sogar die Notwendigkeit zu einer *aktiven* Fortpflanzung – bisher untrennbar an den Lebensprozeß geknüpft – konnte jetzt wegfallen. Denn die vom Menschen gestalteten Erwerbskörper können auch von anderen Menschen *nachgemacht* werden – dann pflanzt sich ein Erwerbskörper ohne den geringsten eigenen Energieeinsatz fort. Der Trennungsstrich zwischen den zahlreichen Organisationstypen der Vielzeller und den noch weit erfolgreicheren Erwerbskörpern der Berufsmenschen und Erwerbsorganisationen ist somit sehr klar; er ist durch mehrere grunsätzliche Funktionsänderungen gekennzeichnet. Lediglich unser Körper als solcher verblieb unter der Zuständigkeit des Erbrezeptes. *Was dagegen unsere eigentliche körperliche Besonderheit ausmacht, ging in die Zuständigkeit des Zentralnervensystems über* (Vgl. Band 2, Anhang II).
Der Begriff »Art« wurde ursprünglich am Merkmal der geschlechtlichen Fortpflanzung fixiert. Man zählte alle jene Individuen zur gleichen Art, die sich paaren konnten und fruchtbare Nachkommen hervorbrachten. Später ergaben sich jedoch bei manchen Einteilungen Schwierigkeiten, und man ging deshalb dazu über, als Art jeweils solche Individuen zusammenzufassen, die in wesentlichen Konstruktionsmerkmalen übereinstimmen und verwandtschaftlich zusammengehören. Die in diesem Kapitel vorgeschlagene Einteilung der vom Lebensprozeß hervorgebrachten Leistungskörper führt diese Betrachtungsweise noch um ein Stück weiter. Da der Lebensprozeß sowohl die Geschlechtlichkeit als auch die Notwendigkeit einer *aktiven* Fortpflanzung überwunden hat, ist es nicht mehr gerechtfertigt, die vom Lebensprozeß erreichten Konstruktionstypen grundsätzlich an diese Eigenschaften zu fixieren. Bis zu den Affen herauf mag dies noch zweckmäßig sein, vom Berufsmenschen an ändern sich die Voraussetzungen wesentlich. Hier läßt sich die Art nur noch definieren als: *eine raum-zeitliche Ordnung, die gegenüber einer bestimmten Umweltsi-*

tuation Lebensfähigkeit und somit Zweckmäßigkeit hat. Der Artbegriff – wie überhaupt sehr viele menschliche Begriffe – ist eine vom Menschen geschaffene Kategorie, die wir künstlich in der Natur errichten. Die jeweilige Abgrenzung hat somit auf jeden Fall nur *praktischen* Wert – ist jedoch keineswegs von der Natur her gegeben.

9.
Prägung und Freiheit

Als Beherrscher dieses Planeten steht der Mensch heute zwei Hauptproblemen gegenüber. Erstens: Wie läßt es sich vermeiden, daß der Mensch sich mit seinen immer besseren Waffen selbst vernichtet? Wie kann man eine für alle Menschen einigermaßen gerechte und stabile Gesamtordnung schaffen? Zweitens: Was soll der Mensch mit seiner Machtstellung, mit seinem Leben, mit seinen Möglichkeiten praktisch anfangen? Wonach soll er sich ausrichten, welcher Lebensmaxime soll er sich schließlich unterordnen?

Jede dieser beiden Fragen führt zu einer dritten Frage, die zuallererst beantwortet werden muß und der wir uns nun zuwenden: Können wir überhaupt wollen, was wir wollen? Eine Marionette bewegt sich, weil sie an Schnüren gezogen wird. Die Tiere werden – symbolisch gesprochen – vielfach ebenfalls »an Schnüren gezogen«. Bestimmte von ihrem Erbrezept aufgebaute Nervenstrukturen diktieren weitgehend, wie ihr Leben abläuft. Wir Menschen stehen hoch über den Tieren und sind – als einzige Lebewesen – befähigt, uns »ich-bewußt« selbst zu betrachten und zu beurteilen. Wie sieht es nun aber mit unserer eigenen Handlungsfreiheit aus? Hängen auch wir an unsichtbaren Schnüren? Und wenn ja: Wie sehen diese »Schnüre« aus?

Da ist zunächst die lange Periode, in der der Mensch heranreift, in der er die für sein Leben notwendigen Fähigkeiten erwirbt. Bei unseren Verwandten, den höheren Wirbeltieren, die gleich uns noch nicht »fertig« zur Welt kommen, gibt es bestimmte »sensible Perioden«, in denen späteres Verhalten festgelegt wird. Und zwar endgültig. Es formt sich dann eine Struktur im Gehirn, die für das weitere Leben bestimmte Handlungen und Reaktionen fixiert. Sieht das junge Gänslein in seinen ersten Lebenstagen statt der Mutter einen roten Luftballon, dann folgt es weiterhin »in unbedingtem Gehorsam« nur noch roten Luftballonen. Prägt man einen jungen Hahn in der für sein sexuelles Verhalten sensiblen Periode auf Enten, dann lassen ihn im weiteren Leben die Hennen kalt, und er stolziert ins Wasser, um Entendamen anzubalzen. Und prägt man junge Nachtigallen auf den Gesang von Schwarzplättchen, dann singen sie später, wenn ihre Gesangsfähigkeit heranreift, wie Schwarzplättchen. Gibt es beim Menschen ähnliche Erscheinungen?

In den ersten Lebenswochen nimmt das Kind nur wenige Sinneseindrücke wahr. Die Augen sind zwar schon ziemlich fertig, aber das Gehirn vermag ihre Meldungen noch nicht zu verarbeiten. Auch die Mutter tritt in dieser Zeit noch kaum in sein Bewußtsein. Auf Grund von angeborenen Aktions- und Reaktionsnormen vermag das Kind die Brust zu finden und an ihr zu saugen, im übrigen schläft es bis über zwanzig Stunden am Tag. Erst im zweiten Monat beginnt es allmählich zu »erwachen«. Sein erstes »Begreifen« erfolgt in des Wortes ursprünglichster Bedeutung mit den Händen. In dieser Zeit erkennt das Kind die Mutter und beginnt sie von anderen Menschen zu unterscheiden. Es erfährt – im natürlichen Verlauf der Dinge –, daß dieser Bestandteil der Umwelt freundlich und fürsorglich ist, daß er Schutz, Trost und Nahrung spendet, daß bei ihm durch entsprechendes Verhalten verläßlich bestimmte Antworten auszulösen sind. Im Kind wächst in dieser Zeit eine positive Grundeinstellung – zur Umwelt und zum Leben –, die Erikson als »Urvertrauen« bezeichnet hat.

Dieses Urvertrauen stellt einen Grundpfeiler für die menschliche Persönlichkeit dar. Bildet es sich nicht, dann kann es offenbar auch später nicht mehr erworben werden. Untersuchungen in Säuglingsheimen und Findelhäusern haben gezeigt, daß das zweite Lebenshalbjahr für die Bildung dieses »Urvertrauens« entscheidend ist. In dieser Zeit bedarf das Kind eines bestimmten persönlichen Kontaktes, der bei ihm zu einem Gefühl der Geborgenheit führt. Wenn der Volksmund sagt, das »Kind braucht Liebe«, dann ist das richtig – aber nur zum Teil. Worauf es ankommt, ist: das Kind braucht einen Partner, an den es sich seelisch anschließen kann. In den Heimen fehlt den Kindern eine solche persönliche Beziehung. Die Schwestern wechseln oder gehen auf Urlaub – so wird ein vielleicht schon angebahnter Kontakt wieder unterbrochen. Für die Kinder bedeutet das einen Schock. Wie Spitz und Bowlby feststellten, hören die Kinder schließlich mit ihrer Kontaktsuche auf, verfallen in einen Zustand der Apathie, und ein beträchtlicher Prozentsatz stirbt sogar. Bleiben sie am Leben, dann zeigen sie später schwere seelische Störungen, die kaum mehr zu beseitigen sind. Statt eines »Urvertrauens« hat sich dann ein »Urmißtrauen« gebildet. Das Tändeln, Liebkosen und Zärtlichsein ist somit nicht ein Luxus, den man dem Kind bietet, sondern eine Reizsituation, die das Kind unbedingt braucht. Verliert ein Kind seine Eltern, dann ist es von entscheidender Wichtigkeit, daß es möglichst schnell einen geeigneten Ersatz bekommt. Die Mutter ist der natürliche Partner – aber auch jeder andere Mensch kann dem Kind ebensogut bieten, was es in dieser Periode braucht.

Bei den meisten Naturvölkern – aber auch bei Kulturvölkern wie etwa den Japanern – tragen die Mütter ihre Kinder in einem Tragtuch am Rücken. Dieser unmittelbare Kontakt ist für das Kind zweifellos der am meisten befriedigende Zustand. Man hört solche Rückenkinder kaum weinen. Erst wenn sie weggelegt werden, schreien sie. Das ist eine durchaus natürliche, zweifellos angeborene Reaktion, die sich aus unserer früheren Vergangenheit erklärt. Hatte beim Urmenschen ein Kind den schützenden Kontakt mit seiner Mutter verloren, dann war es den Raubtieren ausgesetzt. Rufe, als Auslöser für die Mutter, den Kontakt wiederherzustellen, waren daher von arterhaltender Bedeutung. Auch das Affenjunge wird von der Mutter umhergetragen und besitzt in seinem »Klammerreflex« ein ausgezeichnetes Mittel, um sich sofort nach der Geburt am Fell der Mutter festzuhalten. Beim Menschenkind – besonders bei Frühgeburten – ist dieser Reflex noch nachweisbar. Bringt man die Hände des Neugeborenen an eine gespannte Wäscheleine, dann klammert es sich mit solcher Kraft daran fest, daß es sein eigenes Gewicht trägt. Es baumelt dann frei in der Luft.

In Europa und anderen zivilisierten Weltteilen wird der Säugling in die Wiege oder in den Kinderwagen gelegt – und schreit häufig. Dieses Schreien ist jedoch unter den gegebenen Umständen natürlich, muß also durchaus nicht Krankheit oder Bösartigkeit ausdrücken. Der Schnuller ist hier eine passende und zweckmäßige Einrichtung. Er ist eine Attrappe für die Mutterbrust, die dem angeborenen Mechanismus im Gehirn des Kindes die Nähe der Mutter vortäuscht. Auch das Schaukeln hat diese Wirkung, die freilich noch stärker ist, wenn man das Kind auf den Arm nimmt. Der Volksmund meint, es sei für das Kind und dessen Disziplinierung nicht schlecht, wenn man es gelegentlich schreien ließe. Dies mag nicht so unrichtig sein. Wie Eibl vermutet, könnte die kritischere und unabhängigere Grundeinstellung des Europäers zum Teil darauf beruhen, daß hier die Kinder schon früh von der Mutter getrennt aufgezogen werden. Eine mäßige Abschwächung des »Urvertrauens« mag somit für die Erfordernisse des heutigen Lebens gar nicht unzweckmäßig sein.

Als nächstes geht das Kind dazu über, auf dem Boden umherzukrabbeln und die nähere Umwelt aktiv zu erforschen. Wieder geht das »Begreifen« durch Tasten der weit schwierigeren Bewertung der Umwelt durch die Augen voran. Mit den Händen werden die Dinge auf ihre Beschaffenheit untersucht; im Anfang wird noch alles an den Mund geführt. Erst allmählich reift die Fähigkeit, sich von den Gegenständen zu »distanzieren«, sie in immer neuen explorativen »Angriffen« zu erkunden. Wie die Psychologen sagen, wird dann jedes Ding durch »alle Sinne gezogen«. Das Kind gewinnt Erfahrung bezüglich seiner Umwelt und Einblick in die Verknüpfung von Ursachen und Wirkungen. Die ersten Spiele sind »destruktiver« Natur. Das Kind wirft Gegenstände um, zerreißt sie, zerlegt sie, zerbricht sie. Es ist ein Fehler, wenn die Eltern darin etwas Negatives erblicken oder das Kind gar dafür bestrafen. Durch dieses angeborene und bei jedem Kind deutliche Verhalten gewinnt das heranreifende Wesen Erfahrung über die Beschaffenheit des jeweiligen »Materials«. Es ist dies die natürliche Vorstufe für das spätere Konstruktionsspiel. Durch Umwerfen, Zerreißen, Zerlegen, Zerbrechen, Beschmutzen werden wichtige und grundsätzliche Erfahrungen gewonnen.

Ungefähr im dritten Halbjahr kommt dann oft plötzlich der Moment, da das Kind in die Phase des Konstruktionsspiels übergeht. Der von der Mutter aus Klötzchen errichtete Turm wird – um ein Beispiel zu nennen – plötzlich nicht mehr umgeworfen. Vielmehr beginnt das Kind, die Klötzchen nach seinem Willen anzuordnen und selbst kleine Bauwerke zu errichten. Ein mehr verinnerlichtes Experimentieren setzt jetzt ein, dem auch schon Überlegungen parallel gehen. Hand in Hand damit entwickelt sich auch schon die Fähigkeit des »kontemplativen Genießens«. Das Kind gewinnt Freude an der Betrachtung eines Bildes, an den Klängen einer von ihm gedrehten Spieldose. Das eigentlich Menschenhafte beginnt sich jetzt zu entfalten. Das Kind beginnt zu erleben, zu gestalten – und gewinnt Freude daran. Man hat in Kindergärten oft den Fehler gemacht, die Kinder – um sie zur Ordnung zu erziehen – am Tagesende ihr begonnenes »Bauwerk« abreißen und alles wieder ordentlich verstauen zu lassen. Das ist in dieser Zeit nicht richtig. Denn das Kind setzt sich jetzt seine ersten Ziele, und es ist wichtig, daß es diese bis zu Ende verfolgt. Nach Ansicht von Kinderpsychologen wird in dieser Zeit die spätere Arbeitshaltung wesentlich beeinflußt. Stört man das Kind in der Verfolgung seiner konstruktiven Spiele, dann kann sich das im späteren Leben in einer mangelnden Bereitschaft oder Fähigkeit äußern, Aufgaben konsequent zu Ende zu führen.

Parallel zu diesem Experimentieren mit Dingen geht auch ein solches mit der eigenen Bewegungsfähigkeit. Einem angebotenen Trieb folgend, lernt das Kind zu gehen und erprobt sich dann weiter im Klettern, Hüpfen, Balancieren, Auf-einem-Bein-Stehen und so weiter. Ebenso wie bei den Jungen der übrigen »Lernwesen« wird auch hier jede nur erdenkliche Bewegung erprobt – es ist ein »Lernen auf Vorrat«. Dabei tendiert das Mädchen angeborenermaßen zur Puppe, der Junge mehr zum Klettern, Balgen und zu Jagdspielen. Beide Geschlechter bauen »Häuser« und spielen »Familie«. Es gab Zeiten, da man versuchte, die Kinder möglichst sittsam zu erziehen und tunlichst zu vermeiden, daß sie sich etwa beschmutzen oder gar gefährdeten. Inzwischen hat man längst erkannt, daß das falsch ist. Im Spiel bereitet sich das Kind auf das Leben vor, und zu starke Einschränkungen können dazu führen, daß es zu keiner Bildung der für das spätere Leben so wichtigen Initiative kommt.

Von nicht geringer Bedeutung sind auch die für die Eltern so unerfreulichen »Trotzperioden«, die nach heutiger Ansicht mit Phasen beschleunigten Wachstums zusammenfallen. Schon gegen Anfang des dritten Jahres entdeckt das Kind die Macht seines Willens und beginnt zu experimentieren. Es wendet sich nun auch gegen die Anweisungen der Eltern und erprobt so die Möglichkeiten, nein zu sagen. Analoge Perioden gibt es dann auch später, etwa um das fünfte und das zwölfte Jahr; sie sind alle für die Persönlichkeitsbildung sehr wesentlich. Denn in diesen Abschnitten formt sich der individuelle, unabhängige Wille. Weder eine zu sehr einschränkende noch eine zu nachgiebige Haltung der Eltern ist jetzt am Platz. Um sich richtig zu entfalten, muß das Kind ebenso lernen, recht zu behalten, wie auch, sich unterzuordnen. In den Trotzperioden sucht das Kind geradezu nach Widerständen, sucht herauszufinden, wie weit es gehen kann und wo ihm ein Nein den Weg versperrt. Fehlt dieses Nein, dann kann das im späteren Leben zu ebenso ernsten Störungen führen, wie wenn man sein Ja, die Entfaltung seines persönlichen und »egoistischen« Willens, unterbindet.

Freud, dessen großes Verdienst es war, die Bedeutung der sensiblen Phasen in der Kindesentwicklung erkannt zu haben, nannte den zwischen dem dritten und fünften Lebensjahr liegenden, besonders wichtigen Zeitabschnitt »ödipale Periode«. In dieser Phase wird beim Kind das spätere sexuelle Verhalten entscheidend beeinflußt, ja festgelegt. Das Kind zeigt nun die Bereitschaft, sich mit seiner späteren Geschlechtsrolle zu identifizieren, und es verwendet dabei die Eltern als Übungsobjekt für das spätere partnerschaftliche Verhalten. Der Knabe wird besonders zärtlich und anschmiegsam zur Mutter und nimmt sich dabei den Vater zum Vorbild. Das Mädchen wieder kokettiert mit dem Vater und übernimmt so die Rolle der Mutter. Wenn der elterliche Partner sich nun zu wenig oder zu sehr entgegenkommend zeigt, dann kann das – so konnten die Psychoanalytiker an vielen Fällen nachweisen – zu schweren Störungen im späteren sexuellen Verhalten führen. Ebenso schädigend ist es aber auch, wenn das Kind sich mit dem gleichgeschlechtlichen Elternteil nicht identifizieren kann. Klagt etwa die Mutter ständig über ihr Frauenlos, dann kann das dem Mädchen eine falsche Geschlechtsrolle aufprägen. Oder ist etwa der Vater ein chronischer Säufer, dann kann das beim Sohn zu entsprechenden »Identifikationsstörungen« führen. Nach Ansicht der Psychoanalytiker hat die männliche oder weibliche Homosexualität weitgehend in Erlebnissen während dieser Periode ihre Wurzel. Das aber bedeutet nicht mehr und nicht weniger, als daß die Eltern durch ihr Verhalten das spätere sexuelle Verhalten ihrer Kinder weitgehend bestimmen.

Eine weitere kritische Phase – besonders für die Jungen – setzt zwischen dem neunten und zehnten Lebensjahr ein und erstreckt sich über die Pubertät. Jetzt tritt der heranwachsende Mensch aus dem engeren Familienrahmen heraus und sucht Anschluß an die größere Gemeinschaft. Er wird jetzt bereit, patriotische, religiöse und weltanschauliche Ideen zu seinen eigenen zu machen, und sucht nach Vorbildern. In dieser Phase entscheidet es sich, ob der Mensch die ethischen Konzepte der Gesellschaft, in der er heranwuchs, zu seinen eigenen macht, oder ob er sich gegen sie auflehnt. Wie stark Fixierungen in dieser Phase sein können, sieht man an Menschen, die in betont weltanschaulicher Ausrichtung erzogen wurden. Sie können sich im späteren Leben – auch bei entgegengesetzten Erfahrungen – kaum oder nur sehr schwer über die in der Jugend in ihnen verankerten Grundkonzepte hinwegsetzen. Die Mädchen sind von dieser Entwicklung weniger betroffen, da sie – entsprechend ihrer biologischen Rolle als zukünftige Mütter – weit stärker auf die Familiengemeinschaft ausgerichtet bleiben. Beim Mann dagegen festigen sich jetzt Überzeugungen, die die spätere Urteilsbildung beeinflussen, ja einschränken. Sie werden für ihn zu einem Fundament, auf dem sich dann weitere Wertungen aufbauen.

Sind nun diese Vorgänge in der Kindesentwicklung mit den Phänomenen der tierischen Prägung identisch oder vergleichbar? Hess wie auch Lorenz, die die genauen Kriterien für die tierische Prägung festlegten, sehen in der »Irreversibilität« dieses Vorganges ein entscheidendes Merkmal. Der Verhaltensforscher bezeichnet demnach nur solche Fixierungen als »Prägung«, die sich im späteren Leben des Tieres nicht mehr verändern lassen, die also nicht mehr »umkehrbar« sind. Nun hat sich aber in der Biologie gezeigt, daß der Lebensprozeß nur selten wirklich scharfe Begriffsabgrenzungen zuläßt und daß fast immer entsprechende »Übergänge« und »Ausnahmen« auftreten. Es könnte sich also herausstellen, daß auch beim Tier die Irreversibilität nicht ein wirklich unabdingbares Merkmal darstellt.

Wieweit beim Menschen solche Fixierungen in der Kindesentwicklung »irreversibel« sind oder nicht, ist noch nicht genügend erforscht. Bei schweren Störungen im Urvertrauen, in der Formung von Initiative und Willen sowie im sexuellen Bereich dürften sie tatsächlich nicht mehr ganz zu korrigieren sein. Bei unserer besonderen Fähigkeit, Verhaltensrezepte bewußt zu bilden und auch unsere Triebe unter Kontrolle zu nehmen, ist jedoch zu erwarten, daß wir in gewissem Umfang auch gegen die Folgen solcher Fixierungen ankämpfen können, daß sie also beim Menschen nicht grundsätzlich irreversibel sind. Die ganze Psychoanalyse als Heilmethode beruht schließlich darauf, solche in der Kindesentwicklung aufgetretene psychische Fehlbildungen nachträglich noch zu beheben. Ob wir also den Vorgang beim Menschen »Prägung« nennen oder – in Hinblick auf die in der Ethologie getroffene Begriffsabgrenzung – lieber eine andere Bezeichnung verwenden, ist ein mehr akademisches und somit sekundäres Problem. Jedenfalls steht fest, daß es sowohl bei den Lerntieren als auch beim Menschen Entwicklungsprobleme gibt, in denen das Individuum nach bestimmten Reizkombinationen sucht – und je nachdem, wie diese ausfallen, bildet sich eine entsprechende Verhaltensstruktur. Freud und seine Schüler entdeckten diese sensiblen Perioden zu einer Zeit, da über tierische Prägung noch kaum etwas bekannt war, und die tierische Prägung wurde wiederum völlig unabhängig von der Psychoanalyse entdeckt. Wenn man trotzdem hier wie dort zu ganz analogen Erkenntnissen gelangte, dann spricht dies sehr dafür, daß es sich bei Mensch und Tier jedenfalls um ein eng verwandtes Phänomen handelt.

Die erste Antwort auf unsere Frage: Können wir überhaupt wollen, was wir wollen?, lautet somit: Das, was wir im weitesten Sinne als unser »Wollen« bezeichnen, wird durch Vorgänge während unserer Kindesentwicklung wesentlich beeinflußt. So, wie die fehlerhafte Ausbildung einer Hand, des Herzens oder eines anderen Organs das Verhalten eines Menschen zwangsläufig beeinträchtigt, führt auch die gestörte Formung bestimmter Strukturen der Bewegungssteuerung zu entsprechenden Begrenzungen. Bestimmte Handlungen sind dann in der Ausführung behindert, Entscheidungen sind bereits im voraus eingeengt, Reaktionen in einer bestimmten Richtung festgelegt. Jedes der unzähligen Steuerungsrezepte, die das Gehirn im Lauf des Lebens für jede Handlung immer wieder neu aufbauen muß, bildet sich im Rahmen einer feststehenden Organisation. Ist diese von vornherein gestört, dann kann dies auch die Bildung der allereinfachsten Rezepte beeinträchtigen. Jeder der laufenden Bewertungen, »Entschlüsse« und Bewegungen kann dadurch beeinflußt werden. Voraussetzung für die grundsätzliche »Freiheit« des Menschen ist demnach ein ungestörter, in ganz bestimmter Weise geformter Gehirnapparat.

Aus dieser Erkenntnis ergeben sich schwerwiegende Konsequenzen. Die erste ist naheliegend und besagt: Die Eltern müssen auf diese sensiblen Perioden in der Entwicklung ihrer Kinder aufmerksam gemacht werden. Daß weiters Forschungen auf diesem Gebiet von allergrößter Bedeutung sind, versteht sich von selbst. Wenn die Ausbildung wichtiger Verhaltensstrukturen von an sich geringfügigen und deshalb leicht zu schaffenden Umweltsituationen abhängt, dann ist es sicher wichtig, diese aufzuklären. Die meisten Psychoanalytiker gehen – auf Grund von klinischen Erfahrungen – in ihren Vermutungen darüber, was in der früheren Kindesentwicklung alles gestört werden kann, noch wesentlich weiter, als hier dargelegt wurde.

In den USA hat man diesen Gesichtspunkten bereits Rechnung getragen. In keinem anderen Land haben sich vermutlich die Mütter so genau an die Anweisungen ihrer fachwissenschaftlichen Erziehungsberater gehalten wie dort. Um so wichtiger ist es, darauf hinzuweisen, daß sich in den USA in weiten Kreisen ein Erziehungskonzept durchgesetzt hat, das mit den Ergebnissen der Verhaltensforschung nicht vereinbar ist.

In ihrem gemeinsamen Buch »Frustration and Aggression« stellten die Psychoanalytiker Dollard, Miller, Doob, Mowrer und Sears 1939 die These auf, daß jede Aggression immer das Ergebnis einer »Frustration« sei, daß die gegen Mitmenschen gerichteten aggressiven Tendenzen und Akte ihren Ursprung immer in einer Behinderung beziehungsweise Vereitelung irgendwelcher Wünsche oder Handlungen hätten. Die natürliche Konsequenz aus dieser Lehre war, daß man die »bösartigen« Tendenzen des Menschen beseitigen könne, indem man ihre Ursache – eben die Frustration – beseitige. Auf die Erziehung angewandt hieß das, daß man die Kinder zur Gutartigkeit und Nichtaggressivität hinleiten könne, indem man sie nicht frustriert, also die Erfüllung ihrer Wünsche nicht behindert. Dementsprechend läßt man besonders in den angelsächsischen Bevölkerungsteilen der USA den Kindern viel mehr angehen als in Europa. Man widerspricht ihnen möglichst wenig, um ja keine Frustration und damit automatisch psychische Störungen herbeizuführen. Dollard und seine Mitarbeiter gingen zwar aus der Schule Freuds hervor, stellten sich jedoch mit dieser These eher gegen die Freudsche Lehre. Denn Freud sah in der Aggression einen durchaus autochthonen Trieb und vertrat die Ansicht, daß Triebe sich ausleben müßten.

Wenn sich die Frustrationstheorie trotzdem schnell durchsetzte und sehr verbreitete Anwendung fand, so lag das wohl daran, daß sie zu bereits bestehenden Ansichten gut paßte. Das Ideal der »Freiheit« wurde in diesem Land von jeher an die Spitze aller Ideale gestellt, und auch in der Kindererziehung wurde es zur Maxime. In diesem Sinne setzte sich bereits um die Jahrhundertwende Stanlay Hall für eine besonders freie kindliche Entwicklung ein, und John Dewey, ein anderer großer Pädagoge, führte diese Richtung dann weiter. Schlagworte wie »Vom Kinde aus« und »Wachsen lassen« wurden zu pädagogischen Idealen. Man forderte für das Kind »Selfexpression« – eine möglichst ungehemmte Entfaltung seiner Persönlichkeit. Die These von Dollard und seinen Mitarbeitern paßte vorzüglich in diese Entwicklung – und sie paßte auch gut zu der Lehrmeinung der in den USA einflußreichen Psychologenschule der »Behavioristen«. Diese lehnen angeborene Triebe ab und treten dafür ein, daß praktisch jedes menschliche Verhalten das Ergebnis von Erziehung sei. Wäre nun die Frustrationstheorie richtig, dann müßte die in den USA verbreitete Erziehungsform der Nichtfrustration zu einem Absinken der Aggressivität geführt haben. Die Statistiken lassen jedoch kein solches Ergebnis erkennen. Was Verbrechen und Gewalttaten betrifft, so liegen die USA durchaus nicht unter dem Durchschnitt der europäischen Länder. Und im Berufsleben zeigt der Amerikaner eine Härte und Rücksichtslosigkeit, die jedem Europäer auffällt.

Nach den Ergebnissen der Verhaltensforschung ist bei den Tieren Aggression nicht allein eine Folge von Umweltreizen, sondern ein echter Trieb, der sich nicht wegerziehen läßt. Und alles spricht dafür, daß es auch beim Menschen nicht anders ist. Dieser Trieb läßt sich – wie jeder andere – durch vermindertes Ausleben wohl abschwächen, aber nicht beseitigen. Wenn man den Kindern jeden Widerspruch schuldig bleibt, dann kann dies also nur zu halben Resultaten führen – ist jedoch, wie schon ausgeführt, auf der anderen Seite sogar ein Fehler, denn das Kind braucht auch das sich entgegenstellende Nein – *braucht also Frustration*. Nur so wird es auf die späteren Grenzen, die ihm im Rahmen der Gesellschaft gesetzt sind, vorbereitet. Fehlt dieser Widerstand, dann fehlt dem Kind

Lernen über Nachmachen ist eine geistige Leistung, zu der außer dem Menschen nur die höchsten Säugetiere (etwa Affen, Wölfe, Katzen) fähig sind. Eltern haben das angeborene Bedürfnis, ihre Kinder zu unterweisen. Vorführen und Nachmachen sind angeborene Triebe, welche die menschliche Höherentwicklung entscheidend beeinflußten.

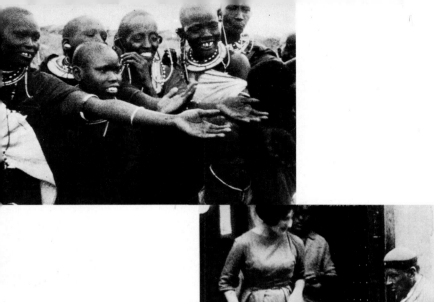

Die unwillkürliche Ausdrucksbewegung, nach etwas zu greifen, wurde traditionell zum überall verstandenen Signal für »Gib mir!«. Das zweite Bild zeigt fortschreitende Ritualisierung: die gleiche Aufforderung wird durch unbewegtes Vorhalten der geöffneten Hand vermittelt (blinder Bettler). Beim kleinen Kind hat das Signal besonders starke Wirkung; deshalb bedient sich im dritten Bild das ältere Kind der Hand des Jüngeren.

Die unwillkürliche Ausdrucksbewegung, etwas mit dem Finger zu berühren, wurde zum Signal für »Dort!«. Wir zeigen auf unseren Kopf, um Aufmerksamkeit auf eine Idee zu lenken. Im Gespräch zeigen wir unter Umständen auf ganz abstrakte Dinge – etwa auf eine Behauptung. Im siamesischen Tanz erhielt das Zeigen in weiterer Abstraktion die Bedeutung der Forderung zum Kampf.

Hindus bei ihren Gebeten am Ganges: Eine Schöpfbewegung symbolisiert das Darbieten des heiligen Wassers an eine Gottheit. Der Pilger im zweiten Bild berührt bei gleicher Bewegung kaum noch das Wasser. Im dritten Bild hat sich die Geste bereits völlig vom ursprünglichen Medium gelöst. Gegenüber: Rituelle Bewegungen, deren ursprüngliche Bedeutung kaum noch zu erraten sind.

Die Unmöglichkeit, einem Trieb nachzukommen oder eine Absicht zu verwirklichen, führt zu »aufgestauter Erregung« die »Übersprungsbewegungen« nach sich zieht. Kratzen, Nasebohren, Zahnstochern – aber auch Rauchen und Trinken können so zum Notventil werden. Auch das sind überall in der Welt anzutreffende angeborene Verhaltensweisen.

Wenn eine Schauspielerin am klassischen Kabuki Theater in Tokio in den Zipfel ihres Tüchleins beißt und dabei mit dem Kopf wackelt, dann weiß das Publikum, daß sie eifersüchtig ist. In diesem Fall ist sowohl der vorführende Mensch wie auch sein Verhalten ein Kunstprodukt. Das Verstehen dieses Signals beruht auf Tradition – und die Schauspielerin ist in Wahrheit ein Mann.

eine Reizsituation, die für seine Entwicklung ebenso notwendig ist wie die freie Willensäußerung. Da in den USA Neurosen offenbar verbreiteter sind als anderswo, ist es vielleicht keine haltlose Spekulation, diese Erscheinung auch mit der Erziehungsweise in Zusammenhang zu bringen.

Eine weitere Konsequenz, die sich aus den prägungsartigen Vorgängen beim Menschen ergibt, ist die heikle Frage: Ist es denn überhaupt richtig, dem Kind in der entsprechend sensiblen Zeit subjektive ethische Konzepte und Wertvorstellungen aufzuprägen? Ist es dem entstehenden Menschen gegenüber zu verantworten, wenn man Gehirnstrukturen in ihm aufbaut, die später eine freie Willensbildung verhindern oder erschweren?

Da bisher jede menschliche Gemeinschaft der Überzeugung war, mit ihren Lebensvorstellungen im »Recht« zu sein, war es auch das Natürlichste der Welt, wenn die Eltern und Erzieher den Kindern die gerade gültigen ethischen Grundeinstellungen aufprägten. Und zwar sowohl patriotische und religiöse Konzepte als auch Klassen- und Parteieinstellungen. Bei unserer heutigen, sehr veränderten Situation – besonders in Hinblick auf die erhöhte Gefährlichkeit der modernen Kriege – wird hier wohl umgedacht werden müssen. Eltern und Staat sollten wohl besser darauf verzichten, im Gehirn ihrer Kinder Strukturen aufzubauen, die sie später in Konflikt bringen.

Um den Kindern gegenüber wirklich »fair« zu sein, sollte man sie wohl bis über das sechzehnte Lebensjahr hinaus nur auf solche ethische Vorstellungen festlegen, die überall die gleichen sind. Man sollte sie auf die Gefahr vorzeitiger Fixierung hinweisen und ihnen klarmachen, daß Beurteilung ihr ureigenes Recht ist und eines Tages von ihnen selbst getroffen werden soll. Und zwar auch dann, wenn sie sich damit gegen die Eltern und die Gemeinschaft stellen. Natürlich ist das vorläufig ein utopisches Konzept. Aber vielleicht deutet sich eine solche Entwicklung bereits in der modernen Jugend an. Wenn man sich für Sportleute und Schlagersänger begeistert, entsteht zumindest keine Fixierung, die zu späteren Katastrophen führen kann. Sogar das so diskreditierte »Gammlerwesen« mag hier seine positive Seite haben. Der älteren Generation sitzt noch immer die Anschauung im Mark, daß die Kinder mehr oder minder ihr »Recht« seien und daß sich in ihnen die eigenen Anschauungen fortsetzen sollten. Den Mut aufzubringen, den Idealen der älteren Generation gegenüber »Interessenlosigkeit« zu zeigen, ist bereits ein Zeichen für Selbstgestaltung, das nicht unterschätzt und übersehen werden sollte.

Dies bringt uns noch zu einer dritten Konsequenz. Wenn unser Menschsein sich weiter entfalten soll, werden wir wohl überhaupt damit aufhören müssen, das Kind als unser uneingeschränktes persönliches »Recht« zu betrachten. Es ist ein bemerkenswertes Phänomen, daß die bisherigen ethischen Lehren – einschließlich der Religion – sich fast ausnahmslos darum bemühen, das Ergebnis des sexuellen Triebaktes – nämlich das Kind – zu schützen, aber kaum je daran dachten, sein ungewolltes Zustandekommen zu verhindern. Die prägungsartigen Vorgänge beim Menschen weisen nun aber darauf hin, wie ungemein wichtig es für das Kind ist, unter einigermaßen normalen Umständen heranzuwachsen. Auch die Vorstellung, daß es für ein Kind auf alle Fälle besser wäre, die Welt zu erleben, als dies nicht zu tun, erfordert somit eine Revision.

Bei den Tieren ist eine möglichst große Nachkommenzahl die Grundlage der Arterhaltung und Artverbesserung, die Instinkte drängen daher in diese Richtung. Beim Menschen war es bisher ebenso – und viele Gemeinschaften haben eine besonders große Nachkommenzahl sogar aktiv gefördert. Heute aber sind wir – wieder auf Grund unserer Machtsteigerung – an einem Punkt angelangt, wo die Vermehrungsquote der Menschheit katastrophal wird und wir in den nächsten fünfzig Jahren diese Vermehrung eindämmen müssen. In dieser Situation wird der Standpunkt vertretbar, daß eigentlich nicht die Verhinderung ungewünschter Kinder einer Entschuldigung bedarf – *sondern vielmehr die erzwungene Heiligung jeder nur erdenklichen Laune.* Es ist einseitig, ständig für hungernde und unglückliche Kinder Mitleid zu erwecken, anstatt die Eltern dafür zu strafen, daß sie eine solche Situation verursachten. Die Vorstellung, die notwendig werdende Geburteneinschränkung durch Geldstrafen und schließlich durch Sterilisierung zu erzwingen, mag heute noch als ein mit unserer menschlichen Würde nicht zu vereinbarender Eingriff in die Rechte der Familie erscheinen. Ist aber die bisher übliche Einstellung wirklich ethisch gewesen? Ist sie wirklich mit menschlicher »Würde« vereinbar? Wenn wir uns als etwas Höheres und Besonderes einschätzen – wozu wir sehr wohl ein

Recht haben –, darf dann das Zustandekommen des Menschen dem Zufall eines Triebaffektes überantwortet sein? Der in diesem Buch schon öfters bemühte außerirdische Beobachter, der durch unsere Gefühlsverankerung nicht beeinflußt wäre, würde wahrscheinlich auch hier ganz anders urteilen. Gerade in diesem Punkt würde er uns wohl noch ganz tief in unserer tierischen Vergangenheit verwurzelt sehen.

Es wird in unsere ethische Grundeinstellung Eingang finden müssen, daß wir im Durchschnitt je Ehepaar und Leben nur das Recht auf zwei Kinder haben – und das auch nur dann, wenn wir einigermaßen bereit und befähigt sind, dem Kind die notwendigen Entwicklungsbedingungen zu bieten. Die Vorstellung auf ein beliebiges »Recht«, Kinder zu zeugen, wird der Vorstellung einer verantwortungsvollen Pflicht Platz machen müssen. Der Mensch muß hier zwei Dinge voneinander lösen, die an sich nicht das geringste miteinander zu tun haben.

Der Sexualtrieb hatte bis zum Menschen herauf keine andere Funktion als die, eine entsprechende Nachkommenschaft hervorzubringen. Der Mensch zeigt nun ein sexuelles Verhalten, das nicht bloß auf eine bestimmte Jahreszeit beschränkt ist, sondern unser Leben durchgehend beeinflußt. Da auch manche unserer Haustiere eine ähnliche Hypertrophie zeigen, hat man diese Übersexualität des Menschen zunächst als Ergebnis unserer »Selbstdomestikation« aufgefaßt und sie somit als eine eher negative Erscheinung gewertet. Inzwischen hat sich jedoch die Ansicht durchgesetzt, daß die Sexualität beim Menschen noch zu einer weiteren, ganz gesonderten Funktion gelangte – sie wurde zu einem »bandbildenden Mittel«. Gerade bei der besonders langen »Brutpflege« des menschlichen Kindes war es beim Urmenschen von großer Bedeutung, daß das schützende Elternpaar fest zusammenhielt. Die durch den Sexualakt bewirkten lustspendenden Gefühle sind nun gleichsam eine gegenseitige »Belohnung« für das enge Zusammenbleiben der Partner. Da diese zweite Funktion die erste durchaus nicht störte, ja sogar förderte, ergab sich daraus keinerlei Komplikation. Vermehrte Sexualakte bewirkten ein verstärktes Band – und gleichzeitig auch eine größere Zahl von Kindern. Inzwischen hat sich durch unsere Entwicklung sehr vieles verändert, und plötzlich sind wir an dem Punkt angelangt, wo die eine Funktion der anderen im Weg ist.

Durch unseren medizinischen Fortschritt bleiben zu viele Kinder am Leben – und zum erstenmal in der Evolution droht die Vermehrung für ein Lebewesen zum Verhängnis zu werden.

In meinen zeitgerafften Aufnahmen sah ich das Lebewesen Mensch wie von fremder Macht in seinem Glücksstreben getrieben, sah seine Intelligenz am Werk, um die aus seinem Sexualtrieb erwachsenen Lustmöglichkeiten möglichst intensiv zu nützen. Und dann wieder sah ich die Folgen dieses Vorganges: Kinder, die keineswegs das Ergebnis eines verantwortungsvollen Wunsches und Entschlusses waren – denen das fehlte und nicht geboten werden konnte, was ihnen die für ihre reale Existenz und Selbstentfaltung notwendige Basis gab.

Es wäre sicher angebracht und an der Zeit, daß sich unserer ethischen Grundeinstellung die Nachkommenfrage von der sexuellen Frage löst. Der bei uns so stark ausgeprägte Sexualtrieb ist ein Erbe, mit dem wir fertig werden müssen – und dem wir nicht nur gesteigerte Lustgefühle, sondern darüber hinaus noch wesentlich mehr verdanken. Denn viele der höchsten menschlichen Leistungen, besonders auch die künstlerische Entfaltung, dürften weitgehend von dieser Triebfeder beeinflußt sein. Das Hervorbringen eines neuen Menschen dagegen ist ein ungeheuer verantwortungsvoller Akt. *Je höher der Mensch sich selbst einschätzt, desto höher muß er zwangsläufig diesen Vorgang bewerten.* Dieser sollte daher nicht länger dem Zufall und der Willkür überantwortet sein – und jedes Mittel, das die beiden verschiedenen Funktionen der Sexualität voneinander trennt, wäre somit zu befürworten. Solange man von Prägung nichts wußte, konnte man die Ansicht vertreten, ein hungerndes und lieblos behandeltes Kind sei besser daran, als wenn es gar nicht zur Entwicklung käme. So aber sollte sich unser Wertgefühl wohl dem Kind selbst zuwenden. Ganz in seinem Interesse sollte sichergestellt werden, daß keine »seelischen Krüppel« – und somit wirklich bemitleidenswerte Wesen – zustande kommen.

10.
Der Einzelne und die Gemeinschaft

Wieweit ist der Mensch das Ergebnis seiner entwicklungsgeschichtlichen Vergangenheit? Und wieweit ist er das Ergebnis der Menschheitsgeschichte?
Jede der heute lebenden Tier- und Pflanzenarten erscheint uns als eine Einheit, als eine in sich geschlossene »Konstruktion«. Diese »Ganzheit« ist aber nichts anderes als ein augenblicklicher Querschnitt durch einen Entwicklungsstrom. So wie in einen Fluß immer neue Seitenarme einmünden, so traten bei den sich weiterentwickelten tierischen und pflanzlichen Körpern immer neue Strukturmerkmale hinzu – so kam es zur Ausbildung und Verbesserung der verschiedenen Organe (Vgl. Band 1).
Die Entstehung jedes einzelnen dieser Organe liegt also verschieden weit zurück. Bei einem Salamander sind zum Beispiel die Augen entwicklungsgeschichtlich viel älter als seine Beine. Augen hatten bereits seine Urvorfahren, die Fische, die Beine kamen erst zur Entwicklung, als einige dieser Vorfahren zum Landleben übergingen. Und die Wurzeln eines Rosenbusches sind entwicklungsgeschichtlich viel älter als etwa die Blüten: Schon sehr bald nach Eroberung des Landes gelangten die vielzelligen Pflanzen zu ihren Organen der Verankerung und Nahrungssuche, während sich die Blüten erst als eine Anpassung an die später entstandenen Insekten entwickelten. Ebenso hat auch jede einem Tier angeborene Verhaltensweise ihr eigenes Entstehungsdatum. Jede trieberzeugende Struktur, jede Erbkoordination und jeder Mechanismus angeborenen Erkennens sind irgendwann einmal im Fluß der Evolution zustande gekommen, und diese funktionellen Einheiten fügten sich dann in das arbeitsteilige System der übrigen Organe ein.
Beim menschlichen Körper und bei unseren angeborenen Verhaltensweisen ist es nicht anders. Irgendwann in der Entwicklungs-

kette unserer Ahnen gelangte unser Erbrezept dahin, diese verschiedenen Strukturen zu bilden, jede hat ihr eigenes Alter, ihre eigene Geschichte. Ein Beispiel: unsere Zähne. Hier haben die vergleichbaren Untersuchungen ziemlich genau aufgedeckt, welchem unserer Urvorfahren wir sie »verdanken« und wie es zu ihrer Bildung kam. Sie entstanden vor mehr als 400 Millionen Jahren bei Vorfahren, aus denen auch die heute noch lebenden Haie hervorgegangen sind. Bei diesen – wie es bei den heutigen Haien immer noch der Fall ist – wuchsen die Körperschuppen am Maulrand länger aus und bildeten so Reihen von Zähnen. Es fand also ein Funktionswechsel statt. Aus diesen gemeinsamen Vorfahren entwickelten sich die Knochenfische, und aus ihnen gingen auch die Landwirbeltiere hervor. Im Lauf dieser Entwicklung gingen die Körperschuppen schließlich verloren; die als Zähne verwendeten Schuppen dagegen blieben erhalten und erlebten eine schrittweise Umgestaltung und Verbesserung. Die embryologische Entwicklung des Menschen läßt heute noch die ursprüngliche Herkunft unserer Zähne erkennen. Bei den heute lebenden Haifischarten können wir den Vorgang der Organentstehung durch Funktionswechsel immer noch beobachten – ihre Zähne sind nach wie vor länger ausgewachsene Körperschuppen.

Jene Merkmale hingegen, die unsere eigentliche menschliche Besonderheit ausmachen, haben eine völlig andere Geschichte und entwickelten sich ganz unabhängig von unserem Erbrezept. Alle erworbenen Bestandteile des menschlichen Verhaltens und jedes einzelne unserer heute existierenden künstlichen Organe wurde irgendwo und irgendwann einmal von Menschen entwickelt, erstmals hervorgebracht oder erfunden und gelangte dann über Nachmachen, Sprache und Schrift auf dem Wege über Tausende von Gehirnen bis zu uns. Auch jede dieser funktionellen Einheiten hat somit ihr eigenes Alter, ihre eigene Geschichte; doch der Weg, auf dem sie zu uns gelangten, ist ein ganz anderer.

Es ist wohl den wenigsten bewußt, wie weitgehend jeder von uns das Produkt der menschlichen Gesellschaft ist. Wir kommen in die Welt, das Bewußtsein entfaltet sich – und was wir um uns herum sehen, erleben wir als eine gegebene Tatsache, der unser »Ich« gleichsam als etwas Getrenntes gegenübersteht. Wie sehr dieses »Ich« bis in seine letzten Fasern von der menschlichen Gesellschaft beeinflußt und geformt ist, wird uns kaum bewußt. Ein völlig isoliert aufwachsender Mensch kann kaum existieren und könnte auch nur zu sehr beschränkten Denkvorgängen gelangen. Erst über den Weg der Sprache und durch den Kontakt mit anderen Menschen formt sich unsere Besonderheit – fließt gleichsam die Essenz der menschlichen Erfahrung in uns ein. Bei den Tieren und Pflanzen kann man ohne weiteres durch Studium einzelner Individuen die Besonderheiten der jeweiligen Art analysieren: auf welchen Erwerb diese Konstruktion ausgerichtet ist, wie sie sich vergrößert und vermehrt, wie sie sich gegen störende und feindliche Kräfte abschirmt und zur Wehr setzt. Beim Menschen könnte ein außerirdischer Beobachter zu keinen analogen Ergebnissen kommen. Beobachtet er einen Schuster, dann sagt ihm das nichts über die Tätigkeit eines Zahnarztes. Studiert er die für einen Platz typische Verflechtung menschlichen Zusammenwirkens, dann kann er daraus nur sehr beschränkt auf jene an anderen, auch ganz benachbarten Plätzen schließen. Durch Kontakt mit der Gesellschaft gelangen diese oder jene Verhaltensrezepte in das Gehirn des einzelnen, und daraus erst erklärt sich oft seine jeweilige Lebensform: durch welche künstlichen Funktionsträger er seinen Körper erweitert und spezialisiert, welche Erwerbsformen er ausübt, welchen Ordnungen er sich unterwirft. Das vom Erbrezept bewirkte Verhalten nimmt auf all das ebenfalls Einfluß. Fast alle konkreten Einzelheiten unseres heutigen Lebens haben jedoch bei anderen Menschen – die meist längst gestorben sind – ihren eigentlichen Ursprung.

Können wir wollen, was wir wollen? Sowohl das »Wir« als auch das »Wollen« sind weitestgehend von der menschlichen Gemeinschaft beeinflußt. Das Geschenk, das jeder neu heranwachsende Mensch bereits gratis auf den Weg mitbekommt, ist geradezu gigantisch. Die zwingenden Verknüpfungen, die sich daraus ergeben, sind jedoch gleichfalls unabsehbar. Erst durch die Gemeinschaft wird es möglich, daß wir so vielerlei *wollen können*. Anderseits aber wird durch sie auch wieder die Richtung unseres jeweiligen Wollens sehr weitgehend diktiert.

Darüber hinaus beeinflußt die Gesellschaft das Individuum noch auf mehrfache Weise. Da ist zunächst das Phänomen der »Stimmungsübertragung« – eine uns angeborene Abhängigkeit, die auch bei allen in Gruppen lebenden Tieren ebenso wirksam ist. Bestimmte Ausdrucksbewegungen von anderen Menschen lösen bei uns Reaktionen aus, die sich nur schwer beherrschen lassen. In größerer Zahl reagiert der Mensch anders als normal. Die Notwendigkeit zur individuellen Entschlußbildung fällt weitgehend weg, ebenso die Verantwortung für das, was getan wird. Zu welchen Folgen das führen kann, ist bekannt. Innerhalb der Gruppe können Menschen um ein Vielfaches mutiger und rücksichtslos werden – oder auch ängstlicher und willenloser. Der einzelne wird gleichsam Bestandteil eines größeren Willens, der ihn mit sich reißt und seine normalen Reaktionen ausschaltet. Je größer und geballter die Masse ist, desto mehr fügt sich die Bewegung des einzelnen in den Strom. Hier findet eine ganz wesentliche Beeinflussung des menschlichen Willens statt. Sich von einer solchen Aktivierung der Instinkte durch andere frei zu machen gelingt nur, wenn die dem Instinktparlament übergeordnete »Regierung« die Zügel der Handlungen sehr fest in der Hand hat.

Allerdings bedient sich der Mensch auch mit Absicht dieses Vorganges, um angenehme und frohe Stimmungen von anderen übertragen zu bekommen. Die Masse übermittelt uns auch angenehme Spannungen und lustvolle Entspannungen. Bei Festen und Veranstaltungen liegt es dem Menschen nicht mehr daran, daß er »wollen kann, was er will«; er will vielmehr von seinem normalen Ich und Willen frei werden, er will »gewollt werden« und sich vom Strom fremder Reaktionen »einschmelzen« lassen. Mittel, die diesen Vorgang fördern, sind Musik und Tanz. Durch den gemeinsamen Rhythmus werden die Bewegungen und Empfindungen vieler auf einen gemeinsamen Nenner gebracht, Trennwände brechen nieder, jeder vertraut sich dem gleichen Kommando an. Lachen und Übermut bewirken eigenes Lachen, eigenen Übermut. In einem gedrängten Theatersaal bewirkt die gemeinsame Reaktion eine Verstärkung der normalen Reaktionen des einzelnen.

Was wir gemeinhin »Herdentrieb« nennen, wurzelt jedoch nur zum Teil in diesem Phänomen und setzt sich noch aus anderen Komponenten zusammen. Eine solche ist zum Beispiel der beim Kind stark ausgebildete Nachahmungstrieb, der, ähnlich dem Neugiertrieb, die menschlichen Handlungen bis ins Alter hinein beeinflußt. In diesem Fall bewirken nicht Ausdrucksbewegungen anderer Menschen eine unmittelbare Stimmungsübertragung, sondern fremde

Handlungen erwecken in uns den Wunsch ähnliches zu tun. Bei diesem Vorgang spielt unser Geist und unsere Vorstellungsfähigkeit die entscheidende Rolle. Die Fähigkeit des Nachmachens ist auf die intelligentesten Lernwesen beschränkt – und bei keinem auch nur annähernd so stark ausgeprägt wie beim Menschen. Somit ist der Nachahmungstrieb ein Instinktverhalten, das sich erst beim Menschen richtig entfalten konnte – und das uns sehr entscheidend beeinflußt. Hier ist die Wurzel für Ansporn und Ehrgeiz – aber auch Gefühle des Neides und der Mißgunst entspringen aus diesem Instinkt. Sehen wir, daß andere Menschen über Fähigkeiten oder künstliche Organe verfügen, die uns fehlen, jedoch wünschenswert erscheinen, dann ist unsere Nachahmungsfähigkeit blockiert, was uns Gefühle der Unlust verursacht. Der Vorgang des Nachahmenwollens erfordert beim Menschen die Fähigkeit, sich selbst mit den Qualitäten des anderen vorstellen zu können, ist also im Gegensatz zum »Mitgerissenwerden« an Denkakte gebunden. Nur was wir uns vorstellen können, kann die Reaktion einer Wünschbarkeit bei uns auslösen.

In der menschlichen Entwicklung bedeutete dieser Trieb einen ungemein wichtigen Impuls. Fortschritte des einen bewirkten bei anderen ein Bedürfnis, zu ähnlichen Fortschritten zu gelangen. Auch für den Fortbestand von Sitten und Bräuchen war dieser Trieb weitgehend verantwortlich: was andere tun, wird wünschenswert. Es findet hier somit eine Beeinflussung der Bewertungen statt – und es kommt so auch zu Entwertungen. Denn was heute noch als befriedigend empfunden wird, kann morgen schon seinen Reiz verlieren, indem ein anderer etwas Besseres besitzt, etwas besser vermag, etwas besser schafft. Unser Wollen wird so angepeitscht und – auch gegen unsere »vernünftige Absicht« – in eine bestimmte Richtung gelenkt. Auch auf diese Weise beeinflußt somit die Gemeinschaft den einzelnen, weckt in ihm Wünsche und Regungen, die ohne die anderen nicht da wären.

Eng mit diesem Instinkt verknüpft ist auch das menschliche Imponierbedürfnis, das darauf abzielt, dem anderen nicht bloß nachzueifern, sondern ihn zu übertreffen. Bei den Tieren sind angeborene Formen des Imponierens weit verbreitet. Durch entsprechendes Verhalten wird einerseits der Geschlechtspartner beeindruckt, andererseits – bei in Gruppen lebenden Tieren – die Rangstellung innerhalb der Gruppe demonstriert. Ob der menschliche Imponierdrang gleichfalls auf erblicher Fixierung beruht, ist nicht erforscht. Jedenfalls dient auch bei uns das Imponieren im Grunde den gleichen Zwecken. Schon Kinder zeigen dieses Verhalten deutlich, beim Erwachsenen gelangt es dann noch zu stärkerer Entfaltung. Unser Streben nach Erfolg, Ansehen und Macht, nach gesellschaftlicher Geltung und Würde, nach Bestätigung, Überlegensein und Bewundertwerden ist wohl nur in seltenen Fällen das Ergebnis nüchterner Überlegung, sondern wurzelt in einem Drang, der vielleicht ebenfalls von einem Instinktabgeordneten ausgeht. Er beeinträchtigt unsere vernünftigen Überlegungen, lenkt unser Verhalten gegenüber anderen Menschen, beeinflußt den Gang von Gesprächen und Handlungen, bewirkt Ärger und Schwierigkeiten, schenkt Kraftgefühle und verfolgt den Menschen bis in seine Phantasie. Jedem Mißerfolg verleiht dieser Drang eine besonders ätzende Wirkung; Verachtung und Ablehnung seitens anderer macht er besonders bitter. Besiegt, unterlegen zu sein, als minderwertig angesehen zu werden, das Gespött von anderen zu sein, von ihnen übersehen oder über die Schulter angesehen zu werden verursachen uns unlustvolle Spannungen, gegen die wir ziemlich machtlos sind. Wenn Menschen weit mehr arbeiten, als für ihre eigentliche Lebenshaltung und Sicherheit nötig wäre, wenn ein unruhiges »Weiter, vorwärts!« sie beherrscht – dann ist wohl oft der Imponierdrang dafür verantwortlich. Die auslösende Reizsituation, die diese Kräfte in uns entfesselt, ist immer das Verhalten anderer Menschen. Hier steht der Wille des einzelnen in einer weiteren, besonders deutlich ausgeprägten Abhängigkeit von der Gesellschaft. Der »weise« Mensch überwindet schließlich auch diese »Eitelkeit« *und mißt das, was er selbst tut, nicht länger an dem, was andere tun.* Doch offenbar gelingt das nur wenigen.

Eine besonders krasse Form von Willensbeeinflussung ist die Unterwerfung eines Menschen unter die Befehlsgewalt eines anderen. Wie schon erwähnt, gibt es für den Menschen kein künstliches Organ, das sich universeller einsetzen ließe, als den Mitmenschen. Gelingt es, diesen unter die eigene Botmäßigkeit zu bringen, dann kann man ihm beinahe alles auftragen, was man selbst nicht tun will. Von dieser Möglichkeit haben die Menschen seit Beginn unserer Entwicklung ausgiebig Gebrauch gemacht. Es kam zu Versklavung in jeder erdenklichen Form, zur Unterwerfung von Gruppen durch andere Gruppen, zur Unterjochung ganzer Völker unter den Willen anderer Völker. Die Macht des Familienoberhauptes über die Kinder und Familienmitglieder war der natürliche Ausgangspunkt für diese Entwicklung. Eine ähnliche Machtstellung hatte auch das die Horde anführende Individuum. In Königreichen und in Diktaturen kam es zur Bildung von riesigen Machtkörpern, die zur Gänze künstliche Organe eines einzelnen waren. Es kam zu privilegierten Klassen, die durch entsprechende Gesetzgebung die Erblichkeit ihrer Befehlsgewalt erzwangen. Ähnliche Machtstellungen ergaben sich auch aus Ideologien, aus besonderem Wissen und aus Geldbesitz. In Auflehnung dagegen gab es auch wieder jeden erdenklichen Widerstand: Revolutionen und Kriege. Heute sehen wir die Welt in zwei große Lager gespalten: auf der einen Seite die nach dem kommunistischen Lebensrezept gebildeten Machtkörper, auf der anderen die Länder demokratisch-marktwirtschaftlicher Struktur. Was bedeutet nun diese Entwicklung aus biologischer Sicht? Und wie steht es hier und dort mit unserer Frage: Können wir wollen, was wir wollen?

Die Machtkörper des kommunistischen Ordnungsrezeptes sind den Organismen sehr ähnlich. Sowohl der Erwerb als auch die Bedarfsbefriedigung werden dort weitgehend der freien Initiative des einzelnen entzogen und gehen in die Kompetenz der Gemeinschaft über. Der einzelne kann für besondere Leistungen belohnt werden, doch im Prinzip dient das Ergebnis seiner Leistungen nicht ihm, sondern der Gemeinschaft. Ebenso wird ihm auch zugeteilt, worauf er im Rahmen der Gemeinschaft Anspruch hat. Das ist eindeutig der gleiche Zustand, wie er auch die vielzelligen Körper kennzeichnet. Der Organismus in seiner Gesamtheit betreibt Erwerb und teilt das Ergebnis auf sämtliche seiner funktionellen Einheiten auf. Er sorgt für sie, pflegt sie, versorgt sie mit dem, was sie brauchen, schützt sie vor Gefährdung. Hier wie dort sind für die Gemeinschaft nur solche Einheiten von »Wert«, die im Rahmen des arbeitsteiligen Systems irgendeine benötigte Funktion ausüben – also »produktiv arbeiten«. Einheiten, die das nicht tun, haben keine Daseinsberechtigung – werden rückgebildet und bekämpft. Die für die kommunistischen Staaten charakteristische Meinungslenkung ergibt sich – so betrachtet – als eine ganz natürliche und folgerichtige

Konsequenz. Jede Störung, die einen Funktionsträger in seiner Leistung beeinträchtigt, ist, vom Gesamtkörper aus gesehen, »schlecht« und muß darum nach Möglichkeit von ihm abgehalten werden. Was dagegen dem Gemeinschaftsinteresse dient, ist »gut« – selbst wenn es sich in schärfster Form gegen Einzelinteressen richtet. Eine persönliche Bereicherung auf Kosten der anderen, ein Ausnützen der Gemeinschaft zum eigenen Wohl gleicht in dieser Ordnungsform dem Krebsgeschwür im tierischen Körper, das auch selbständig zu wuchern beginnt und sich nicht mehr dem Gesamtinteresse des Körpers unterordnet. Solche Erscheinungen werden somit – wieder ganz folgerichtig – bekämpft. Da dem Menschen ein starker Trieb zur Gruppenbildung und zur Unterwerfung unter einen Gemeinschaftswillen innewohnt – wahrscheinlich gleichfalls angeborenermaßen –, ist eine Bereitschaft zu einer solchen Handlungsweise durchaus gegeben und kann durch entsprechende Beeinflussung noch sehr gesteigert werden. Dieser Trieb vermittelt, wenn ihm entsprochen wird, starke Glücksgefühle. Die Einschränkung des Einzelinteresses wird zwar als unlustvoll empfunden, doch über Erziehung und Gewohnheit – und vor allem auch durch Abschirmung störender Einflüsse – kann der Mensch auch in diesem Ordnungssystem zu einem starken und sicheren Gefühl der Zufriedenheit gelangen.

Was sich hier, biologisch betrachtet, vollzieht, kann auf Grund unserer früheren Überlegung nun klarer definiert werden. Die Organismen, die wir dem dritten Unterreich zugeordnet haben (die »Berufsmenschen«), gehen in einem Körper des vierten Unterreichs (der »Erwerbsorganisation«) auf. Die Besonderheit des Menschen in seiner individuellen Differenzierung geht wiederum verloren – der Mensch taucht wieder in den Lebensprozeß zurück. Das Persönliche zerbricht, fügt sich in die größere Einheit des überindividuellen Ganzen. Die Vielheit menschlicher Entfaltungsmöglichkeiten wird beschnitten. Nur noch im Sinne der für die Gemeinschaft nötigen Funktionen kann der einzelne sich betätigen. Die Leistungskörper des dritten Unterreiches, in dem die eigentliche menschliche Entfaltung stattfindet, werden zu Bestandteilen von übergeordneten Machtkomplexen.

Das »Kollektiv« – der Organismus – diktiert Wert und Unwert, erzwingt die jeweilige Richtung des Willens. Aus der Fülle verschiedener orientierter »Ichs« werden Funktionsträger – Organe – in einem höher integrierten, stabileren Gebilde.

Die demokratisch-marktwirtschaftliche Ordnung dagegen gestattet die Entfaltung des dritten Unterreiches. Die Formen gewaltsamer Unterjochung einzelner durch andere werden hier gleichfalls unterbunden; im übrigen aber wird das Machtstreben des Individuums gefördert. Der Staat soll Gemeinschaftsinteressen – besonders nach außen hin – wahrnehmen und ist in dieser Hinsicht auch wieder ein Organismus. Im übrigen aber, und besonders nach innen hin, soll er ein Gemeinschaftsorgan sein, das jedem Staatsbürger anteilig dient. In dieser Ordnung werden somit jene Prozesse begünstigt, in denen die Besonderheit des Menschen sich am stärksten entfaltet. Trotzdem führt auch dieser Weg heute zum »Kollektiv«, zum Einschmelzen des Individuums, zum Aufgehen in einen fremden Willen. Hier sind die Zusammenhänge weit schwieriger zu durchschauen als im kommunistischen Staat. Die Entwicklungsrichtung, die der Lebensstrom hier einschlägt, ist neu und merkwürdig.

Ausgangspunkt zu diesem ganz anderen Weg in die Unfreiheit ist die Erwerbsform des menschlichen Leistungsaustausches. Der eine erbringt Dienste oder stellt Produkte her, die ein anderer irgendwie brauchen kann. Die Existenzgrundlage für den Anbietenden sind also immer Menschen, die seine Leistung benötigen – also der Nachfragemarkt. Diesen »Markt« muß er kennen und pflegen, nötigenfalls muß er ihn schaffen. Besondere Einrichtungen zu diesem Zweck sind einerseits »Marktforschung« – andererseits »Reklame«.

Hier kommen nun ebenfalls menschliche Triebe mit ins Spiel. Das Wesen des Imponierens besteht immer in irgendeiner Form von Machtentfaltung oder, genauer gesagt, in der Beeinflussung rezeptiver Mechanismen des Artgenossen. Beim Menschen führt das bei seinen künstlichen Organen zu einer ähnlichen Entwicklung wie beim Tier. So wie sich dort prächtiges Gefieder, imposante Mähnen und Gehörne, also »Eindrucksmittel« in Form und Farbe entwickelten, so gelangte auch der Mensch dahin, durch prächtige Kleider, Schmuck und ähnliches seine Eindruckskraft zu steigern. Außerdem ergab sich noch die weitere Möglichkeit, auch durch ganz andere künstliche Organe Macht zu demonstrieren. Das besondere Kleid, das eigene Auto, das eigene Haus: zu ihren normalen Funktionen gewinnen diese künstlichen Organe noch eine weitere hinzu. Sie werden – zusätzlich – Organe des Imponierens. Daraus aber ergibt sich die Möglichkeit, dem Menschen eine Unzahl von Dingen wünschbar zu machen – klarer formuliert: aufzudrängen – die er, funktionell betrachtet, gar nicht braucht. Sie steigern den Eindruck, den er auf andere ausübt, sie erhöhen das lustspendende Machtgefühl. Dazu kommt weiters noch der Trieb des Nachahmens. Er bewirkt gleichfalls, daß der Mensch sich Dinge anschafft, die er ursprünglich gar nicht wollte. Der Mensch umgibt sich also mit mehr künstlichen Organen, als er benötigt. Und um diese zu erwerben, erhöht sich seine Arbeitsbereitschaft. Sein »Ich« verglimmt, und er wird zu einem »Absatzmarkt« zu einem Diener fremden Interesses.

Im Konkurrenzkampf der einzelnen Berufszweige ergab sich Werbung als eine notwendige Waffe. Und bald stellte sich heraus, daß auf diese Weise nicht nur Wünsche gefunden, sondern daß auch Wünsche geweckt werden können. Das ist der Punkt, an dem wir heute stehen. Vance Packard hat in seinem Buch »Die geheimen Verführer« sehr anschaulich dargestellt, was in den USA geschieht, um Kaufentschlüsse zu bewirken. Inzwischen hat diese Entwicklung auch die ganze übrige demokratisch-marktwirtschaftliche Welt ergriffen; sie ist ein wesentliches Kennzeichen unserer Zeit. Es geht hier einmal darum, in das menschliche Unterbewußtsein einzudringen, um die angeborenen oder erworbenen Verhaltensmechanismen in der gewünschten Richtung zu aktivieren. Und dann geht es auch darum, den Besitz des Menschen möglichst schnell zu entwerten, ihm auf jede nur mögliche Art die Freude an dem bereits Erworbenen zu nehmen, *um ihm wünschbar zu machen, was er noch nicht besitzt.* Der erste Weg führt dahin, das tierische Erbe des Menschen – seine Triebe – zu fördern und in den Dienst von Verkaufsinteressen einzuspannen. Der zweite Weg entzieht dem Besitzenden die eigene Bewertung und Kontrolle seiner künstlichen Organe und versetzt ihn in einen permanenten Zustand des Noch-mehr-Wollens. Unsere Freude am Neuen wird uns in dieser Entwicklung zum Verhängnis. Und unsere Wertung des Schönen – die Grundlage aller Kultur – wird ebenfalls ausgenützt, um unser Wollen in Kanäle zu lenken, die irgendeinem Verkaufinteresse dienen.

Die demokratisch-marktwirtschaftliche Ordnung, wie sie sich derzeit entwickelt, führt in letzter Konsequenz dahin, daß jeder bemüht ist, in anderen Menschen Wünsche zu erwecken – und dabei von den anderen wieder ebensolche Wünsche eingeimpft erhält. Die noch besonders formbaren Kinder werden – folgerichtig – bereits von frühem Alter an so beeinflußt, daß sie später zu einem »Absatzmarkt« werden, und diese Einflußnahme erstreckt sich über das ganze Leben. Zeitungen, Film und Fernsehen sind direkt oder indirekt Hilfsmittel in diesem Prozeß. Alles, was je zu Wert gelangte – an Kunstwerken, Gedanken oder Taten –, wird irgendwie mit Verkaufsinteressen kombiniert. Es gibt heute kaum noch etwas, das sich dieser kommerzialisierenden Tendenz entzieht, *ja der Vorgang selbst ist den meisten gar nicht mehr bewußt.* Die Einflußnahme ist bereits so weit gediehen, daß »Wert« und »Verkaufswert« sich fast völlig decken. Jede erdenkliche Wünschbarkeit wird erkundet und gefördert – und die sich daraus ergebenden Produkte oder Leistungen werden angeboten. Der Fortschritt wird so machtvoll angekurbelt – jedoch nicht in seinem eigentlichen Sinn, sondern in seiner Funktion als Verkaufsprodukt. Eine rastlose Tätigkeit – ein ständig geschürtes neues Wollen – ist die Folge. Da dem Individuum in diesem Prozeß ständig Glückspendendes geboten wird, hat es kaum mehr Zeit, sich zu überlegen, ob jeder dieser Glücksträger ihn letztlich und wirklich zufrieden macht. Worauf diese Entwicklung – biologisch betrachtet – hinausläuft, ist ein schwammartiges Gesellschaftsgebilde, dessen Teile unentwirrbar ineinander verfilzt sind, jeder auf den anderen einwirkend, selbst wieder von den anderen beeinflußt. Ein System, das sich in sich selbst beglückt, aufreibt und paralysiert, ein System, in dem das Ich ebenfalls wieder verlorengeht.

Die westliche Welt geht somit einen ganz anderen Weg als der Kommunismus. Sie gelangt zu anderen Strukturen – und letztlich doch zu einem ähnlichen Ergebnis. Auch hier erlischt die Besonderheit des Menschen. Er wird von der ungeheuer mächtigen Gesellschaft manipuliert. Er hat kaum mehr Zeit, sich seiner selbst zu besinnen. Er geht hier nicht in einem Staatsinteresse auf, sondern in einem viel komplexeren Vorgang, der ebenfalls sein Ich steuert, formt und auslöscht.

Gibt es einen anderen Weg?

Er könnte darin bestehen, daß der Mensch die Kontrolle über seine künstlichen Organe zurückgewinnt. Daß ihm klar wird, daß diese Gebilde *ihm* dienen sollen – nicht jedoch ihrem Hersteller. Je mehr ich Hunderte von zeitgerafften Aufnahmen, in denen ich das Getriebe auf Straßen, in Kaufhäusern, Fabriken, auf Festen und in Touristenzentren in eine Ameisenwelt verwandelt hatte, auf mich wirken ließ, um so mehr löste ich mich von der wohl jedem innewohnenden Überzeugung, ein »Individuum« zu sein und einen »freien Willen« zu haben. Um so deutlicher wurde mir die so fördernde und so hemmende Gewalt der Gemeinschaft bewußt, die uns über Jahrtausende hinweg hochtrug und gestaltete. Der Mensch ist – wie schon Aristoteles sagte – ein »Gemeinschaftswesen«, das nur auf Grund der Gesellschaft zur Selbstentfaltung gelangt. Dieses ungeheueren Geschenkes, das jeder von uns bereits gratis mit auf den Weg bekommt, sollte man sich vielleicht mehr bewußt werden. Daraus ergibt sich zwar keine Nächstenliebe, aber ein mehr kameradschaftliches Gefühl der globalen Zusammengehörigkeit. Andererseits ist es aber ebenso wichtig, sich die unheimliche Macht dieser anonymen Vielheit, die uns hervorgebracht hat, noch etwas stärker ins Bewußtsein zu rufen. Denn ihre Tendenz, uns – so oder so – völlig in sich aufzusaugen, ist neben der drohenden Selbstzerstörung die größte Gefahr für das eigentliche »Menschsein«.

11.
Das Phantasiewesen

Unter den menschlichen Besonderheiten ist unsere Vorstellungskraft – unsere »Phantasie« – vielleicht die wichtigste. Sie ist der eigentliche Schlüssel zu unserem Wesen und Erfolg. Als einziges Lebewesen – soweit sich dies aus Experimenten erschließen läßt – sind wir imstande, unsere Erinnerungen und Erfahrungen beliebig zu kombinieren. Wir können »in unserem Geist« jedes Ding der Welt mit jedem anderen in Verbindung setzen. Wir können im Wachsein »träumen« und diese Träume beliebig steuern. Wir können Handlungsweisen für uns selbst entwerfen – »Pläne« bilden – und in unserem Geist untersuchen, ob sie nach unseren bisherigen Erfahrungen durchführbar sind. Wir können aus erlebten oder erschlossenen Einheiten phantastische neue Einheiten aufbauen – und in diesen »Traumschlössern« können wir leben wie in einer Wirklichkeit. Wir verfügen in unserem Gehirn über eine Art Projektionsfläche und können auf dieser unsere Vorstellungen aufbauen. Wir können dort Künftiges mit Vergangenem verschmelzen, können Teile wieder entfernen und durch andere ersetzen, können den Ablauf unserer Vorstellungen beliebig beschleunigen, abstoppen oder wiederholen. Wir halten eine Art Zauberstab in Händen, mit dem wir alles in der Welt nach Belieben verwandeln können.

Die biologische Bedeutung dieser besonderen Fähigkeit unseres Zentralnervensystems ist ungeheuer. Vom Energiestandpunkt aus stellt sie eine eminente Einsparung dar. Wir müssen eine Handlung nicht mehr unbedingt ausführen, um herauszufinden, ob sie taugt oder nicht. Wir können sie – innerhalb unseres eigenen Gehirns – »theoretisch« erkunden. Unter den so zahlreichen Möglichkeiten, die uns bei den meisten zu fassenden »Entschlüssen« zur Verfügung stehen, können wir die am meisten erfolgversprechenden auswählen, ohne einen einzigen Muskel in Bewegung zu setzen. Wir können Pläne entwerfen, deren Zielpunkt jahreweit entfernt ist und am anderen Ende der Welt liegt. Wir können jedes einzelne »Glied« in der Handlungskette solcher Pläne für sich allein betrachten, untersuchen, erproben, formen, verwerfen. Wir können in uns selbst durch immer neue Kombination von Möglichkeiten zu Entdeckungen – zu neuen »Ideen« – gelangen. Wir können so Zusammenhänge entdecken, die uns zur Bildung zweckdienlicher Strukturen führen – wir nennen das »erfinden«. Kurz: wir können in der uns gegebenen Lebensspanne sicherlich ein Tausendfaches (wenn nicht Millionenfaches) von dem ausführen, erreichen, entdecken, erschließen, was uns ohne den inneren Projektionsschirm Phantasie in dieser Zeitspanne möglich wäre.

Ist diese Fähigkeit schon bei den Tieren vorgebildet? Es liegen hier noch kaum Forschungsergebnisse vor – vor allem aber fehlt es an einer präzisen Abgrenzung des Begriffs »Phantasie«. Gehlen – einer der wenigen, die sich eingehender mit dieser Frage befaßten – vertrat die Ansicht, daß bereits jedes Gedächtnis eine Phantasieleistung sei – indem es nicht mehr vorhandene Sinneneindrücke wieder in Erscheinung treten lasse. Da bei den meisten höheren Tieren Gedächtnisleistungen nachgewiesen sind, wäre diese Grundform von »Phantasie« also auch schon bei ihnen vorhanden. Wie Gehlen weiter ausführte, »überlagern« sich durch Assoziationen die verschiedensten Vorstellungen den uns bekannten Dingen. Der Anblick eines Kühlschranks kann sich uns – noch ehe wir ihn öffnen – mit der Vorstellung der darin herrschenden Kühle, der darin befindlichen Nahrungsmittel, mit dem Wissen um die Bewegbarkeit der Tür und so weiter verbinden. Wie Gehlen sehr anschaulich sagte, legt sich ein ganzer »Hof« von Erwartungen, Möglichkeiten, Erinnerungen, Anregungen um die uns bekannten Dinge. Wir »sehen« in ihnen mehr, als die optische Wahrnehmung uns tatsächlich vermittelt, und auch darin sieht Gehlen eine Leistung der Vorstellungskraft. Da es auch bei Tieren ähnliche Assoziationen gibt, wäre somit auch diese Phantasieleistung schon bei ihnen gegeben. Beim menschlichen Kind sieht man deutlich die Fähigkeit, in sein Spielzeug die verschiedensten Bedeutungen »hineinzuprojizieren«. So mag ein Klötzchen für ein Mädchen zur Puppe werden oder zum Herd, für den Jungen zum Auto, oder er sieht sich darin selbst als Soldat. Hier äußert sich eine noch höhere Vorstellungsfähigkeit – doch ähnliche Vorgänge kann man auch schon bei spielenden Lern-

tieren beobachten. Wenn eine Katze mit einem Korkstöpsel »Maus« spielt, dann wissen wir freilich nicht, ob sie eine »Vorstellung« in unserem Sinn hat, doch eine deutliche Analogie ist jedenfalls gegeben. Von den Begriffen sagte schon Aristoteles, die Denkkraft bilde sie auf Grund der »inneren Anschauungsbilder« – auch bei Tieren wurde jedoch schon die Bildung von averbalen Begriffen nachgewiesen. – Während bei allen diesen Phänomenen Vorstellungen zu etwas tatsächlich Wahrgenommenen hinzutreten, erleben wir in unseren Träumen eine von unmittelbaren Wahrnehmungen völlig losgelöste Vorstellungswelt. Aus Beobachtungen läßt sich vermuten, daß auch Tiere – etwa Hunde – traumartige Erlebnisse haben; und bei Gehirnreizungen wurden gleichfalls an Halluzinationen erinnernde Phänomene beobachtet...
Ob alle diese Phänomene in den Begriff »Phantasie« mit einbezogen werden sollten, ist sehr fraglich. Sie sind jedoch ein deutlicher Hinweis dafür, daß die menschliche Phantasie offenbar nicht etwas völlig Neues ist – sondern eher die Steigerung einer Funktion, die auch das tierische Zentralnervensystem bereits leistet.
Vielleicht wäre es richtiger, den Begriff Phantasie nicht so weit auszudehnen, sondern auf jenes besondere Vermögen zu beschränken, das offenbar wirklich nur dem Menschen eigen ist: verschiedene Bewußtseinsinhalte »im Geist« beliebig und auch zielhaft zu kombinieren. Hier ist eine sehr deutliche Trennlinie zu den Leistungen der höchsten Lerntiere gezogen. Wie die schon genannten Versuche mit Schimpansen zeigten, können diese Aufgaben lösen, wenn die Elemente der Aufgabe (Banane, Kiste, Stock) mehr oder weniger gleichzeitig in ihrem Gesichtsfeld sind. Jedem dieser Objekte sind dann soundso viele Erfahrungen »überlagert«; indem das Gehirn des Affen sie gegeneinander abwägt, kommt dieses schließlich auch zum richtigen In-Beziehung-Setzen. Eine kausale Verknüpfung wird »entdeckt«. Liegen jedoch die Elemente der Aufgabe räumlich oder zeitlich weiter auseinander, dann gelingt die Lösung der Aufgabe nicht mehr. Im menschlichen Gehirn ist offenbar eine neue, verbesserte funktionelle Einheit hinzugetreten, die ein geradezu unbeschränktes In-Beziehung-Setzen von Erfahrungswerten erlaubt. Unsere besondere Fähigkeit, die wir »Intelligenz« nennen, mag somit weitgehend aus jener anderen Fähigkeit, die wir »Phantasie« nennen, hervorgehen.

Ein wichtiger Motor für unsere Phantasie sind die uns angeborenen Triebe. Gelangt einer der Abgeordneten im Instinktparlament »ans Wort«, dann führt das zunächst noch zu keiner Handlung, doch auf dem Projektionsschirm unserer Phantasie blitzen Wunschvorstellungen auf. Sind wir hungrig, dann sind es Eßvorstellungen; sind wir sexuell gestimmt, dann sind es sexuelle Vorstellungen; sind wir aggressiv gestimmt, dann sind es Vorstellungen, gegen die wir im Geist unsere Aggressivität richten können. Die Phantasie entwirft auch sofort – und ganz unaufgefordert – mehr oder minder konkrete Pläne, um zur Abreaktion der entsprechenden Triebe zu gelangen. Die Zentralregierung, unser eigentliches Ich, nimmt dazu Stellung, verwirft oder begünstigt, schaltet das Wunschbild ab oder läßt es gewähren, erzwingt andere Vorstellungen – oder setzt den eigenen Willen mit in den Dienst der Erreichung des Triebziels. Zwiegespräche zwischen der Vernunft und den Trieben sind wohl jedem aus eigenem Erleben bekannt und wurden in der Literatur immer wieder dargestellt. Der »Kampf« geht hier um den inneren Projektionsschirm. Was darauf erscheint, erregt uns und wirkt auf unsere Triebe zurück. Geben wir unseren inneren Projektionsschirm für sexuelle Wunschvorstellungen frei, dann kann das eine Verstärkung unserer sexuellen Gestimmtheit zur Folge haben. Geben wir ihn für Angstvorstellungen frei, dann erhöht das noch unsere Angst. Es kommt somit zu einer bedeutsamen Wechselwirkung. Die Triebe wecken unsere Phantasie – und die Phantasie wirkt auf die Triebe zurück. Genauso verhält es sich mit den »erworbenen Trieben« – den Gewohnheiten. Drängen sie uns zu einer Handlung (etwa zum Genuß von Alkohol), dann verbindet sich das mit entsprechenden Wunschvorstellungen. Geben wir uns diesen hin, dann verstärkt das noch unseren Drang. Wir können aber auch einen Trieb gegen den anderen ausspielen. Meldet sich etwa Hunger und konzentrieren wir die Phantasie auf sexuelle oder aggressive Vorstellungen, dann kann der Hunger für eine Weile in Vergessenheit geraten. Die zentrale Regierung, unser eigentliches Ich, verfügt also über eine Steuerung. Bis zu einem gewissen Punkt kann man sich selbst verbieten, sich etwas vorzustellen – man verhindert so bis zu einem gewissen Grad die damit verbundenen Emotionen. Wird jedoch ein Trieb oder erworbener Drang zu stark, dann erscheinen seine Bilder auch *gegen unseren Willen* immer wieder auf

der inneren Projektionswand. Sooft wir diese auch abschalten, sie erscheinen immer wieder. Wächst unsere Angst, dann können wir uns der angstvollen Vorstellungen nicht erwehren. Wächst unser Ärger, dann quält er durch immer beharrlichere Einschaltung der uns Ärger erweckenden Bilder. Und ebenso ist es mit dem Hunger, der Schläfrigkeit, dem Imponierdrang, den Gewohnheiten – mit dem ganzen Inventar von angeborenen oder erworbenen Trieben. Über unsere Phantasie können wir also unsere Triebe beeinflussen und manipulieren – aber nur bis zu einem gewissen Grad.
Auch der menschliche Spiel- und Neugiertrieb gelangt erst in Verbindung mit unserer Phantasie zu seiner hervorragenden Bedeutung. Dieser Antrieb bewirkt nicht nur, daß wir die Umgebung erkunden und uns in neuen Bewegungen erproben, sondern er bewirkt vor allem auch, daß wir im geistigen Spiel Bewußtseinsinhalte miteinander in Verbindung setzen und immer neue Phantasiewege erforschen. *Nicht so sehr durch Handlungen eroberte sich der Mensch die Welt, sondern durch das »Spiel« seiner Gedanken und Vorstellungen.* Vom Energiestandpunkt aus ist dieses Spiel – das Phantasieren und Träumen – ungemein billig. Es kostet sicherlich nicht den tausendsten Teil einer tatsächlich ausgeführten Handlung. Im geistigen Spiel bereiten wir uns auf die verschiedensten Verhaltensweisen vor – bilden wir »Phantasiekoordinationen«. Es wurde meines Wissens noch nie auf die bedeutsame Parallele zwischen diesen Gebilden, die wir »Pläne« nennen, und den angeborenen und erworbenen Bewegungsrezepten hingewiesen. Mit jeder Erbkoordination – so haben wir gesehen – verbindet sich eine Appetenz, sie auszuführen. Bei den durch Gewohnheit eingeschliffenen Verhaltensweisen – den Erwerb-Koordinationen – ist es genauso. Ist ihre Ausführung behindert, dann verursacht uns das ebenfalls Unlust und Unruhe sowie das aktive Bestreben, sie doch zu verwirklichen. Mit den in unserer Phantasie zurechtgezimmerten Verhaltensmustern verhält es sich sehr ähnlich. Haben wir erst einmal einen Plan »gefaßt«, *dann zeigt dieser eine Art von Eigenleben.* Er meldet sich, drängt zur Ausführung – gelingt sie, führt das zu Gefühlen der Befriedigung; gelingt sie nicht, führt es zu Unlustgefühlen der Enttäuschung. Mit unseren »Illusionen« und »Idealen« verhält es sich genauso. Es sind Verhaltensvorstellungen, die wir in die Welt projizieren – und sie bewirken, daß wir nach ihnen suchen; fin-

den wir sie nicht, dann sind wir bekümmert und enttäuscht. Dieser Zusammenhang ist vielleicht von größerer Bedeutung, als es zunächst scheinen mag. Denn er zeigt eine funktionelle Verwandtschaft der drei auf so verschiedene Art entstehenden Formen von »Schaltmustern«. Ob die Steuerung eines Verhaltens vom Erbrezept aufgebaut ist, ob sie über den Vorgang des Lernens und Übens geschaffen wurde oder ob sie durch bloße Tätigkeit unserer Phantasie zustande kam – in jedem Fall zeigt sich das Phänomen der spontanen Erregungsproduktion und zeigen sich Appetenzen, deren Ausführung oder Nichtausführung mit entsprechenden Lust- oder Unlustgefühlen gekoppelt ist.

Eine weitere Verbindung zwischen Phantasie und Triebleben besteht darin, daß wir in unserer Phantasie unausgelebte Triebe ausleben können. Im besonderen trifft dies unseren Aggressionstrieb und unseren Imponierdrang. Sind wir spontan aggressiv gestimmt – oder wurde uns Ärger verursacht; kann unser Imponierdrang sich nicht ausleben – oder wurden wir gedemütigt: dann können wir in unserer Phantasie in Rache schwelgen, können Feinde vernichten, können mächtig und herrlich und überlegen sein. Gerade diese triebhaften Wünsche lassen sich innerhalb der Gesellschaft oft schwer erfüllen. Der Machtlose kann sein Unterdrücktsein nicht zurückzahlen. Der Häßliche oder weniger Leistungsfähige kann bei anderen keinen entsprechenden Eindruck erzielen. Hier sind die »Gärten unserer Phantasie« ein »Ersatzort« für das, was die Wirklichkeit nicht gestattet. Bis zu einem gewissen Grad gelingt es, aufgespeicherte Erregung »in diesen Kanal abzuleiten«. In seiner Phantasie kann der Geknechtete König sein; der sexuell Frustrierte kann zum größten Casanova werden; der Ängstliche kann Mut entfalten; der Wütende kann ringsum alles vernichten. Hier dürfte der Schlüssel zur besonderen Bedeutung der Literatur liegen. Sie vermittelt dem Menschen nicht nur Information, sondern gestattet ihm auch, seine Triebe – in der Phantasie – auszuleben.

Die für den Schriftsteller bedeutsame Frage: Wie schreibe ich gut?, geht auf das Problem des ersten Sagenerzählers zurück: Wie erzähle ich gut? Aus den erfolgreichen Werken der Erzählerkunst aller Zeiten läßt sich ablesen, worauf es in dieser Kunstform – naturwissenschaftlich betrachtet – ankommt. Es geht hier offensichtlich darum, die verschiedenen instinktiven Regungen des Zuhörers – oder Le-

sers – so zu aktivieren, daß sich für diesen eine angenehme Folge von lustvollen Spannungen und erleichternden Entspannungen ergibt. Der Erzähler führt den anderen Menschen – in dessen Phantasie – durch eine Welt von Erlebnissen. Sprache und Schrift müssen zunächst so gestaltet sein, daß die Übertragung des Erzählungsstoffes von dem einen Gehirn auf das andere möglichst leicht und ungestört vor sich geht. Die Handlung darf nicht rascher ablaufen, als wir ihr folgen können; sie darf aber auch nicht zu langsam sein, damit wir nicht auf sie warten müssen. Sie muß der Vielheit unserer Triebwünsche Rechnung tragen, darf sich also nicht ausschließlich an den einen oder anderen Instinkt wenden. Sie muß mit den Instinkten spielen, muß sie abwechselnd aktivieren und gegeneinander ausspielen. Angstvolle Spannung muß uns erweckt werden – und zur rechten Zeit: Erleichterung. Empörung muß uns ausgelöst werden – und dann: Genugtuung. Liebe müssen wir empfinden – diese muß in Gefahr kommen –, und die Wolken müssen sich wieder lichten. Unsere Helden, in deren Schicksal unsere Phantasie uns verstrickt, müssen erleben, *was wir uns wünschen und was wir fürchten.* Ob die Geschichte gut oder traurig ausgeht; sie muß uns packen. In ihr erleben wir selbst; in ihr werden unsere Regungen virtuos gelenkt, wird ihnen gestattet, Erregung aufzubauen – und diese zu entladen. Damit soll nicht etwa behauptet werden, daß die großen Meister der Weltliteratur bewußt-berechnend eine solche Manipulation ausübten; festzustellen ist bloß, *sie übten eine solche aus.* Ethologisch gesprochen muß der Erzähler, um unsere Phantasie erfolgreich zu aktivieren, »übernormale Reizfolgen« bieten.
Aus der Art, wie man auf diese Phantasie am besten wirken kann, läßt sich rückschließen, wie diese Phantasie und wie unsere Triebe arbeiten. Der Erzählende »spielt« mit diesen Einrichtungen – wie auf einem Instrument. Die Methode, wie man auf diesem Instrument spielen muß, verrät manches darüber, wie diese verborgenen Strukturen beschaffen sein müssen, wie sie reagieren, wie sie ermüden, was sie stimuliert, wie es zu den einzelnen Lustempfindungen kommt. In allen diesen Belangen können die reichen Erfahrungen der Kunst der wissenschaftlichen Erforschung unserer selbst Hinweise geben.
Im Theater und im Film tritt zur Erzählung noch der unmittelbare Sinneseindruck hinzu. Hier wird die Handlung in einer erhöhten

Wirklichkeit dargeboten, wodurch die persönliche Phantasie zwar eingeschränkt, anderseits aber auch wieder stark angeregt wird. Das Gebotene ist hier in eine bestimmte Zeitspanne gepreßt – woraus sich wieder andere Regeln der bestmöglichen »Gestaltung« ergeben. Diese sind Gegenstand der Dramaturgie – deren Ergebnisse biologisch gleichfalls noch nicht ausgewertet sind. Es treten hier weitere Wirkungen hinzu: besonders die stimmungsübertragende Fähigkeit des Schauspielers. Mimisch, gestisch und sprachlich vermittelt er unmittelbare Reaktionen – auch hier läuft es letzten Endes wieder auf das Anbieten von übernormalen Attrappen hinaus. Die Kunst des Schauspielers besteht darin, die angeborenen und erworbenen Reaktionen bestmöglich zu manipulieren. Da im Schauspiel nicht nur über die Phantasie, sondern zum Teil auch direkt Empfindungen in uns bewirkt werden, sind hier die Zusammenhänge verwickelter – die Zahl der Möglichkeiten ist noch größer.

In der Malerei und Plastik geht es – wieder naturwissenschaftlich betrachtet – um eine ganze Ausrichtung. Diese Kunstwerke wenden sich direkt an unsere angeborenen und erworbenen Mechanismen des Erkennens. Es geht hier um Einzeleindrücke und um die Reaktionen, die sie bei uns auslösen. Hier wird *ein* Bereich unserer Nervenfunktionen besonders tief ausgelotet – Picasso hat das vielleicht am konsequentesten untersucht. Indem er im Lauf seines Lebens immer wieder neue Elemente in seine Darstellungstechnik einbezog, sie gegeneinander abwog und ausspielte, erforschte er die Abgründe unseres Unterbewußtseins. In dieser Kunstform tritt ein besonderes Element in den Vordergrund: die weitgehend erworbenen Formen des Erkennens und Bewertens: unser »Geschmack«. Auch in der Literatur, im Theater und Film spielt dieser eine Rolle – aber nur eine untergeordnete, weil dort das menschliche Leben im Zentrum bleibt: Liebe und Haß, Erfolg und Mißerfolg, Macht und Unterdrückung. Die äußere Form mag sich auch dort dem jeweiligen Zeitgeschmack anpassen – die uns erregenden Phänomene bleiben jedoch letztlich die gleichen. Anders ist es in der Malerei und Plastik. Hier kann der erworbene Geschmack das Entscheidende sein. Für den Maler und Bildhauer ist das ursprünglichste Kriterium für die Wirksamkeit seines Werkes – seine eigene Reaktion. Sein persönlicher Geschmack kann sich aber von den Wertungen anderer so weit entfernen, daß sein Werk bei ihnen keine oder falsche

Reaktionen auslöst. So kann es kommen, daß hier ein Künstler schließlich nur noch die Reaktionen seines eigenen Zentralnervensystems befriedigt. Oder ein beschränkter Kreis entwickelt eine nach besonderen Kriterien ausgerichtete Sensibilität, während die übrigen Zeitgenossen nicht davon berührt werden. Auch hier bietet der Künstler übernormale Reizsituationen zur Auslösung von Vorstellungen und Empfindungen. Aber ihre Wirkung stützt sich vorwiegend auf erworbene Formen des Erkennens, sie ist somit auf Menschen beschränkt, in deren Gehirn entsprechende rezeptive Strukturen ausgebildet wurden.

Eben das trifft auch die Musik – die wohl am unmittelbarsten auf unsere Emotionen wirkt. Gewisse Grundelemente in den Klangfolgen mögen bei allen Menschen ähnliche Emotionen auslösen (feierliche, traurige, frohe Musik), im wesentlichen aber beruhen auch hier die Reaktionen weitgehend auf erworbenen Mechanismen des Erkennens. So bietet etwa alte japanische Musik dem Europäer keinerlei ästhetischen Genuß. Erziehung, vielleicht auch Prägung spielen hier eine wichtige Rolle. In den Sparten der bildenden Künste wird die rein räumliche Komponente unserer ästhetischen Bewertung angesprochen; in der Musik die rein zeitliche Komponente. In beiden Kunstformen stehen *unmittelbare* Wirkungen im Vordergrund – in beiden ist aber auch wieder die indirekte Wirkung über unsere Phantasie möglich. Wir können auch Werke der bildenden Kunst und der Musik in der Phantasie auf uns wirken lassen – dies geschieht ja bereits beim Künstler, wenn er sein Werk entwirft. Die Projektionsfläche unserer Phantasie ist nicht nur eine optische, sondern auch eine akustische – sie schließt überhaupt alle unsere Sinneswahrnehmungen mit ein.

Wir haben bisher nur die eine Seite der Kunst betrachtet – nämlich ihre Wirkungskraft auf den anderen Menschen und die Frage, woraus sich diese Wirksamkeit erklärt. Das Wesentliche der Kunst – ihr eigentliches »Können« – liegt jedoch woanders. Sehr zu Recht sind Künstler und Wissenschaftler schon oft verglichen worden – nämlich darin, daß jeder in seiner Art nach »Erkenntnis« und »Wahrheit« sucht. Der Wissenschaftler sucht nach »objektiven«, möglichst meßbaren Beziehungen; der Künstler geht einen anderen Weg. Seine Suche nach Wahrheit und Erkenntnis ist subjektiv, er versucht das Besondere seines Erlebens in sich selbst zu verdichten, aus der Vielheit zu einer faßbaren Gestalt zu kommen – sei diese nun eine Erzählung, ein Bild oder ein Musikstück. Zwischen der menschlichen Begriffsbildung und der besonderen Tätigkeit des Künstlers besteht – so scheint mir – eine enge Beziehung. Unsere Begriffsbildung, auf der sich unser gesamtes Denken aufbaut, beruht auf dem Vorgang, in ähnlichen Erscheinungen das Gemeinsame und Typische zu erkennen – zweifellos eine Phantasieleistung, weil das Gemeinsame stets etwas Vorgestelltes und schließlich in uns selbst Gelegenes ist. Diese Vorstellung des Gemeinsamen verknüpfen wir dann mit einem Wortsymbol – zum Beispiel nennen wir alles, was sich über einem Stamm mit Zweigen und Blättern entfaltet, einen »Baum«. Wie Gehlen hervorhob, ist diese innere Verknüpfung zwischen einem Vorstellungsgebilde und einer bestimmten Klangfolge (dem gesprochenen und gehörten Wort) eine besondere Phantasieleistung – von der wir auch sicher sein dürfen, daß sie Tieren nur im Ausnahmefall gelingt. Was nun aber der Künstler tut, ist etwas prinzipiell Ähnliches, nur liegt es auf einer weit höheren Integrationsstufe. Er versucht die Gesamtheit eines Erlebens oder einer Betrachtungsweise in ein Symbol zu kristallisieren – sein »Kunstwerk« ist ebenso Symbol dieser größeren Vielheit, wie es das Wort für einen (meist einfacheren) Begriff ist. Das Symbol des Künstlers ist – egal, ob er es als Erzählung, als räumliches Bild oder als zeitliches Klangmuster gestaltet – immer subjektiv, es ist das Ergebnis seiner abstrahierenden Leistung, ein Vieles zu einer geordneten Einheit zu kondensieren. In dieser Kraft – in dieser seiner »Kunst« – läßt sich nun wieder ein »Besser« und »Schlechter« unterscheiden. Der wirklich »große« Künstler vermag von irgendeiner Seite her das Besondere zu fassen – und seine zweite, synthetische Fähigkeit muß dann darin liegen, diesen Eindruck auf ein anderes Gehirn zu übertragen, auch diesem den neugefaßten »Begriff« zu vermitteln. Vielleicht wird eines Tages nachgewiesen, daß dem Menschen ein angeborener Drang zur Begriffsbildung innewohnt. Bei der eminenten Bedeutung, den dieser Vorgang für uns hat, wäre dies nicht zu verwundern. Träfe das aber zu, dann könnte man die kühne Theorie aufstellen, daß der Künstler durch eine besonders starke Triebausstattung in dieser Richtung charakterisiert ist. Sein »hypertrophierendes« Streben nach Begriffsbildung würde sich dann eben in dem Drang zur Bildung von Begriffen höherer

Ordnung ausdrücken, die er zu Symbolen verdichtet und auch in das Bewußtsein anderer Menschen zu übertragen versucht.

Auf ähnliche Vorgänge mag sich auch die Entstehung der primitiven Religionen zurückführen lassen. Sobald der Mensch zu der Fähigkeit gelangte, Erfahrungswerte in seinem Gehirn beliebig zu kombinieren, sobald er »in seinem Geist« Ursachen und Wirkungen überschauen konnte, die nicht mehr unmittelbar in seinem Wahrnehmungsfeld lagen, sobald er die Erscheinungswelt in Begriffe zusammenfaßte und diese durch Wortsymbole kennzeichnete, verließ er das problemlose »Paradies«, »aß vom Apfel der Erkenntnis« – und stieß plötzlich auf viele ihn erschreckende und quälende Fragen, die seine Phantasie in Bewegung setzten. Erscheinungen wie Blitz und Donner verlangten nach einer »Erklärung«. Die Vorstellung von übernatürlichen Kräften, Geistern und Göttern mag geradezu eine notwendige Konsequenz des Aufkeimens kausaler Denkfähigkeit sein, indem die Phantasie das Unerklärliche ebenso zu einem greifbaren Etwas macht wie das Gemeinsame in den wahrgenommenen Erscheinungen. Waren solche Vorstellungen aber erst einmal gebildet, dann bedeuteten sie eine ideale Traumwelt, auf die sich überhaupt alles beziehen ließ. Was den Menschen bedrückte oder ihm unerklärbar war, konnte er mit der Wirksamkeit dieser selbstgeschaffenen Phantasiegestalten verknüpfen. Und indem sich diese dann durch Erzählung von einer Generation auf die nächste fortpflanzten, gelangten sie zu einer fast unerschütterlichen Realität.

Manchen Objekten oder Vorgängen überlagerten sich so weitere unsichtbare Eigenschaften: sie wurden heilig oder tabu oder verdammenswert. *Die Besänftigung und Beeinflussung der Götter durch Opfer und Zeremonien war eine nur allzu natürliche Folge des Glaubens an ihre Existenz.* Den Lenkern der Menschengemeinschaften boten diese Vorstellungen außerdem die willkommene Möglichkeit, die Regeln des Gemeinschaftslebens an einer höheren Kontrolle zu fixieren. Den beschlossenen oder gewünschten Ordnungen konnte so ein festeres und mächtigeres Rückgrat gegeben werden. Moral und Recht ließen sich an Gebilden der Phantasie besser verankern als an irgendeiner anderen »realen« Macht – denn die Angst vor dem Unbekannten kann nachdrücklicher wirken als die vor dem Bekannten. Künstlerisch veranlagte Personen mußten hier die stärkste Anregung finden, diese Vorstellung noch weiter auszugestalten. Der Trieb, sich zu unterwerfen, fand hier eine optimale Reizsituation, sich durch Demütigung abzureagieren. Der Mensch schuf so – als ein Kunstwerk ganz besonderer Art – eine Phantasiewelt, die wieder auf ihn zurückwirkte, ihn leitete und erfüllte. Sie wurde zum unsichtbaren Rückgrat einzelner Kulturen, zum Wertmesser der Handlungen, zu einem die Gemeinschaft festigenden Band – also zu einer Einrichtung von hohem Auslesewert. Sieht man die Dinge so, dann wird es verständlich, wieso es überall, wo Menschen sich entwickelten, schon gleich am Anfang zur Bildung solcher Vorstellungen kam. Damit soll durchaus nicht etwa behauptet werden, daß jede Religion ein solches Phantasiegebilde darstellt. Vielmehr gibt es – naturwissenschaftlich betrachtet – keine einzige religiöse Vorstellung, die gegenbeweisbar wäre. Das gilt sogar für die allerprimitivsten Religionen, und selbst wenn diese ausgestorben sind. Es sollte hier bloß dargelegt werden, wie das Phänomen unserer Phantasie im Verein mit unserer kausalen Denkfähigkeit die Bildung solcher »übersinnlichen Vorstellungen« geradezu herausforderte, woraus sich eine plausible Erklärung dafür ergibt, wieso sich solche Vorstellungen in so großer Zahl und Regelmäßigkeit bildeten und warum sie – waren sie erst einmal da – so starr beibehalten wurden.

Damit sind wir bereits zur Kehrseite der Phantasie gelangt. Sie ist nicht nur eine menschliche Stärke, nicht nur die Grundlage für Erfindung und Fortschritt, nicht nur ein Mittel, um unausgelebte Triebe auszuleben und uns »seelische« Lustempfindungen zu verschaffen, sondern sie ist auch eine Schwäche, eine Gefährdung des Menschen. *Sie ist sozusagen unsere verwundbarste Stelle.* Wenn Kant sagte, die Phantasie sei »unser guter Genius oder unser Dämon«, dann meinte er wohl, daß sie uns – nach gegebenen Wertungen – zum »Guten« oder »Schlechten« hinleiten könne. Hier soll jedoch von einer anderen negativen Wirkung der Phantasie die Rede sein. Und damit kommen wir auf die Frage zurück: Können wir überhaupt wollen, was wir wollen?

Da unsere Phantasie so leicht von uns selbst und von anderen manipuliert werden kann, wird sie zum natürlichen Tor, durch das die Beeinflussung von seiten anderer Menschen in uns eintritt. Besonders über Wort und Schrift werden auf unserem Projektionsschirm

Vorstellungen aufgebaut, die manche angeborenen oder erworbenen Regungen in Bewegung setzen, ob wir wollen oder nicht. Unser regierendes Ich kann sich dagegen wehren, doch wenn die Vorstellungen auf eine Art geboten werden, daß unser Ich keine Gefahr sieht, dann kann dieses Ich unversehens von ihnen geleitet werden. Der Vorgang ist immer der, daß durch Aktivierung unserer Phantasie entsprechende Gefühle und Reaktionen bei uns ausgelöst werden. In besonders gezielter Weise geschieht dies durch »Reklame« und »Propaganda«. Hier wird die Wissenschaft selbst eingesetzt, um in der geschicktesten und unauffälligsten Weise unser Ich »aus der eigenen Burg zu treiben«; um unsere Reaktionen so zu manipulieren, daß ein fremder Wille in uns einzieht. Dies ist die raffinierteste und unheimlichste Form der Versklavung. Es ist der gefährlichste aller Wege, uns – ohne daß wir es überhaupt merken – *zu künstlichen Organen von anderen zu machen.*

Die größte Gefahr, der der Mensch über den Umweg seiner Phantasie ausgesetzt ist, liegt in der Demagogie – in der bewußten Aufpeitschung von nationalen Leidenschaften. Dieser Vorgang geht dem Ausbruch der meisten Kriege voran – und beim heutigen Stand der Dinge kann er sehr wohl eines Tages für unsere Selbstvernichtung verantwortlich sein.

Auch hier geht es wieder um die Aktivierung von Trieben, die uns auch heute noch auf das engste mit unserer tierischen Vergangenheit verbinden. Der erste und wichtigste ist jener der »sozialen Aggression«, der gruppenbildende Tiere zu einer kämpferischen Einheit zusammenschweißt. Er äußert sich in der »sozialen Verteidigungsreaktion«, die bei Rhesusaffen, Pavianen und Brüllaffen genauer untersucht wurde. Sie wird bei diesen Tieren durch den Anblick einer fremden Gruppe von Artgenossen ausgelöst und führt zum Kampf um das jeweilige Revier. Die uns Menschen so »heiligen« Gefühle der nationalen Begeisterung sind, wie Lorenz wahrscheinlichmachte, alles eher als menschlich oder heilig, sondern entspringen dem analogen Instinkt, der durch spontane Erregungsproduktion zu einem sich von selbst bildenden Appetenzverhalten führt. Die bei den Menschen auftretenden physiologischen Begleiterscheinungen sind denen bei den Affen, die sich gleichfalls todesmutig für die Gemeinschaft opfern, sehr ähnlich. Auch diese stacheln sich gegenseitig durch rhythmisch ausgestoßene Laute an –

eine Analogie zu der menschlichen Marschmusik –, und es gibt noch verschiedene weitere Parallelen. Die Umwertung dieser uns so teuren und in allen Heldenliedern besungenen Reaktion wird uns wohl schwieriger fallen als irgendeine andere. Denn wir sind diesem Instinkt ausgeliefert; wir empfinden es als lustvoll, ihm nachzugeben; wir verbinden mit ihm unsere ältesten und höchsten Ideale. Er äußert sich in jeder Gruppe – sei dies eine Bande von Jugendlichen, ein Verein, eine Ideengemeinschaft oder eine Nation. Beim Menschen kann jedoch die »soziale Verteidigungsreaktion« – wie jedes Triebverhalten – auch über die Phantasie aktiviert werden. Die Bösartigkeit des »Feindes« kann in der Erzählung nach Belieben gesteigert werden. Der Vorstellung von Brutalität und Mißhandlungen ist unser vernünftiges Denken nicht gewachsen. Dazu kann als weitere Hilfskraft unsere Angst aktiviert werden. Wir hören, daß wir kämpfen müssen, weil wir gar nicht anders können – sonst verlieren wir Hab und Gut, werden getötet, die Frauen werden geschändet, den Kindern geschieht Leid. Das bedeutet: will man nicht vernichtet werden, dann muß man selbst vernichten. Und dazu lassen sich dann noch zwei weitere Triebe als Helfershelfer aktivieren: die Habgier und der Sexualtrieb. Der Besitz des Feindes und seine Frauen sind zu erobern. Wenn hier das vernünftige Ich noch unbeeinflußt bleibt, ist es geradezu ein Wunder. Nachher fragt sich dann die Gemeinschaft, wie es dazu kam. Der Demagoge wird verflucht – *nicht dagegen sein Werkzeug: die eigene Phantasie.*

Gibt es hier überhaupt einen Ausweg, oder wird die Menschheit auf diesem Weg weitergehen?

Will der Mensch Freiheit, dann wird manche Freiheit etwas mehr beschnitten werden müssen. Die Gefahren, denen wir ausgesetzt sind, werden einfach zu groß; selbst Erziehung und Aufklärung werden daran kaum wesentliches ändern. Sportkämpfe, Schauspiele und ähnliches bieten dem heutigen Menschen gewisse Möglichkeiten, seine aggressiven Regungen abzureagieren, doch das genügt nicht. Gegen gewisse Formen der Beeinflussung brauchen wir Schutz.

Unsere Phantasie ist unsere große Stärke und unsere große Schwäche. Sie gleicht dem Feuer, das Prometheus den Göttern raubte, wofür er dann an den Felsen gekettet wurde. Sie ist vielleicht *das* Besondere, das wir besitzen – sie ist vielleicht das Menschlichste im

Menschen. Diese unsere Fähigkeit gleicht aber auch dem Lindenblatt, das dem Helden Siegfried auf die Schulter fiel – wodurch er an der einen Stelle verletzbar blieb. Die Phantasie macht den Menschen ganz außerordentlich verletzbar – und wir werden es bleiben.

12.
Der Glücksucher

Es dauert jetzt wohl nicht mehr lange, und die erste Niederlassung wird auf dem Mond errichtet. Ob der ungeheure Energieeinsatz, den der Mensch in dieses Neugierverhalten investiert, Früchte tragen wird, bleibt abzuwarten. Ein Ergebnis ist jedoch schon heute vorauszusehen. Für die Wissenschaft ergibt sich auf dem Mond eine einmalige Gelegenheit. Gelingt es, dort ein Riesenteleskop aufzubauen, dann wird es möglich sein – da der Mond keine die Lichtstrahlen störende Atmosphäre hat –, noch etwas weiter in den unermeßlichen Weltraum hinauszuschauen; dann werden wir auch noch kosmische Erscheinungen beobachten können, die Millionen von Lichtjahren von uns entfernt sind. Wir werden dann noch besser erkennen können, eine wie winzige Erscheinung in Raum und Zeit wir sind.

Nehmen wir an, der auf dem Mond stationierte Astronom könnte einige Stunden seines Forschungsprogramms erübrigen, und er blickte zu seinem Vergnügen zu unserem Erdball herüber. Nehmen wir weiter an, sein Teleskop wäre so stark, daß er in der Lage ist, einzelne Menschen bei ihrem Tun beobachten. Was würde er sehen?

Er würde uns als *das* sehen, was wir tatsächlich sind – als allseitige Bewohner einer Kugel. Das heißt, er würde etwas sehen, das wir uns trotz besseren Wissens nicht vorstellen können, weil unser Geist in seiner Oben-unten-Vorstellung offenbar in einer Kantschen Kategorie »a priori« festliegt. Er würde sehen, wie auf der »Oberseite« dieser Kugel – jener nämlich, die gerade zufällig mit seiner Lage übereinstimmt – die dort befindlichen Menschen »aufrecht« gehen. Er würde, wenn er das Fernrohr zum seitlichen Teil der Kugel richtet, die Menschen in entsprechend seitlicher Lage herumgehen, Kaffee trinken und sonstiges tun sehen. Und richtet er das Fernrohr zur unteren Seite, dann würde er sehen, wie dort die

Flugzeuge »abwärts« aufsteigen, wie dort jener Sportler den Preis erringt, der beim Hochspringen »abwärts springend« die höchste Leistung erzielt. Auf einsamen Bänken würde er Liebespaare sehen, wie sie kopfabwärts sich und die Welt vergessen... Kurz, er würde uns in unserer wirklichen Lage sehen – und dieser Anblick würde ihm vielleicht auch eine Besonderheit des Menschen deutlicher vor Augen führen, die wir noch selbstverständlicher als alle übrigen nehmen: *unser Streben nach »Glück«.*

Als unser Planet – dieser, kosmisch betrachtet, so winzige Körper – entsprechende Voraussetzungen bot, setzte an seiner Oberfläche ein Prozeß ein, der sich in der Bildung von immer komplizierteren und leistungsfähigeren Körpern – den »Lebewesen« – äußerte. Unseren Sinnen erscheinen diese als das Wesentliche, als die Hauptsache – aus Sicht des Prozesses sind sie Mittel und Voraussetzung für ein ständiges Anwachsen. Das »Leben« gleicht in dieser Beziehung dem Feuer, das auch gewissermaßen nach »Nahrung sucht« und diese zur Steigerung seines Vorganges »verwendet«. Auch das Feuer benötigt Energie und macht diese dann zum Teil seines Prozesses. Beim Lebensprozeß ist das auch so: *auch er sucht nach verfügbarer Energie, die dann ebenfalls zu einem Bestandteil und zum eigentlichen Ausführer dieses Prozesses wird.* Der große Unterschied besteht allerdings darin, daß der Lebensprozeß »geordneter« Strukturen bedarf, die ihn zur aktiven Gewinnung von Energie befähigen und in diesem Sinne »zweckmäßig« sind. Diese Körper »wachsen«, und sofern ihnen dabei natürliche Grenzen gesetzt sind – etwa durch die Erdschwerkraft oder durch die begrenzte Erweiterungsfähigkeit ihrer eigenen Organisation –, »vermehren« sie sich. Hätte der Lebensprozeß diese beiden Fähigkeiten nicht entwickelt dann wäre er schnell zum Stillstand gekommen. Er gelangte jedoch zu diesen Fähigkeiten und setzte sich fort. Wenn Nietzsche in diesem Prozeß keine andere Zielhaftigkeit sah als einen »Willen zur Macht«, dann ist dem naturwissenschaftlich kaum zu widersprechen. Allerdings kommt ein solcher »Wille« auch dem Feuer zu – nur eben in einer weit weniger komplizierten Weise.

Auch jeder von uns – jeder »Mensch« – ist ein solcher Leistungskörper, eine solche »Ordnung«, die den Lebensprozeß fortsetzt, und zwar die komplizierteste und mächtigste von allen. Als einziger solcher Körper vermögen wir – in unserer Phantasie – auf unser eigenes »Leben« zu schauen, vermögen uns selbst zu bewerten, vermögen dieses »Leben« selbst bewußt zu gestalten. In uns kam der Lebensprozeß an den Punkt, da sich zu einem recht blinden »Willen« *Überlegung* gesellte – also die Fähigkeit, die Richtung dieses Willens zu lenken. Und in welche Richtung lenkte der Mensch ihn nun? Unsere Aktivität ist ungeheuer kompliziert geworden – welches ist ihr letztes Ziel?

Eine grundlegende Fähigkeit aller vom Lebensprozeß hervorgebrachten Körper ist eine Bewertung dessen, was den Prozeß »fördert« und was ihn »nicht fördert«. Diese Unterscheidung ist – wie man in der Biologie sagt – nach dem »Lust-Unlust-Prinzip« gesteuert. Auf manche Wahrnehmungen reagieren die Lebewesen »positiv«, sie werden von ihnen gleichsam angezogen, sie streben zu ihnen hin – diese Reize vermitteln ihnen »Lust«. Andere dagegen stoßen sie ab, bewirken ein Zurückziehen, eine Abwendung – sie vermitteln ihnen »Unlust«. Ob diese Lust- und Unlustempfindungen mit unseren menschlichen vergleichbar sind, können wir nicht feststellen, da wir uns mit den Pflanzen und Tieren nicht verständigen können. Wenn also gewisse Psychologenschulen darauf hinweisen, daß wir aus unseren Empfindungen nicht auf jene der Tiere schließen dürfen, dann ist das richtig. Daß unsere Empfindungen jedoch auf der gleichen Lust-Unlust-Unterscheidung beruhen, die den gesamten Lebensprozeß kennzeichnet – ja sein eigentlicher, zentraler Motor ist –, dürfte kaum ernsthaft zu bezweifeln sein.

Der springende Punkt ist nun der – und hier liegt eine weitere entscheidende Besonderheit des Menschen –, daß wir uns dieser Lustgefühle nicht nur bewußt werden, sondern auch die Kausalität ihres Zustandekommens überschauen können. *Wir erkennen, was uns im einzelnen diese Empfindungen verschafft* – und es ist nur natürlich, daß der Mensch seine Intelligenz dahingehend einsetzt, seine lustvollen Zustände zu fördern und die unlustvollen nach Möglichkeit zu vermindern. Noch mehr: er verändert die Dinge so oder erzeugt künstlich derart beschaffene Situationen, daß sein Lustzustand noch gesteigert wird. Die stärksten »Lustspender« sind unsere angeborenen Instinkte. Diese funktionieren so, daß uns bei Erreichen des entsprechenden Triebzieles angenehme Empfindungen zuteil werden, während uns eine Nichterfüllung zu unlustvollen Spannungszuständen führt. Deshalb standen die angeborenen Verhal-

tensweisen von Anbeginn im Zentrum menschlichen Interesses. Unsere Vorfahren gelangten offenbar sehr bald dahin, die »positiven« Empfindungen – ursprünglich nicht mehr als ein notwendiger Bestandteil im Gesamtmechanismus der Arterhaltung – zu einem Zielpunkt zu machen. Aus einem »Mittel« wurde so ein Selbstzweck.
Heute ist diese Entwicklung sehr weit gediehen; unsere Nahrungsaufnahme ist dafür ein Beispiel. Wir essen längst nicht mehr nur im Sinne der biologischen Funktion dieses Vorganges – also um unserem Körper die notwendige »Nahrung« zuzuführen –, sondern wir haben, durch entsprechende Zubereitung und Würzung, unsere Speisen für uns erhöht lustspendend gemacht. Für viele Menschen liegt heute das Problem längst nicht mehr darin, genug zu essen, um *gesund* zu bleiben – sondern vielmehr darin, wie man möglichst viel und möglichst gut essen kann, ohne dabei die Gesundheit zu *schädigen*. Schon dieses Beispiel zeigt, wie neuartig – aus dem Sichtwinkel der Evolution – diese Entwicklung ist. Der Lebensprozeß, bisher nach »außen« gerichtet und darauf zielend, körperfremde Substanz in körpereigene zu verwandeln – sich zu vergrößern und zu vermehren –, wendet sich nun gleichsam gegen sich selbst, *zielt auf die Auslösung ihm selbst eigener Vorgänge*. Kraß ausgedrückt, wird der Mensch so zu einem Ausbeuter seiner eigenen lustspendenden Mechanismen, zu einem höchst eigenartigen Parasiten an seiner eigenen Nervenstruktur. Er wurde zu einem Spezialisten im Anstreben von Annehmlichkeit und Genuß – dies war ein wesentliches Motiv seiner »Kultur«.
Die Worte »Ausbeuter«, »Parasit« und vor allem das Wort »Lust« haben in unserem Sprachgebrauch einen negativen Beigeschmack, der durchaus nicht im Sinne dieser Betrachtung liegt. Aus kosmischer, nüchterner, vorurteilsloser Sicht – um die wir uns hier bemühen – ist jedes Lebewesen ein »Ausbeuter«, ja ein »Parasit«. Die Pflanzen beuten die Energiequellen der Sonnenstrahlen aus und sind deshalb, wenn man so will, »Parasiten« des Sonnenlichtes. Sämtliche Tiere verwenden den Körper irgendwelcher anderer Organismen (Tiere und Pflanzen) als Energiequelle, beuten also diese anderen Körper aus, sind deren »Parasiten«. Parasiten im eigentlichen Sinn nennen wir jedoch solche Tiere (und Pflanzen), die sich an andere anhaften und dauernd von ihnen zehren. In unserer sub-

jektiv menschlichen Vorstellung ist uns diese Form des Nahrungserwerbes unsympathischer, widerlicher – sehr wahrscheinlich eine angeborene Reaktion, die sich gegen unsere eigenen Parasiten richtet und die wir auch auf alle uns nicht betreffenden analogen Vorgänge in der Natur übertragen. Aus biologischer Sicht – aus der Sicht des Lebensprozesses – ist diese Erwerbsform selbstverständlich in keiner Weise »schlechter« als irgendeine andere. Ja Moralwertungen wie »gut« und »schlecht« entbehren hier überhaupt jeglicher Grundlage. Die einzige gültige Wertung heißt »lebensfähig« oder »nicht lebensfähig«. Das am Menschen so Neue und Ungewöhnliche ist somit nicht, daß er ein Ausbeuter und Parasit (im weitesten Sinn des Wortes) ist; diese Eigenschaft teilen wir mit allen Lebewesen. Wir sind Ausbeuter, Parasiten der Rinder, Orangen, des Getreides und so weiter. Worin unsere Besonderheit liegt, ist der Umstand, daß bei uns dieser Energie- (und Stoff-)Gewinn zwar immer noch wichtig und notwendig, aber nicht mehr das zentrale »Ziel«, der eigentliche »Zweck« ist, sondern zu einem Mittel wurde, um etwas anderes zu erreichen – das somit zum eigentlichen Ziel geworden ist. Dieses andere sind nun aber eben unsere »Lustempfindungen«, also Begleiterscheinungen unseres Lebensvorganges. Um sich diese zu verschaffen, unternimmt der Mensch weit größere Anstrengungen, als es zu seiner eigentlichen »Lebenshaltung« nötig wäre. Auch in dieser Form der Ausbeutung liegt selbstverständlich nichts »Schlechtes« – sofern es die Lebenseignung nicht schädigt. Der Mensch ist jedoch allen anderen Lebewesen gegenüber zu so ungeheurer Übermacht gelangt, daß er sich diesen »Luxus« ohne weiteres leisten kann. Indem er seine eigenen Lustgefühle »züchtet«, gibt er dem Lebensprozeß eine neue, eigenartige Richtung. Das Wort »Lust« ist gleichfalls mißverständlich, da manche Lustäußerungen einen negativen Beigeschmack erhalten haben. So empfinden wir sehr gesteigerte Eßlust oder sexuelle Lust als etwas eher »Tierisches« und moralisch nicht Einwandfreies, während uns gesteigerte Lustempfindung aus dem Brutpflegetrieb oder aus unseren sozialen Instinkten – also intensive Freude über das Wohlergehen der Kinder oder Genugtuung über eine Tat der Hilfsbereitschaft anderen gegenüber – einwandfrei »gut« und berechtigt vorkommen. Zum Teil hängt dies mit religiösen Wertvorstellungen zusammen; Lorenz hat jedoch darauf hingewiesen, daß auch diese

Unterscheidung wahrscheinlich auf einer angeborenen Reaktion beruht. Die entwicklungsgeschichtlich älteren »primitiven« Triebe, die bei uns zur Überfunktion gelangt sind, empfinden wir, sobald sie das normale Maß übersteigen, als »schlecht«; bei jenen dagegen, die in Rückbildung begriffen sind, empfinden wir ein analoges Übermaß sogar als lobenswert. Es ist dies gleichsam eine Art von Korrektur der durch Domestikation geschaffenen Abweichung vom natürlichen Ausleseprinzip. Für den Biologen hat der Begriff Lust keinen solchen positiven oder negativen Beigeschmack, sondern umfaßt alle Erregungsvorgänge, auch die subtilsten, sofern diese »positiv getönt« sind, also den Organismus zur Zuwendung oder zum Verharren in einer Reizsituation veranlassen. Da dieser Begriff jedoch im Alltagsgebrauch keine solche neutrale Bedeutung hat, eignet er sich nicht für unsere weiteren Überlegungen – deshalb soll statt dessen ein anderer verwendet werden, der zwar den Philosophen und Dichtern sehr geläufig ist, von Naturwissenschaftlern aber noch kaum verwendet wurde – der Begriff »Glücklichsein« oder »Glück« schlechthin. Er hat den großen Vorzug, daß er fast völlig wertneutral ist – wir bezeichnen einen Orgasmus ebenso als einen Glückszustand wie die Empfindungen, die durch Kunstgenuß vermittelt werden; ein weiches Bett kann uns ebenso »glücklich« machen wie eine gewonnene Auszeichnung, wie die Geburt eines Kindes, wie das rücksichtslose Niederzwingen eines Feindes. Als »Glück« kann ein ganz vorübergehender Zustand bezeichnet werden – ein »Augenblick des Glücks« –, im allgemeinen jedoch bezeichnen wir andere Menschen dann als »glücklich«, wenn über längere Strecken die positiven Empfindungen bei ihnen überwiegen, wenn ihre Lebenführung und Lebenseinstellung so ist, daß sie mehr kontinuierlich im Zustand des »Glücklichseins« – der sich aus sehr vielen Einzelempfindungen zusammensetzen kann – verharren.
Ebenso wie das Essen lernte der Mensch auch das Trinken erhöht lustspendend zu gestalten – also zu einer Steigerung seines Glückszustandes einzusetzen –, und sogar die Funktion des Atmens beuten wir in diesem Sinn aus – indem wir rauchen. Stark bei uns entwickelt ist der Selbsterhaltungstrieb, der ein Streben nach Sicherheit bewirkt und bei jeder Gefährdung Gefühle der »Angst« in uns auslöst. Ursprünglich sprach dieser Instinkt auf gefährliche Tiere, auf

fremde Menschen, fremde Umgebung und auf Naturerscheinungen an; durch unser kausales Denken dehnte er sich jedoch auf eine viel größere Zahl von Zusammenhängen aus, die wir als irgendwie bedrohend empfinden und die uns deshalb Angstvorstellungen erwekken. Aus diesem Instinkt resultiert eine ungeheure Zahl von Einrichtungen, die dem Menschen glückspendende Sicherheitsgefühle schenken: absperrbare Häuser, Zäune, Waffen, Schutzbündnisse, Versicherungsgesellschaften, eine große Zahl der Gesetze, die Einrichtungen der Landesverteidigung, der Polizei, der Gerichte und Gefängnisse und vieles andere mehr. Mit den Steuern, die der Bürger zahlt, erkauft er sich zu einem beträchtlichen Prozentsatz Sicherheit. Den bei uns ebenfalls starken Aggressionstrieb kann der Mensch – wie schon hervorgehoben – in der geordneten Gemeinschaft nicht wünschenswert ausleben. Die durch ihn vermittelten Glücksgefühle verschafft er sich durch erlaubte, nicht tätliche Auseinandersetzungen, durch Intrige und List, durch den Besuch von Schaukämpfen und Wettrennen (wo er sich mit den Kämpfenden identifiziert), durch Sport, Theater, Film und anderes mehr. Wer nicht selbst kämpfen kann (oder durch zu starke Angstgefühle daran gehindert ist), hat über seine Phantasie auch eine Möglichkeit, an diese Lustquelle zu gelangen. Unser Brutpflegetrieb führt uns zu Glücksgefühlen – über den Weg der Beglückung unserer Familie. Die sozialen Instinkte – die dem Umfang der heutigen Massengesellschaften durchaus nicht mehr entsprechen – schenken uns Freude durch geselliges Beisammensein und durch »Feste« – zu deren »Erfindung« der Mensch überall kam; schenken uns (die heute recht gefährlich gewordenen) Glücksgefühle der nationalen Begeisterung und Kampfbereitschaft; schenken uns Befriedigung aus der Zugehörigkeit zu einer Gruppe, aus dem Eintreten für eine Idee, aus dem Befolgen einer »Lehre«. Ebenfalls aus diesem Instinktverhalten – beeinflußt auch vom Sexualtrieb – ergibt sich das sehr starke Rangstreben des Menschen und die glückspendenden Machtgefühle, die sich mit Imponieren, dem Erreichen erhöhter Positionen, mit Titeln, Auszeichnungen und Anerkennung verbinden. Der Ordnungstrieb – sofern meine Vermutung zutrifft und ein solcher bereits in erblicher Fixierung vorliegt – schenkt uns Glücksgefühle über erfolgreiche Koordinierung von Abläufen: dem Mann im Beruf, der Frau daheim im Haushalt. Der Neugiertrieb schenkt uns Freude durch Abwechslung, durch Spiel, Hasard, ja selbst durch Gefahr. Die ungeheuren Fremdenverkehrsströme unserer Zeit beuten diese glückspendende Reaktion ebenso aus wie die sich in Kinos und um Fernsehschirme versammelten Massen. Ganz besonders starke Glücksgefühle schenkt der Sexualtrieb – von rein körperlichen zu ganz verfeinerten geistig-seelischen –, und die ungeheuren Auswirkungen gerade dieses Glücksstreben sind allgemein bekannt. Mit ihm eng verknüpft ist wieder die uns angeborene Fähigkeit zu ästhetischer Wertung – die zur Kultur im engeren Sinn geführt hat, indem wir unsere so mannigfachen künstlichen Organe nach Möglichkeit so gestalten, daß sie uns nicht nur im Sinn ihrer Funktion (und allenfalls auch zum Imponieren) dienen, sondern uns auch noch durch »Schönheit« erfreuen, uns also auch ästhetische Glücksempfindungen schenken. Bewegungstrieb, Sprechtrieb und weitere angeborene Tendenzen drängen uns ebenfalls zu Handlungen, schenken uns ebenfalls durch Ausübung »Glück«. Charakteristisch für das menschliche Triebverhalten ist, daß unsere Triebe nicht mehr starr an festliegende Erbkoordinationen geknüpft sind und daß wir auch nicht mehr selektiv auf klar umgrenzte Schlüsselreize ansprechen. Schon bei den Lerntieren wurden – wie besprochen – die starren Bewegungsfolgen zerbrochen, und durch die menschliche Selbstdomestikation verloren auch unsere Mechanismen angeborenen Erkennens an Selektivität. Das bedeutet praktisch: es sind uns zwar die Triebe verblieben – manche haben sich sogar verstärkt –, doch sie führen meist nicht zu streng vorgezeichneten Bewegungsfolgen, und sie werden durch sehr verschiedene Umweltsituationen ausgelöst. Daraus erklärt sich die Unklarheit unserer Triebe – der »dunkle Drang«, wie Goethe es nannte. Wird einer von ihnen durch passende Reize angesprochen – oder macht er sich durch spontane Erregungsproduktion bemerkbar – dann werden wir unruhig, wissen jedoch nicht ohne weiteres, wohin dieser Drang uns eigentlich lenkt. Erst wenn eine »abschaltende Situation« gefunden ist, in der sich der Trieb abreagiert und uns Glücksgefühle spendet, erkennen wir das erreichte Triebziel, merken es uns und suchen später wieder danach. Durch Erfahrung wird so unser Instinktverhalten selektiver; wir lernen allmählich, was wir »wollen«. Da die Ausprägung der verschiedenen Instinkte beim einzelnen Menschen oft sehr variiert, kann bei dem einen dieser

Trieb, beim anderen wieder jener überwiegen. Dazu kommen dann noch die erworbenen Aktions- und Reaktionsnormen, die, wenn sie sich genügend gefestigt haben, ebenfalls zu Trieben werden, deren zeitgerechte Abreaktion Glückgefühle auslöst. Und dazu kommen schließlich noch die in der Phantasie gebildeten Bewegungsfolgen – »Pläne« und »Illusionen« –, die sich gleichfalls wie Triebe verhalten und die bei Erfüllung gleichfalls Glücksgefühle spenden. *Der menschliche Körper läßt sich mit einem Wagen vergleichen, der von sehr verschiedenen Pferden nach sehr verschiedenen Richtungen gezogen wird.* Der Wagenlenker, das bewußte Ich, ist zunächst – bei der Geburt des Menschen – noch gar nicht da. Die *angeborenen* »Pferde« sind es, die zunächst diesen Wagen ziehen – im übrigen wird er von den Eltern und der Gesellschaft gelenkt. Dann tritt allmählich der Wagenlenker in Erscheinung, erhält unzählige Ratschläge mit auf den Weg und bemüht sich, die Zügel seiner Pferde in die Hand zu bekommen. Weitere schafft er sich selbst an – und auch diese müssen gezügelt werden. Die Fahrt – der Berufs- und Vergnügungsweg – geht durch das Verbotsdickicht der für den Platz gültigen Ordnungen. Hindernisse und Schwierigkeiten stellen sich in den Weg; jedes der Pferde will Futter, will laufen; oft ziehen sie gegeneinander – für den Wagenlenker kein einfaches Problem.

Zu allen Zeiten haben sich Denker und Dichter gefragt, wie man es in dieser Situation am besten anstellt, um den Wagen recht harmonisch zu führen, um zu einem möglichst dauernden Glückszustand zu gelangen. Die von ihnen hinterlassenen Meinungen und Ratschläge widersprechen einander oft diametral. Manche sahen in der Machterweiterung, in der Überwindung von Widerständen das Glück (etwa Nietzsche), andere wieder empfahlen, auf Macht und auf krampfhafte Anstrengungen überhaupt zu verzichten (etwa Tschuang-tse). Die von Aristippos begründete kyrenäische Philosophenschule erklärte, alles, was Lust schenke, sei glücklichmachend und deshalb »gut«; eine andere Schule, die Stoiker, erklärten, Lust sei eine Fessel, eine Beschränkung der Freiheit, sie mache daher den Menschen unglücklich – sei deshalb »schlecht«. Nach Horaz – dessen Ansicht wohl von besonders vielen geteilt wird – macht Besitz glücklich; doch Diogenes – und manch anderer seither – zeigte, daß auch Besitzlosigkeit eine gute Basis für Glück und Zufriedenheit ist. Nach dem jüdischen, christlichen und mohamedanischen Glauben liegt das Glück in einem anderen Dasein. Goethe erklärte, das Glück sei »überall« in der Welt zu finden – allerdings sagte er an anderer Stelle, es sei immer gerade dort, wo man selbst nicht ist. Von Hölderlin hören wir, daß Glück schwerer zu tragen sei als Unglück. Cicero war der Ansicht, das Glück liege nicht in der Erfüllung, sondern im Verlangen. Seneca erklärte, das Glück trage seinen Sturz in sich selbst. Laotse hinterließ uns den Rat, man müßte auf das Glück verzichten, um es zu gewinnen – und diese Aufzählung könnte noch fortgesetzt werden.

Eine Eigenart des Glücks, die vielen Denkern zu schaffen machte, ist dessen geheimnisvolle »Flüchtigkeit«. Es tanzt wie ein Irrlicht vor dem Menschen einher – und wenn man es endlich zu fassen bekommt, dann zerrinnt es gleichsam zwischen den Fingern. *Dieser so geheimnisvolle Vorgang findet seine fast banale Erklärung in dem Phänomen der sich verändernden Reizschwelle.* Ein Durstiger schleppt sich durch die Wüste – je stärker sein Drang nach Flüssigkeit wird, um so mehr treten alle sonstigen Wünsche in den Hintergrund. Reichtum, Macht, sexuelle Freuden – alles das wird schal und bedeutungslos; ein Glas Wasser wird wichtiger, glückverheißender als alles übrige in der Welt. Die Reizschwelle des einen Instinkts ist hier auf ihr Minimum abgesunken: alle übrigen Parlamentsabgeordneten kauern kraftlos in ihren Stühlen. Der Körper folgt ausschließlich den Direktiven des einen, allübermächtigen Instinktes: Durst. Dann gelangt der Unglückliche zu einer Oase, und in einem wahren Glückstaumel trinkt er. Die abgesunkene Reizschwelle steigt nun wieder an. Jetzt melden sich Hunger und Schlaf. Tags darauf beginnt er wieder für andere Dinge »Sinn zu haben« – »die Erde hat ihn wieder«. Die verschiedenen anderen Wünsche im Instinktparlament melden sich jetzt wieder zu Wort. Weitere Mengen von Flüssigkeit bewirken keinen Glückstaumel mehr. Und nach ein paar Tagen ist ihm das Trinken wieder ebenso selbstverständlich, ebenso Teil der normalen Routine geworden wie eh und je.

Noch ein Beispiel: Ein Mann hat es sich in den Kopf gesetzt, ein eigenes Haus zu besitzen, und setzt alle Kräfte ein, dieses Ziel zu erreichen. In diesem Fall ist der zuständige Parlamentsabgeordnete eine durch Phantasie gebildete Struktur – auch er drängt die übrigen Stimmen in den Hintergrund, beherrscht bald diesen Geist und damit die Handlungen dieses Körpers. Auch hier liegt eine Reizschwelle tief und bewirkt eine Appetenz. Dann gelingt es dem Mann, das Haus zu erwerben. In einem wahren Glückstaumel zieht er ein. Noch nach Wochen und Monaten schenkt dieser Besitz ihm Freude und Glück – allerdings haben sich inzwischen wieder andere Wünsche gemeldet. Jetzt denkt der Mann an ein Auto. Dann wird er Millionär. Da nun jeder Wunsch, kaum geäußert, bereits erfüllt wird, steigen ringsum im Parlament bei allen Trieben die Reizschwellen an – und nur noch übernormal starke Reize können diesen Gehirnstrukturen Glücksgefühle entlocken. Der »arme« reiche Mann weiß schließlich nicht mehr, was er wollen soll. Dann verläßt ihn das Glück, er verliert alles. Er wird krank, seine Freunde verlassen ihn, es geht ihm schlecht. Und siehe da, plötzlich schenken ihm ganz bedeutungslose Kleinigkeiten Glück. Ein Vogel setzt sich in seiner Nähe auf den Boden, er wirft ihm ein paar Krumen hin, der Vogel pickt sie auf – dem Mann steigen Tränen in die Augen. Jetzt denkt er wieder an das Haus – es war ein schöner Besitz! Und die Gesundheit – bisher so selbstverständlich –, sie war ein Geschenk! Sobald etwas selbstverständlich wird, steigt die Reizschwelle an; ist man nach etwas ausgehungert, dann sinkt sie ab. *Nicht das Unglück ist somit der eigentliche Gegenspieler zum menschlichen Glück, sondern das Gesättigtsein, das Selbstverständlichwerden.*

Wohlhabende Eltern machen häufig den Fehler, ihren Kindern – eben weil sie es sich leisten können – jeden ihrer vielen Wünsche möglichst schnell zu erfüllen. Sie glauben, ihnen so eine besonders glückliche Jugendzeit zu sichern – und tun ihnen auf diese Weise keinen wirklichen Gefallen. Die Kinder werden unruhig und aufsässig, nichts scheint sie mehr zu freuen. Die Erklärung ist einfach: das Kind sehnt sich nach Glücksgefühlen – diese aber sind an Appetenzen gebunden, die sich nur bei entsprechend schwieriger Wunscherfüllung bilden. In diesem Punkt sind die Kinder von weniger bemittelten Eltern sogar im Vorteil.

Auf dem Phänomen der sich verändernden Reizschwellen beruht vielleicht die einzige naturgegebende »Gerechtigkeit« dieser Welt. Der Arme – ob jung oder alt – kann so durchaus ebenso starke Glücksgefühle genießen wie der Reiche – sehr wohl auch stärkere. Auch die von vielen geäußerte Meinung, Bescheidenheit sei eine gute Basis für das Glücklichsein, findet so eine ganz reale Bestätigung. Hat einer Willen genug, sich nicht selbst zu verwöhnen, dann kann er die verschiedenen Reizschwellen künstlich niederhalten; die verschiedenen Triebe spenden ihm dann schon bei mäßigen Reizen Glücksgefühle – und mäßige Reize sind eben praktisch leichter zu erlangen als übernormale. Wer verzichtet, gewinnt, sagte Laotse, und knapper läßt sich dieser Zusammenhang wohl kaum formulieren. Die Philosophenschule der Epikureer, die diesen Vorgang ebenfalls durchschauten, ging so weit, eine mäßige Askese zu empfehlen – nicht um die Triebe abzutöten, sondern um sie zu aktivieren. Bricht man mit Gewohnheiten, legt man Perioden einfachen Lebens zwischen andere, dann gelangt man zu einem ähnlichen Resultat. Unlustvoll sind für den Menschen die durch Konfliktsituationen bewirkten Erregunsvorgänge. Solche treten auf, wenn Triebe untereinander oder mit bewußt geformten Absichten kollidieren – oder wenn sich einer als wichtig empfundenen Haltung unerwartete Schwierigkeiten entgegenstellen, die eine jähe Entscheidung verlangen. In zurückliegenden Zeiten, da noch weitere Bevölkerungsschichten in schwerer Unterdrückung und Not lebten, konnten sich die Empfindungen der Menschen – in ausweglosen Lebenslagen – schließlich nur noch aus solchen Konfliktsituationen zusammensetzen. Die Triebe gelangten zu keiner befriedigenden Abreaktion, das Leben schleppte sich in immer neuen Entbehrungen und Demütigungen weiter – und dazu kamen dann noch Krankheiten und körperliche Schmerzen. Aus dieser Situation erklärt sich die Lehre des Buddhismus, der in diesem Dasein nur noch Leiden, also etwas Negatives, sieht und als Ausweg die völlige Unterdrückung der Wünsche und Begierden predigt. Ein völliges Auslöschen wird hier zum Ziel des Erdendaseins. Da man Triebe durch Nichtausübung allmählich abschwächen kann, bot diese Methode gewiß Erleichterung. Die den Wagen ziehenden Pferde, um zu unserem früheren Vergleich zurückzukommen, werden nicht mehr gefüttert, nicht mehr beachtet – alles wird getan, um sie abzutöten. Zur Bildung von neuen Trieben durch Gewohnheit kommt es in solchen Situationen sowieso nicht, und die Phantasie wird ebenfalls auf Wunschlosigkeit ausgerichtet. Aus der so erzielten Abstumpfung, aus der so gewonnenen inneren Unabhängigkeit ging wohl ein Zustand fatalistischen Gleichmutes hervor – befriedigender als die Situation vorher. Das Christentum, unter ähnlichen Bedingungen entstan-

den, ging noch einen Schritt weiter. Auch diese Lehre sieht im Leben ein »Tal der Zähren«, dieses ist jedoch nur eine Prüfung, ein Übergang. Glücklich alle, die unglücklich sind, denn ihnen wird Seligkeit zuteil werden. Auch diese Einstellung wirkt negativ – aber sie ist glückspositiver als der Buddhismus. Nirgends wurde vielleicht die Macht der menschlichen Phantasie mehr unter Beweis gestellt. Durch dieses Lebensrezept gelang etwas, was wohl überhaupt keiner weiteren Steigerung mehr fähig ist: es gelang, den Leidenden glücklich zu machen – *darüber, daß er litt;* den Unterdrückten – *darüber, daß er unterdrückt wurde*; den Machtlosen – *darüber, daß er machtlos war.*
Auch zu der Frage, inwiefern Besitz glücklich macht, läßt sich aus naturwissenschaftlicher Sicht Konkretes sagen. Was wir »Güter« nennen, sind – abgesehen von Nahrung und »Revieransprüchen« (Grundbesitz) – durchwegs *künstliche Organe.* Mit jedem dieser uns funktionell dienenden Gebilde verbindet sich – wie ausgeführt – die Notwendigkeit zur Bildung entsprechender Erwerb-Koordinationen (um sich ihrer zu bedienen); die weitere Notwendigkeit ihres Schutzes, ihrer allfälligen Wartung, Ordnung und Pflege. Diese Einheiten stellen somit gewisse Ansprüche – ebenso wie auch jedes körpereigene Organ. Und ihr Besitz führt auch zur Appetenz, sie zu benützen – besonders, wenn es sich um größere, schwieriger zu beschaffende Einrichtungen handelt. Ein gekaufter, aber nicht benützter Bleistift wird ohne weiteres in Vergessenheit geraten – ein Kleid mag uns dagegen bereits dazu nötigen, es zu tragen, und ein Auto kann sehr wohl vom Diener zum Herrn werden, indem es seinen Besitzer zur Benützung drängt. Von solchen »Fesseln«, von solcher Beeinflussung des Willens befreiten sich Diogenes und seine Anhänger, indem sie nur noch in Besitz einer Decke und eines Bettelsackes durch die Gegend wanderten – und ähnlich verhalten sich manche »Hoboes« und »Gammler« unserer Tage. Daß eine solche Lebensart bloß für einzelne, nicht aber für eine ganze Bevölkerung geeignet ist, versteht sich von selbst. Im übrigen liegt hier aber ein tatsächliches Problem vor, das vor allem die Reichen und Besitzenden trifft. Ihnen kann es sehr leicht passieren, daß sie sich mit mehr künstlichen Organen umgeben, als ihr Zentralnervensystem harmonisch bewältigt, daß sich ihnen zu viele Möglichkeiten, zu viele daraus erwachsende Verpflichtungen ergeben. Erweitert der

Mensch seinen Organisationskörper durch zuviel Besitz, durch zu viele künstlich hinzugewonnene Organe, dann wird ihm die Zeit zu knapp, alle durch sie gebotenen Möglichkeiten zu nützen – und sie wenden sich gegen ihn. Sie stellen gewisse Ansprüche, drängen, zwingen, verlocken, und die steuernden Gehirnstrukturen kämpfen gegeneinander und machen den Menschen – sogar inmitten seines Reichtums – rastlos und unfroh. Auch hier ist sicher eine gewisse Beherrschung die Grundlage zum Glück. Wie stark der einzelne ist, Besitz glückhaft zu bewältigen, ist zweifellos verschieden. Solange man im Besitz etwas von uns völlig Getrenntem sieht, ist nicht einzusehen, warum stetig steigender Besitz nicht auch die Glücksfähigkeit steigern sollte. Sieht man dagegen in diesen Einheiten zusätzliche Funktionsträger, *die an unser Zentralnervensystem ähnliche Ansprüche stellen wie jedes körpereigene Organ,* dann wird verständlich, daß es hier sehr wohl ein Zuviel geben kann, daß der »Körper« schließlich zu groß und zu belastet wird und die Funktionsträger – jeder an sich befähigt, Glücksgefühle zu vermitteln – sich gegenseitig neutralisieren und aufreiben.

Und noch eine Gefahr verbindet sich mit Besitz. Pracht und Reichtum können – wie der Koran sagt – leicht »dürr und welk und zuletzt zu verdorrten Stoppeln werden«, und Tukydides sagte: »Weh aber, ein Glück zu verlieren, an das man gewohnt war.« Ebenso wie bei Verlust eines Menschen, den man liebte oder an den man gewöhnt war, laufen dann plötzlich Hunderte von Gehirnbahnen »ins Leere«, müssen entwirrt, verändert, den neuen Bedingungen angepaßt werden. Die mit den früheren Gewohnheiten bewirkten Triebe müssen abgetötet werden. Manches weist darauf hin, daß auch hier der Lenker des Wagens die Zügel seiner selbst besser oder schlechter bedienen kann. Ist man von vornherein »bescheiden«, überlagert man von vornherein der jeweiligen Bindung die »fatalistische« Vorstellung der so leicht möglichen Vergänglichkeit, baut man auf diese Bindung keine allzu weitreichenden Phantasieschlösser – dann dürfte sich zweierlei gewinnen lassen: die Reizschwelle wird niedergehalten, der Augenblick wird dann nicht zur Selbstverständlichkeit; und außerdem ist man immerhin auf den Verlust vorbereitet. Das bedeutet freilich ein Verlassen der paradiesischen Bedenkenlosigkeit – doch dies ist sowieso der Weg, der unsere Menschwerdung charakterisiert.

In der heutigen marktwirtschaftlichen Welt wird das menschliche Besitzstreben noch künstlich angefacht. Durch das so außerordentlich gesteigerte Angebot an glückspendenden Objekten und glückspendenden Leistungen sind der verlockenden Möglichkeit beinahe zu viele geworden – was zu einer entsprechenden Überbelastung, zu einer Ermüdung und Nervosität geführt hat, die man in den Großstädten besonders deutlich sieht. Die »moderne Welt« erinnert an Goethes Zauberlehrling, der von Geist beschwor und nicht mehr los wird. Jedes neue »Verbrauchsgut«, jede neue Form des Genusses und des Vergnügens gewinnt eine Art von Eigenleben, macht sich bemerkbar, stellt Ansprüche, verlockt und kämpft gleichsam um seine Existenz – einfach deshalb, weil Erwerbstätige dahinterstehen, die alles daransetzen, zu »verkaufen«. In den kommunistischen Ländern wieder ist Privatbesitz staatlich beschränkt oder ganz unmöglich gemacht; hier ist der einzelne in seiner persönlichen Erweiterung und Entfaltung behindert.

Die heutige Menschheit sieht mit Spannung – und Besorgnis – nach Ost und West und steht unter dem Eindruck, hier oder dort liege des Menschen Zukunft. Die in diesem Buch entwickelten Gedanken sprechen dafür, *daß sie weder hier noch dort liegt, daß vielmehr beide Entwicklungen übersteigert sind.*

Daß der Kommunismus sich nicht als passende Ordnung für einen Endzustand menschlicher Entwicklung eignet, läßt sich aus folgenden Gedanken ablesen: Nehmen wir an, diese Lehre hätte die ganze Welt erobert – was dann? Wenn Einzelwesen in einem höhern Machtkörper aufgehen, dann hat das biologisch Sinn und Bedeutung, indem so ein stärkerer Leistungskörper entsteht. »Stärker« jedoch immer nur im Hinblick auf Konkurrenten und Feinde. Gibt es aber überhaupt nur noch einen solchen Körper auf der Erde – was berechtigt dann noch dessen Bestehen? Diese Ordnung würde dann – in konsequenter Weiterverfolgung ihrer Grundprinzipien – dazu dienen, *zu verhindern*, daß die Tüchtigen sich entfalten, *zu erzwingen*, daß jedem Körper, der als Mensch zur Welt kommt, bloß ein prinzipiell ähnliches Leben mit prinzipiell beschränkten Organen und prinzipiell geregelten Freuden und Leiden gestattet ist. Das aber wäre ein der Gesamtevolution derart zuwiderlaufender Zustand, daß spätestens zu diesem Zeitpunkt diese Ordnungsform von selbst zerbrechen würde. Und dann stünde die Menschheit erneut vor der Frage: Was nun...? Besser geeignet für eine globale Ordnungeform dürfte eine solche sein, die grundsätzlich sehr verschiedenen Ordnungen ihr Recht sichert. Die Unterstützung einzelner Menschengruppen – welche den Kommunismus und andere Bewegungen ins Leben rief – läßt sich zweifellos nicht aufrechterhalten und wurde inzwischen auch auf andere Art beseitigt. Ebenso muß aber wohl auch die Vorstellung beseitigt werden, *daß irgendeine Lebensform für alle Menschen gleich passend wäre.* Sie ist es ebensowenig, wie auch für den einzelnen Menschen nicht die gleiche Lebensregel zu gleichen Ergebnissen führt. Der einzelne ist vielmehr – bereits von der Stärke der Ausbildung seiner diversen Instinkte her – sehr verschieden, und gerade hier liegt ein Reichtum, auf den wir nicht verzichten sollten. Die Unduldsamkeit gegenüber anderen Denkweisen ist vielleicht jene *erworbene* Eigenschaft, die man wirklich als die »schlechteste« bezeichnen darf. Wir sind auf unserem winzigen Planeten zwar Passagiere auf demselben Schiff, aber wir sind nicht notwendigerweise gleiche Passagiere. Weder haben die Menschen das gleiche Erbgut noch die gleichen Talente noch die gleiche Lebenskraft noch die gleichen Wünsche. Die Vorstellung, daß die Menschen einander gleich seien, ist grundsätzlich falsch. Richtig ist dagegen, daß wir jedem Menschen gewisse gleiche Grundrechte einräumen sollen, denen freilich auch gleiche Grundpflichten gegenüberstehen müssen. Wie sich jedoch im übrigen – im Rahmen einer für alle notwendigen Gesamtordnung – der einzelne entfaltet, das sollte wohl seine Sache sein. Und kein Weg ist hier grundsätzlich »besser« oder »schlechter«.

Die heutige marktwirtschaftliche Entwicklung ist gleichfalls übersteigert. Jeder Fortschritt, jede neue uns irgendwie dienliche raumzeitliche Struktur ist gewiß an sich »gut« – allerdings nur so lange, als sie uns wirklich dient und als wir nicht dazu übergehen, *ihr zu dienen.* Heute jedoch – vom Verkaufsstreben angepeitscht – geht die allgemeine Tendenz dahin, den einzelnen dahingehend zu beeinflussen, daß er mehr tut und mehr haben will, als sich mit seiner Kraft und seiner Zeit vereinbaren läßt. Nur der Unzufriedene wird zum »Erwerber«, also wird alles getan, um Unzufriedenheit zu bewirken. Besonders schlimm – und biologisch unsinnig – ist dabei die Tendenz, das Bestehende zu entwerten. Das künstliche Organ – wie es auch immer aussehen mag – wird durch seinen Erwerb ein Teil unserer körperlichen Organisation und erhält dadurch (und nur dadurch) seinen »Wert«. Einflüsse, die uns dahin bringen, diesen Teil ohne wirklichen Grund wieder von uns abzulösen, ihm »unsere Treue zu brechen« und in endloser Folge nach Neuem zu suchen, sind zwangsläufig für uns nachteilhaft, untergraben unser Selbstbewußtsein, unsere natürliche Lebensbasis.

Das zentrale Übel in dieser Entwicklung liegt im Hochspielen einer gesellschaftlichen Bewertung, die sich auf den Besitz von Kaufobjekten gründet. Solange das, was der Nachbar besitzt, darüber entscheidet, welchen Wert das, was *wir* besitzen, *für uns selbst* hat – steht es um uns nicht gut. Bestimmen wir dies nicht selbst, dann sind wir nur Puppen, die an Fäden gezogen werden. Die Bemühung um Absatzmärkte hat schon in kurzer Zeit viele Werte zerstört. *Feste* – ein Rückgrat menschlicher Kultur – werden zunehmend zu einem Datum, da Menschen dazu gebracht werden können, etwas zu kaufen oder sich gegenseitig zu beschenken – also Produkte oder Dienstleistungen zu erwerben. *Kunstwerke*, etwa Musikstücke – sicherlich wertvolle Glückspender –, werden bedenkenlos an Verkaufsobjekte geknüpft, und ihre Auslösekraft wird so vermindert. Und die gleiche werttötende Tendenz ist auch noch in vielen anderen Bereichen sehr deutlich. Indem wir allzu viele Wünsche eingeimpft erhalten, arbeiten wir mehr, als wir wollen, haben somit weniger Zeit, zu überlegen, haben um so weniger Widerstandskraft, uns zu widersetzen und werden so Verkaufseinflüssen um so mehr zugänglich. Das ist die augenblicklich gegebene Verknüpfung von Ursache und Wirkung.

Die »unterentwickelten« Länder liegen im Schlachtfeld dieser beiden Machtbereiche. Von beiden Seiten bemüht man sich um sie – aber nicht eigentlich in ihrem Interesse. Die eine Seite will sie in ihren Machtkomplexen mit einverleiben, will Funktionsträger aus ihnen machen, die andere will neue Wertungen und Wünsche in ihnen wecken, um sie in einen Absatzmarkt zu verwandeln. Von beiden Seiten wird ihr ursprüngliches Selbstbewußtsein – berechtigt wie jedes andere – untergraben. Aus etwas vielleicht Primitivem, aber in sich selbst Verwurzeltem wird auf diese Art etwas Zweit- oder Drittklassiges – ein emsiger Teil einer Maschine oder ein emsiges Mitglied einer Käuferherde.

Nachwort

Dieses Buch begann mit der Schilderung einer neuen Filmmethode zur Objektivierung menschlichen Verhaltens und zum Sichtbarmachen von Verhaltensstrukturen, die wir normalerweise nicht sehen oder nicht beachten, entweder weil uns der Anblick des Menschen allzusehr vertraut ist oder weil die Vorgänge für unsere Beobachtungsfähigkeit zu langsam oder zu schnell ablaufen. Diese Methode dürfte noch manches weitere Anwendungsgebiet haben – etwa in der Psychiatrie, in der Werkpsychologie und in der Verkehrsforschung. Von besonderer Bedeutung ist diese Technik für die völkerkundliche Forschung. Noch gibt es bei primitiven Völkern ursprüngliche Sitten, ursprüngliches Handwerk, ursprüngliche Formen des Zusammenlebens – doch beim Tempo der heutigen Entwicklung werden sie sehr bald der Vergangenheit angehören. Es ist deshalb wichtig, solange sie noch bestehen, sie in gerafften Übersichtsaufnahmen und gedehnten Detailaufnahmen unbemerkt festzuhalten. Solche Szenen sind Dokumente einer einmal tatsächlich und unbeeinflußt abgelaufenen Wirklichkeit und können späteren Forschergenerationen – auch in Verfolgung von Fragestellungen, die in hundert Jahren vielleicht ganz anders aussehen – wertvolle Hinweise liefern. Gestellte Szenen solcher Abläufe, wie sie bisher fast ausschließlich festgehalten wurden, haben selbstverständlich auch Wert – aber unseres Erachtens eben nur dann, wenn vom gleichen Vorgang auch unbemerkt gefilmte Dokumente vorliegen.

Daß eine naturwissenschaftlich orientierte Erforschung des menschlichen Verhaltens berechtigt und sinnvoll ist, hoffe ich an Hand des vorgelegten Materials und der sich daraus ergebenden Überlegungen gezeigt zu haben. Diese Blickrichtung bedeutet – das muß immer wieder hervorgehoben werden – durchaus keine Herabsetzung des Menschen, sie soll kein Angriff auf unsere Besonderheit sein. Was immer der Mensch geleistet und hervorgebracht hat, verliert aus dem Blickwinkel der Natur und der Evolution nicht das geringste – im Gegenteil, aus dieser Sicht treten die Einzelheiten unserer Besonderheit noch deutlicher hervor. Nachdem unsere Abstammung heute nicht mehr zu bezweifeln ist – und hier liegt der springende Punkt, denn dies hat einfach noch nicht Eingang in das Allgemeinbewußtsein der menschlichen Gesellschaft gefunden –, ist es an der Zeit, in unserer Selbstbewertung daraus auch die Konsequenzen zu ziehen. Wir können mit unseren mannigfachen Problemen – besonders auch mit dem großen Problem »Krieg oder Frieden« – nur fertig werden, wenn wir mehr über die »Natur in uns« wissen, wenn wir heraussondern, welche Phänomene im menschlichen Verhalten uns noch mit unserer Tiervergangenheit verbinden, was in uns angeboren und »unbelehrbar« ist und wie wir mit unserem bewußten Ich auf diese Mechanismen einwirken können. Die Geisteswissenschaften machten bisher immer den Menschen zum *Ausgangspunkt* ihrer Betrachtungen – und kamen auf diese Weise zu wertvollen Ergebnissen. Doch nach dem Stand unseres heutigen Wissens ist einfach ein anderer Ausgangspunkt natürlicher und richtiger. Wollen wir das so überaus komplizierte Endglied der langen Entwicklungskette verstehen, dann ist es zweckmäßig, die einzelnen Betrachtungen jeweils von den bescheidenen Anfängen dieser Kette ihren Ausgang nehmen zu lassen.

Im besonderen werden auch Fragen der Kindererziehung durch diese Forschungsrichtung betroffen. Bis heute wird der heranwachsende Mensch mit allem nur erdenklichen Wissen für sein Leben ausgerüstet – nur mit dem einen nicht: dem Wissen um sich selbst. Wie bildet sich unser so geheimnisvolles Ich, woraus setzt es sich im einzelnen zusammen? Welche Kräfte sind in uns wirksam, wie äußern sie sich, wie kann man sich ihrer im Rahmen der Gegebenheiten am besten bedienen? Wie verhält man sich zum anderen Menschen – besonders auch zum Geschlechtspartner –, wie reagiert dieser, wie kann man zu einem harmonischen Verhältnis kommen? Und letztlich: Wie kann man ein ersprießliches Leben aufbauen – im vollen Bewußtsein der eigenen Möglichkeiten und der *eigenen Beschränkungen*.

In der heutigen Schulerziehung werden ältere Generationen meist

als Vorbild hingestellt, die bestehenden Ordnungen als gut und richtig, die bestehenden Lehrmeinungen als mehr oder minder wahr. Zur Disziplinierung mag das bis zu einem gewissen Grad notwendig sein, doch wenn der heranwachsende Mensch eine gewisse Reife erlangt hat, ist es wohl fair und wichtig, ihn auf die Relativität von Gut und Böse hinzuweisen, auf die Relativität des Wertes der diversen Ordnungen, auf die Relativität von bestehenden Ansichten. Sicherlich braucht die überwiegende Anzahl der Menschen eine entsprechende Führung, ein entsprechendes Vorbild – doch um so mehr ist es wichtig, den kritischen Sinn dafür zu entwickeln, inwieweit man sich einer Führung anvertrauen soll, inwieweit ein Vorbild berechtigt ist. Will der Mensch sich weiter entfalten, dann darf das Kind nicht als ein künstliches Organ der Eltern oder der Gemeinschaft angesehen werden – sondern als ein sich bildendes, zu respektierendes eigenes Selbst. Die ältere Generation sollte aufhören, sich auf ein Postament zu stellen. Der junge Mensch muß mit den Errungenschaften vertraut gemacht werden – doch diese sollen für sich selbst sprechen. Die jeweils erziehende Generation sollte den Mut finden, eine wirklich freie Entfaltung zu fördern – auch auf die Gefahr hin, daß diese sich dann gegen ihre eigenen Überzeugungen richtet. Wenn die vermeidbaren Spannungen auf dieser Welt vermindert werden sollen, dann ist das, wie mir scheint, der notwendige Weg.
In den Wissenschaften, die sich mit dem Menschen beschäftigen, herrscht heute ein babylonisches Sprachengewirr. Unzählige Begriffssysteme wurden nach den verschiedensten Gesichtspunkten aufgebaut – jedes in sich voll berechtigt, jedoch mit den übrigen nicht übereinstimmend. Praktisch äußert sich das darin, daß man hier und dort mit den gleichen Worten verschiedene Begriffsinhalte verbindet, was zwangsläufig zu nutzlosen Debatten und zeitraubenden Mißverständnissen führt. Es hat sich die bedenkliche Resignation durchgesetzt, daß dieser Zustand mehr oder minder unvermeidbar wäre; daß sich diese Erscheinung einfach zwangsläufig aus der Größe des Gebietes und aus der Notwendigkeit zur Spezialisierung ergibt. Solange kein neutrales Bezugssystem vorhanden war, mochte das zutreffen. Denn jede Richtung und jede Schule konnte mit gleicher Berechtigung ihre Art der Definitionen für die beste und richtige halten. Seitdem jedoch unsere Abstammung erwiesen

ist, liegt ein natürliches und neutrales Bezugssystem vor: die Lebensentwicklung. So wie aus ihr jede neue Struktur, jedes neue Phänomen hervorgegangen ist – so sollten auch die Begriffssysteme aller Spezialwissenschaften auf die gemeinsame Wurzel dieser Entwicklung zurückgehen. Wie eine solche begriffliche Brücke – etwa zur Staatswissenschaft, zur Wirtschaftswissenschaft und zur Kunstwissenschaft – geschlagen werden kann, habe ich in diesem Buch und in den beiden vorangehenden Bänden anzudeuten versucht. Ob dieser Weg sich als weiter gangbar erweist, wird sich zeigen. Doch selbst, wenn diese Hinweise nicht brauchbar sein sollten, dann ändert das nichts an der Forderung selbst, daß nach solchen Brücken gesucht werden muß. Schon vor fünfzig Jahren haben sich der russische Nationalökonom Bogdanov und der deutsche Soziologe Plenge – von verschiedenen Gesichtspunkten her kommend – um die Begründung einer »allgemeinen Organisationsforschung« bemüht. Es gelang ihnen damals nicht, zu dem ihnen vorschwebenden, die Wissenschaften verbindenden Bezugssystem zu gelangen. Heute ist jedoch durch die Energontheorie in Verbindung mit der Humanethologie die natürliche Basis für ein solches Bezugssystem gegeben.

Können wir überhaupt wollen, was wir wollen? Noch einer Einschränkung ist unser »freier« Wille unterworfen: der Einschränkung durch die von uns selbst geschaffenen und mit Wortbezeichnungen versehenen Begriffe. Es wird nur allzuleicht übersehen, daß diese Begriffe das höchst persönliche Werk des Menschen sind – nicht aber notwendigerweise ein Spiegel der Wirklichkeit. Es sind Schubladen, in die wir die Vielheit der Erscheinungen einordnen, um sie für uns überschaubar, denkbar und sprechbar zu machen. Damit begann unsere menschliche Entwicklung – im Anfang stand so tatsächlich »das Wort«. Oder, genauer gesagt: der mit einer Wortbezeichnung versehene Begriff. Diese »Schubladen«, die über Erziehung und Tradition von einem Gehirn auf das nächste übertragen werden, machen uns leicht glauben, daß die Erscheinungen, die in ihnen zusammengefaßt sind, von Natur her zusammengehören, *daß diese Einheiten also das »Wesen« dieser Welt kennzeichnen.* Das tun sie aber nur beschränkt – denn jeder Begriff ist bloß eine uns dienliche Einrichtung, ein Werkzeug unseres Geistes. Jeder von ihnen, mit einem Wortsymbol versehen, ist ein uns dienender Funk-

tionsträger und in diesem Sinn auch wieder ein erworbenes – ein »künstliches« Organ. Und auch hier besteht die Gefahr, daß aus Dienern Herren werden, indem sich diese Schubladen nicht mehr wirklich unseren Zwecken unterwerfen, sondern höchst selbstsüchtig unsere Gedanken in ihre Schablone pressen. Gerade heute sind wir an einem Punkt, da es vielleicht zweckmäßig wird, dieses Diener-Herren-Verhältnis einer kritischen Prüfung zu unterziehen. Hat ein Begriff uns auch noch so lange und treue Dienste geleistet, dann hat er – wenn er das nicht mehr tut – kein Anrecht darauf, uns weiterhin zu behindern. Dann müssen wir ihn – wie jedes Werkzeug, wenn es nicht mehr taugt – wegwerfen.
Nichts scheint mir für den jungen Wissenschaftler wichtiger als die Erkenntnis: *daß er Worten nicht ohne weiteres trauen darf*. Wir brauchen sie, wir können ohne sie nicht denken – aber man muß ihnen mit äußerstem Mißtrauen begegnen. Sie engen unsere Denkfreiheit ein, sie gängeln unseren Willen. Hat ein Gehirn erst einmal zwanzig oder dreißig Jahre lang bestimmte Begriffe gebraucht, dann ist es kaum mehr in der Lage, sich von ihnen zu trennen, und haben sie sich erst über Generationen fortgepflanzt, dann stehen sie vor uns da wie festverwurzelte Bäume. Das junge, sich erst bildende Gehirn ist in dieser Hinsicht noch frei und unbehindert. Es kann jeden dieser Diener erst prüfen, ehe es sich ihm anvertraut.

Anhang

Filmveröffentlichungen

Die von mir in aller Welt mit Hilfe der Spiegeltechnik und in verändertem Zeitablauf gefilmten Aufnahmen menschlicher Verhaltensweisen wurden zur Gestaltung der 13teiligen Fernsehserie »Wir Menschen« für den Südfunk Stuttgart, den ORF, das Schweizerische Fernsehen und die BBC verwendet. Die Themen der einzelnen Programme entsprechen weitgehend der Kapitelfolge dieses Buches und illustrieren sowohl Grundkonzepte der Energontheorie (Objektivierung des Menschen, künstliche Organe, Leistungstausch, Organisation, Ordnungsformen u. a.) als auch solche der Humanethologie (Neugiertrieb, Mutter-Kind-Verhalten, Mimik, Gestik, Übersprungsbewegungen, Stereotypien u. a.). Diese Aufnahmetechnik führte in der Folge zur Begründung der Forschungsstelle für Humanethologie am Max-Planck-Institut für Verhaltensphysiologie in Seewiesen und wird vorzüglich zur Dokumentation von Naturvölkern eingesetzt, die noch heute Hinweise auf die evolutionäre Entwicklung der menschlichen Wirtschaft und Kultur geben. Modell für altsteinzeitliche Jäger und Sammler sind die Buschleute der Kalahari in Boswana und Südwestafrika; für beginnende Pflanzer die kriegerischen Yanomami des oberen Orinoko-Gebietes und der Serra Parima in Venezuela; für neusteinzeitliche Gartenkultur die zur Zeit der Kontaktaufnahme noch völlig von Umwelteinflüssen unberührten Eipo in West-Neuguinea; für kriegerische Hirtenvölker die Himba des Kaokolandes in Südwestafrika; für bereits fortgeschrittene Bodenbewirtschaftung und Fischerei die Bewohner der Trobriand-Inseln in der Südsee, die trotz zivilisatorischer Einflüsse noch viele traditionelle Züge bewahrt haben; für bäuerliche Hochkultur nichtwestlicher Prägung die Balinesen in Indonesien. Alle diese Völker werden in Zusammenarbeit mit Völkerkundlern und Linguisten regelmäßig besucht; bei weiteren Splittergruppen, etwa den Pintubi in Zentralaustralien, den Tboli auf den Philippinen und anderen, wurden Stichprobenerhebungen gemacht. Die Aufnahmetechnik konnte durch Zoom-Spiegelobjektive sowie drahtlose synchrone Tonaufnahme mit Zeitkodierung noch wesentlich verbessert werden. Das bisher gewonnene, unbemerkt gefilmte Dokumentationsmaterial des Humanethologischen Filmarchivs der Max-Planck-Gesellschaft umfaßt bereits 2300 Kilometer 16-mm-Farbfilm, aus dem in Zusammenarbeit mit der Enzyclopaedia Cinematographica des Instituts für den Wissenschaftlichen Film in Göttingen (Editoren: I. Eibl-Eibesfeldt, H. Hass und W. Schiefenhövel) bisher über 70 wissenschaftliche Filmeinheiten veröffentlicht wurden. Gemeinsam mit I. Eibl-Eibesfeldt gestaltete ich außerdem aus diesem Material für das ZDF die 7teilige Fernsehserie »Von der Natur des Menschen« (Themen: »Das Ich erwacht«, »Die unsichtbaren Pfeile«, »Ursprung des Festes«, »Das Doppelgesicht der Kultur«, sowie über die Eipo »Alltag«, »Urgemeinschaft« und »Weichenstellung«) und für den Klett-Verlag in Stuttgart die Bildplatte »Jäger und Sammler der Kalahari«.

Literaturverzeichnis und Quellenhinweise

Dem an näheren Angaben über den heutigen Stand der Verhaltensforschung bei Tier und Mensch interessierten Leser werden die umfangreichen Darstellungen von I. Eibl-Eibesfeldt »Grundriß der vergleichenden Verhaltensforschung«, 1978 und »Die Biologie des menschlichen Verhaltens«, 1984 empfohlen. Eine Zusammenfassung der meisten Arbeiten von Konrad Lorenz geben die beiden Bände »Über tierisches und menschliches Verhalten«, 1965.

Agranoff, B. W.: Memory and Protein Synthesis. Scient. Americ. 216 (6), 115 bis 123, 1967

Ambrose, J. A.: The Age of Onset of Ambivalence in Early Infancy: Indications from the Study of Laughing. J. Child Psychol. Psychiat. 4, 167 bis 181, 1963

Antonius, O.: Über Symbolhandlungen und Verwandtes bei Säugetieren. Z. Tierpsychol. 3, 263 bis 278, 1939

Babich, F. R., und Mitarbeiter: Transfer of a Response to Naive Rats by Injection of Ribonucleid Acid Extractet from Trained Rats. Science 149, 656 bis 657, 1965

Baerends, G. P.: Fortpflanzungsverhalten und Orientierung der Grabwespe, *Ammophila campestris*. Tijdschr. Ent. 84, 68 bis 275, 1941

Bally, G.: Vom Ursprung und von den Grenzen der Freiheit. Eine Deutung des Spieles bei Tier und Mensch. Birkhäuser, Basel 1945

Beach, F. A.: Comparison of Copulatory Behavior of Male Rats, Raised in Isolation, Cohabitation and Segregation. J. Gen. Psychol. 60, 121 bis 136, 1942

Best, J. B.: Protopsychology. Scient. Americ. 208 (2), 55 bis 62, 1963

Bogdanow, A.: Allgemeine Organisationslehre. Organisation Verlag, Berlin 1926

Bolk, L.: Das Problem der Menschwerdung. Jena 1926

Bolwig, N.: Facial Expression in Primates with Remarks on Parallel Development in Certain Carnivores. Behaviour 22, 167 bis 192, 1964

Bonner, J.: The Molecular Biology of Memory. Summary of the Symposium on the Role of Macromolecules in Complex Behavior. Kansas State Univ. 89 bis 95, 1964

Bowlby, J.: Maternal Care and Mental Health. World Health Organisation. Monogr. Ser. 2, 1952

Boycott, B.: Learning in the Octopus. Scient. Americ. 212 (3), 42 bis 50, 1965

Bullock, T. H.: Predator Recognition and Escape Responses of some Interdital Gastropods in the Presence of Starfish. Behaviour 5, 130 bis 140, 1953

Byrne, W. L., und Mitarbeiter: Memory Transfer. Science 153, 658 bis 659, 1966

Carmichael, L.: The Development of Behavior in Vertebrates, Experimentally Re-

moved from the Influence of External Stimulation. Psychol. Rev. 33, 51 bis 58, 1926
Carpenter, C. R.: Societis of Monkeys and Apes. Biol. Symp. 8, 177 bis 204, 1942
Clark, E., und Mitarbeiter: Mating Behavior Patterns in two Sympatric Species of Xiphophorian Fishes: Their Inheritance and Significance in Sexual Isolation. Bull. Am. Mus. Nat. Hist. 103, 135 bis 226, 1954
Cowles, J. T.: Food-Tockens as Incentives for Learning by Chimpanzees. Comp. Psychol. Monogr. 14, 1 bis 96, 1937
Darwin, Ch.: The Expression of Emotions in Man and Animals. London 1872
De Vore, I.: Primate Behavior; Field Studies of Monkeys and Apes. Holt, Rinehart a. Winston, New York/London 1965
Dollard und Mitarbeiter: Frustration and Aggression. New Haven, Yale 1939
Dührssen, A.: Psychogene Erkrankungen bei Kindern und Jugendlichen. Verl. f. med. Psychol., Göttingen 1960
Eccles, J. C.: The Neurophysiological Basis of Mind: The Principles of Neurophysiology. Oxford Univ. Press, London 1953
Eibl-Eibesfeldt, I.: Ein Beitrag zur Paarungsbiologie der Erdkröte (*Bufo bufo* L.). Behaviour 2, 217 bis 236, 1950
– Über die Jugendentwicklung des Verhaltens eines männlichen Dachses (*Meles meles* L.) unter besonderer Berücksichtigung des Spieles. Z. Tierpsychol. 7, 327 bis 355, 1950
– Nahrungserwerb und Beuteschema der Erdkröte (*Bufo bufo* L.). Behaviour 4, 1 bis 35, 1951
– Über Symbiosen, Parasitismus und andere zwischenartliche Beziehungen bei tropischen Meeresfischen. Z. Tierpsychol. 12, 203 bis 219, 1955
– Der Kommentkampf der Meerechse. (*Amblyrhynchus cristatus* Bell) nebst einigen Notizen zur Biologie dieser Art. Z. Tierpsychol. 12, 49 bis 62, 1955
– Die Verhaltensentwicklung des Scheibenzünglers (*Discoglossus pictus*) unter besonderer Berücksichtigung der Beutefanghandlungen. Z. Tierpsychol. 19, 385 bis 393, 1962
– Angeborenes und Erworbenes im Verhalten einiger Säuger. Z. Tierpsychol. 20, 705 bis 754, 1963
– Ethologie, Die Biologie des Verhaltens. In: Handbuch der Biologie 2, 341 bis 559, Athenaion, Frankfurt 1966
– Grundriß der vergleichenden Verhaltensforschung. Ethologie. Piper, München 1978
– Die Biologie des menschlichen Verhaltens. Piper, München 1984
Eibl-Eibesfeldt, I., und Hass, H.: Erfahrungen mit Haien. Z. Tierpsychol. 16, 733 bis 746, 1959
– Zum Projekt einer ethologisch orientierten Untersuchung menschlichen Verhaltens. Mitteilung der Max-Planck-Gesellschaft, S. 383–396, München 1966
– Neue Wege der Humanethologie. Homo 18, 13 bis 23, 1967
Erikson, E. H.: Wachstum und Krisen der gesunden Persönlichkeit. Klett, Stuttgart 1953
Fabré, J. H.: Souvenir entomologique. Delagrave, Paris 1879 bis 1910
Fisher, J., und Hinde, R.: The Opening of Milk Bottles by Birds. Brit. Birds 42, 347 bis 358, 1949
Fluegge, J.: Die Entfaltung der Anschauungskraft. Ein Beitrag zur pädagogischen Anthropologie, Heidelberg 1963
Freedman, D.: An Ethological Approach to the Genetic Study of Human Behavior.

In: St. G. Vandenberg: Method and Goals in Human Behavior Genetics 141 bis 161. New York/London 1965
Freud, S.: Gesammelte Werke. Imago Publ., London 1950
Frisch, K. v.: Die Tanzsprache und Orientierung der Bienen. Springer, Berlin/Heidelberg 1965
Fromme, A.: An Experimental Study of the Factors of Maturation and Practise in Behavioral Development of the Embryo of the Frog *Rana pipiens*. Genet. Psychol. Monogr. 24, 219 bis 261, 1941
Gehlen, A.: Der Mensch. Seine Natur und seine Stellung in der Welt, Berlin 1940
Gerard, R. W.: The Fixation of Experience. In: Delafresnaye: Brain Mechanisms and Learning 21 bis 35. Blackwell, Oxford 1961
Gibson, E. J., und Walk, R. D.: The Visual Cliff. Scient. Americ. 202 (4), 64 bis 71, 1960
Gillard, E. Th.: The Evolution of Bowerbirds. Scient. Americ. 209 (2), 38 bis 46, 1963
Goodall, J.: My Life among Wild Chimpanzees. Nat. Geogr. Mag. 125 (8), 272 bis 308, 1963
– Chimpanzees of the Gombe Stream Reserve. In: I. de Vore: Primate Behavior 425 bis 473. Holt, Rinehart a. Winston, New York 1965
Gossen, H. H.: Entwicklung und Gesetze des menschlichen Verkehrs und der daraus fließenden Regeln für menschliches Handeln. Braunschweig 1854
Gray, P. H.: Theory and Evidence of Imprinting in Human Infants. J. Psychol. 46, 155 bis 160, 1958
Grohmann, J.: Modifikation oder Funktionsreifung? Z. Tierpsychol. 2, 132 bis 144, 1939
Harlow, H. F., und Harlow, M. K.: Social Deprivation in Monkeys. Scient. Americ. 207, 137 bis 146, 1962
Hass, H.: Energon. Molden, Wien 1970
– Kulturkörper des Menschen. Arbeitsblätter der Akademie für ethische Forschung, Zürich 1979
– Vorteil des Menschen: Er kann sein »Energon« verändern. Das neue Erfolgs- und Karrierehandbuch für Selbständige und Führungskräfte, Geretsried 1979
– Leben und Wirtschaft als energetisches Phänomen. Institut für Technologie und Ethik, Nürnberg 1985
Hass, H., und Lange-Prollius, H.: Die Schöpfung geht weiter. Seewald, Stuttgart 1978
Hass, H. und Eibl-Eibesfeldt, I.: Sozialer Wohnungsbau und Umstrukturierung der Städte aus biologischer Sicht. In: Stadt und Lebensqualität. DVA, Stuttgart 1985
Heberer, G.: Die Evolution der Organismen. G. Fischer, Stuttgart 1967
Hering, E.: Über das Gedächtnis als allgemeine Funktion der organisierten Materie, 3. Aufl. Akad. Verl. Ges., Leipzig 1921
Hess, E. H.: Space Perception in the Chick. Scient. Americ. 195, 71 bis 80, 1956
– Imprinting, an Effect of Early Experience. Science 130, 133 bis 141, 1959
Holst, E. v.: Über den Prozeß der zentralen Koordination. Pflüg. Arch. 236, 149 bis 158, 1935
– Versuche zur Theorie der relativen Koordination. Pflüg. Arch. 237, 93 bis 121, 1936
– Untersuchungen über die Funktion des Zentralnervensystems beim Regenwurm. Zool. Jb. 51, 547 bis 588, 1937

- Weitere Versuche zum nervösen Mechanismus der Bewegung beim Regenwurm. Zool. Jb. 53, 68 bis 100, 1939
- Die relative Koordination als Phänomen und als Methode zentralnervöser Funktionsanalyse. Erg. Physiol. 42, 228 bis 306, 1939

Holst, E. v., und Mittelstaedt, H.: Das Reafferenz-Prinzip. Die Naturwiss. 37, 464 bis 476, 1950

Holst, E. v., und Saint-Paul, U. v.: Vom Wirkungsgefüge der Triebe. Die Naturwiss. 18, 409 bis 422, 1960

Hörmann-Heck, S. v.: Untersuchungen über den Erbgang einiger Verhaltensweisen bei Grillenbastarden *(Gryllus campestris x Gryllus bimaculatus)*. Z. Tierpsychol. 14, 137 bis 183, 1957

Immelmann, K.: Prägungserscheinungen in der Gesangsentwicklung junger Zebrafinken. Die Naturwiss. 52, 169 bis 170, 1965
- Zur Irreversibilität der Prägung. Die Naturwiss. 53, 209, 1966
- Zur ontogenetischen Gesangsentwicklung bei Prachtfinken. Zool. Anz. Suppl. 30, 320 bis 332, 1967

Jacobson, A. L., und Mitarbeiter: Differential Approach-Tendencies Produced by Injection of RNA from Trained Rats. Science 150, 636 bis 637, 1965

Kawai, M.: Newly Acquired Pre-Cultural Behavior of the Natural Troop of Japanese Monkeys on Koshima Island. Primates 6, 1 bis 30, 1965

Kawamura, S.: The Process of Sub-Cultural Propagation among Japanese Macaques. In: Ch. H. Southwick: Primate Social Behavior 82 bis 90. Nostrand, New York 1963

Klinghammer, E., und Hess, E. H.: Parental feeding in Ring Doves *(Streptopelia roseogrisea)*: Innate or Learned? Z. Tierpsychol. 21, 338 bis 347, 1964

Koehler, O.: »Zähl«-Versuche an einem Kolkraben und Vergleichsversuche an Menschen. Z. Tierpsychol. 5, 575 bis 712, 1943
- »Zählende« Vögel und vorsprachliches Denken. Zool. Anz. Suppl. 13, 129 bis 238, 1949
- Orientierungsvermögen von Mäusen: Versuche im Hochlabyrinth. Wiss. Film B 635, Inst. Film, Göttingen 1953
- Vorbedingungen und Vorstufen unserer Sprache bei Tieren. Zool. Anz. Suppl. 18, 327 bis 341, 1954
- Zählende Vögel und vergleichende Verhaltensforschung. Acta 11, Congr. Inter. Ornith. 588 bis 598, 1955

Koehler, O., und Zagarus, A.: Beiträge zum Brutverhalten des Halsbandregenpfeifers *(Charadrius hiaticulus* L.). Beitr. Fortpfl. biol. Vögel 13, 1 bis 9, 1937

Köhler, W.: Intelligenzprüfungen an Menschenaffen. Berlin 1921

Kortlandt, A.: Chimpanzees in the Wild. Scient. Americ. 206, 128 bis 138, 1962

Krechevsky, I.: »Hypotheses« in Rats. Psych. Rev. 39, 516 bis 532, 1932

Krujt, J. P.: Ontogeny of Social Behavior in Burmese Red Jungle Fowl *(Gallus gallus spadiceus)*. Behaviour. Suppl. 12, 1958

Lack, D.: The Life of the Robin. Univ. Press, Cambridge 1943

Larsson, K.: Experience and Maturation in the Development of Sexual Behavior in the Male Puberty Rats. Behavior 14, 101 bis 107, 1959

Lawick-Goodall, J. v.: New Discoveries among Africa's Chimpanzees. Nat. Geogr. Mag. 128 (6), 802 bis 831, 1965

Leakey, L. S. D.: Adventures in the Search of Man. Nat. Geogr. Mag. 123, 132 bis 152, 1963

Lehrman, D. S.: The Presence of the Mate and of Nesting Material as Stimuli for the

Development of Incubation Behavior and for Gonadotropic Secretion in the Ring Dove. Endocrinology 68, 507 bis 516, 1961

Leyhausen, P.: Über die Funktion der relativen Stimmungshierarchie (dargestellt am Beispiel der phylogenetischen und ontogenetischen Entwicklung des Beutefanges von Raubtieren). Z. Tierpsychol. 22, 412 bis 494, 1965

Lindauer, M.: Ein Beitrag zur Frage der Arbeitsteilung im Bienenstaat. Z. vgl. Physiol. 34, 299 bis 345, 1952
- Communication among Social Bees. Univ. Press, Harvard 1961

Lorenz, K.: Beiträge zur Ethologie sozialer Corviden. J. Ornith. 79, 67 bis 127, 1931
- Der Kumpan in der Umwelt des Vogels. J. Ornith. 83, 137 bis 413, 1935
- Über die Bildung des Instinktbegriffes. Die Naturwiss. 25, 289 bis 300, 307 bis 318, 325 bis 331, 1937
- Durch Domestikation verursachte Störung arteigenen Verhaltens. Z. angew. Psych. u. Charakterkde. 59, 2 bis 81, 1940
- Vergleichende Bewegungsstudien bei Anatiden. J. Ornith. 89, 194 bis 294, 1941
- Die angeborenen Formen möglicher Erfahrung. Z. Tierpsychol. 5, 235 bis 409, 1943
- Ganzheit und Teil in der tierischen und menschlichen Gemeinschaft. Stud. Gen. 3, 455 bis 499, 1950
- Ausdrucksbewegungen höherer Tiere. Die Naturwiss. 38, 113 bis 116, 1951
- Morphology and Behavior Patterns in Allied Species. Group. Prod. Jos. Macy Found. 168 bis 220, New York 1954
- Psychologie und Stammesgeschichte. In: G. Heberer: Evolution der Organismen. G. Fischer, Stuttgart 1959
- Phylogenetische Anpassung und adaptive Modifikation des Verhaltens. Z. Tierpsych. 18, 139 bis 187, 1961
- Das sogenannte Böse, Borotha-Schoeler, Wien 1963
- Über tierisches und menschliches Verhalten. Aus dem Werdegang der Verhaltenslehre (Ges. Abhandlg.) I u. II. Piper, München 1965

Magnus, D.: Zum Problem der »überoptimalen« Schlüsselreize. Zool. Anz. Suppl. 18, 317 bis 325, 1954

Manning, A.: Some Aspects of the Foraging Behavior of Bumblebees. Behaviour 9, 164 bis 201, 1956

Mason, W. A.: The Social Development of Monkeys and Apes. In: I. De Vore: Primate Behavior 514 bis 543. Holt, Rinehart and Winston, New York 1965

Mayer, G.: Untersuchungen über Herstellung und Struktur des Radnetzes von *Aranea diadema* und *Zilla x-notata* mit besonderer Berücksichtigung des Unterschiedes von Jugend- und Altersnetzen. Z. Tierpsychol. 9, 337 bis 362, 1952

McConnell, J. V.: Memory Transfer through Cannibalism. J. Neuropsychiatry 3, 542 bis 548, 1962

Morris, D.: Biologie der Kunst. Rauch, Düsseldorf 1963
- The Naked Ape. Jon. Cape, London 1967

Munn, N. L.: Handbook of Psychological Research on the Rat. Houghton and Mifflin, Chikago 1950

Myrberg, A. A.: An Analysis of Preferential Care of Eggs and Young by Adult Cichlid Fishes. Z. Tierpsychol. 21, 53 bis 98, 1964

Nikolai, J.: Familientradition in der Gesangstradition des Gimpels (*Phyrrhula pyrrhula* L.) J. Ornith. 100, 39 bis 46, 1959

Noble, G. K., und Bradley, H. T.: The Mating Behavior of Lizards. Nat. Hist. 34, 1 bis 15, 1933

Oehlert, B.: Kampf um Paarbildung einiger Cichliden. Z. Tierpsychol. 15, 141 bis 174, 1958
Olds, J.: Self-Stimulation of the Brain. Science 127, 315 bis 324, 1958
Osche, G.: Die Bedeutung der Osmoregulation und des Winkverhaltens für freilebende Nematoden. Z. Morph. Ökol. Tiere 41, 54 bis 77, 1952
Packard, V.: Die geheimen Verführer. Econ, Düsseldorf 1958
Pawlow, I. P.: Conditioned Reflexes, Oxford 1927
Peiper, A.: Instinkt und angeborenes Schema beim Säugling. Z. Tierpsychol. 8, 449 bis 456, 1951
– Schreit- und Steigbewegungen beim Neugeborenen. Arch. Kinderheilkde. 147, 135, 1953
Plenge, J.: Drei Vorlesungen über die allgemeine Organisationslehre, Baedeker, Essen 1919
Ploog, D.: Verhaltensforschung und Psychiatrie. In: H. W. Gruhle und Mitarbeiter: Psychiatrie der Gegenwart 1, 1B, 291 bis 443. Springer, Berlin 1964
Ploog, D. W., und Mitarbeiter: Studies on Social and Sexual Behavior on the Squirrel Monkey *(Saimiri scireus)*. Fol. primat. 29 bis 66, 1963
Remane, A.: Das Soziale Leben der Tiere. Rowohlt 97, Hamburg 1960
Rensch, B.: Die Abhängigkeit der Struktur und der Leistungen tierischer Gehirne von ihrer Größe. Die Naturwiss. 45, 145 bis 154, 1958
– Homo Sapiens. Vom Tier zum Halbgott. Vanderhoeck, Göttingen 1959
– Gedächtnis, Abstraktion und Generalisation bei Tieren. Arb. gem. f. Forsch. d. Land. Nordrhein-Westf. Westdeutscher Verlag, Köln 1962
– Die höchsten Lernleistungen der Tiere. Naturwiss. Rundschau 18, 91 bis 101, 1965
Rensch, B., und Dücker, G.: Versuche über visuelle Generalisation bei einer Schleichkatze. Z. Tierpsychol. 16, 671 bis 692, 1959
Reuter, O. M.: Lebensgewohnheiten und Instinkte der Insekten. Berlin 1913
Roeder, K. D., und Treat, E. A.: The Reception of Bat Cries by the Tympanic Organ of Noctuid Moths. In: Rosenblith, Sensory Communication 545 bis 560, M. I. T. Press a. Wiley, New York 1961
Rothenbuhler, W. C.: Behavior Genetics of Nest Cleaning in Honeybees. IV. Responses of F_1 and Backcross Generations to Disease Killed Brood. Am. Zool. 4, 111 bis 123, 1964
Sade, D. J.: Determinants of Dominance in a Group of Freeranging Rhesus Monkeys. In: S. A. Altman: Social Communication among Primates 99 bis 114. University Press, Chikago 1967
Sauer, F.: Die Entwicklung der Lautäußerungen vom Ei ab schalldicht gehaltener Dorngrasmücken *(Sylvia c. communis* Latham). Z. Tierpsychol. 11, 1 bis 93, 1954
Schaller, G. B.: The Mountain Gorilla. University Press, Chikago 1963
Schjelderup-Ebbe, Th.: Social Behavior of Birds. In: Murchinson: A Handbook of Social Psychology 947 bis 972, 1935
Schleidt, W. M., und Mitarbeiter: Störungen der Mutter-Kind-Beziehung bei Truthühnern durch Gehörverlust. Behaviour 16, 254 bis 260, 1960
Schutz, F.: Homosexualität und Prägung bei Enten. Psychol. Forschg. 28, 439 bis 463, 1965
– Sexuelle Prägung bei Anatiden. Z. Tierpsychol. 22, 50 bis 103, 1965
Schwinck, I.: Weitere Untersuchungen zur Frage der Geruchsorientierung der Nachtschmetterlinge: partielle Fühleramputation bei Spinnermännchen, insbesondere des Seidenspinners. Z. vergl. Physiol. 37, 439 bis 458, 1955
Seitz, A.: Die Paarbildung bei einigen Zichliden I. Z. Tierpsychol. 4, 40 bis 84, 1940

- Die Paarbildung bei einigen Zichliden II. Z. Tierpsychol. 5, 74 bis 101, 1941
Sevenster, P.: A Causal Analysis of a Displacement Activity: Fanning in *Gasterosteus aculeatus*. Behaviour Suppl. 9, 1961
Sielmann, H.: Filmeinheiten über Laubenvögel E 1075 bis 1078, E 1080 bis 1084. Encyclop. Cinematogr. Inst. Wiss. Film, Göttingen 1967
Skinner, B. F.: The Behavior of Organisms. New York 1938
Spitz, R. A.: Hospitalism. The Psychoanal. Study of the Child 1. Int. Univ. Press, New York 1945
- Anaclitic Depression. An Inquiry into the Genesis of Psychiatric Conditions in Early Childhood. The Psychoanal. Study of the Child 2. Int. Univ. Press, New York 1946
- Die Entstehung der ersten Objektbeziehungen. Klett, Stuttgart 1957
Steininger, F.: Zur Soziologie und sonstigen Biologie der Wanderratte. Z. Tierpsychol. 7, 356 bis 379, 1950
Thorpe, W. H.: The Learning of Song Patterns by Birds, with Special Reference to the Song of the Chaffinch. Ibis 100, 535 bis 570, 1958
- Sensitive Periods in the Learning of Animals and Men: a Study of Imprinting with Special Reference to the Introduction of Cyclic Behavior. In: W. H. Thorpe and O. L. Zangwill: Current Problems of Animal Behavior 194 bis 224. Univ. Press, Cambridge 1961
- Bird Song. The Biology of Vocal Communication and Expression in Birds. Cambridge Monogr. in Exp. Biol. 12, 1961
Tinbergen, N.: Die Übersprungsbewegung. Z. Tierpsychol. 4, 1 bis 40, 1940
- Social Releasers and the Experimental Method Required for their Study. Wils. Bull. 60, 6 bis 52, 1948
- The Study of Instinct. Oxford Univ. Press. London 1951
- Die Tiere und ihr Verhalten. Time and Life 1966
Tinbergen, N., und Kruyt, W.: Über die Orientierung des Bienenwolfes III: Die Bevorzugung bestimmter Wegmarken. Z. vgl. Physiol. 25, 292 bis 334, 1938
Tinbergen, N., und Kuenen, D. J.: Über die auslösenden und richtungsgebenden Reizsituationen der Sperrbewegung von jungen Drosseln (*Turdus m. merula* L. und *T. e. ericetorum* Turton). Z. Tierpsychol. 3, 37 bis 60, 1939
Tinbergen, N., und Mitarbeiter: Die Balz des Samtfalters (*Eumenis semele* L.) Z. Tierpsychol. 5, 182 bis 226, 1943
Trumler, E.: Das »Rossigkeitsgericht« und ähnliches Ausdrucksverhalten bei Einhufern. Z. Tierpsychol. 16, 478 bis 488, 1959
Weih, A. S.: Untersuchung über das Wechselsingen (Anaphonie) und über das angeborene Lautschema einiger Feldheuschrecken. Z. Tierpsychol. 8, 1 bis 41, 1951
Whitman, Ch. O.: Animal Behaviour. Biol. Lect. Mar. Biol. Lab. Woods Hole 285 bis 338, 1898
Wickler, W.: Ei-Attrappen und Maulbrüten bei afrikanischen Zichliden. Z. Tierpsychol. 19, 129 bis 164, 1962
- Die Evolution von Mustern der Zeichnung und des Verhaltens. Die Naturwiss. 52, 335 bis 341, 1965
- Vergleichende Verhaltensforschung und Phylogenetik. In: G. Heberer: Die Evolution der Organismen, 3. Aufl. 1, 420 bis 508, G. Fischer, Stuttgart 1967
Wilsoncroft, W. E., und Shupe, D. U.: Tail, Paw and Pup Retrieving in the Rat. Psychon. Sci. 3, 494, 1965
Wolfe, J. B.: Effectiveness of Token-Rewards in Chimpanzees. Comp. Psychol. Monogr. 12, 1 bis 72, 1936
Lexikon für Theologie und Kirche. Freiburg 1957

Namenregister

Aristippos 233
Aristoteles 208, 211
Aschoff, J. 89

Baer, Karl Ernst v. 10
Bogdanov, A. 246
Bowlby, J. 185
Bolk 107

Carmichael, L. 25
Cicero 234

Darwin, Charles 16, 124, 127, 129, 141, 145, 146, 164, 165, 171
Dewey, John 192
Diogenes 233, 237
Dollard, J. 191
Dücker 61

Eccles, J. C. 56
Eibl-Eibesfeldt, Irenaeus 11, 25, 32, 44, 67, 101f., 125, 129f., 132, 141, 162
Epikur 236
Erikson, E. H. 184

Fabré, J. H. 26
Freud, Sigmund 72, 75, 188, 190
Fromme, A. 25

Gehlen, A. 103, 106, 109, 210, 218
Goethe, J. W. v. 232, 234
Goodall, Jane 37, 63, 92, 161
Grohmann, J. 25

Hall, Stanlay 192
Heinroth, O. 69
Hering, E. 57
Hess, E. H. 66, 189
Hölderlin, J. C. F. 234
Holst, E. v. 27, 28, 46, 49ff., 52, 74, 80
Horaz 233

Kant, Immanuel 72, 220
Kattwinkel 123
Koehler, O. 36, 61, 64
Kortlandt, A. 120
Kruijt, J. P. 32

Lamarck, J. B. 129
Lootse 234, 235

Leakey, L. S. D. 123
Lehrmann, D. S. 47
Linné, Carl v. 171
Lorenz, Konrad 18, 35, 39, 43f., 45f., 50, 52, 66, 68, 73, 77f., 79, 82, 99, 102, 105, 106, 108, 120, 126, 135, 140f., 189, 221, 229

Morris, D. 105

Nietzsche, Friedrich 109, 226, 233

Packard, Vance 206
Pawlow, J. P. 28, 65
Picasso, Pablo 216
Plenge, J. 246
Ploos, D. 45

Rensch, B. 61, 63

Saint-Paul 49ff.
Schenkel 59
Schiller, Friedrich 105
Seitz, A. 36
Seneca 234
Spencer, H. 144
Spitz, R. A. 45, 185

Tinbergen, N. 19, 36f., 49, 52
Tschnang-tse 233
Tukydides 238

Whitman, Ch. O. 53
Wolfe, J. B. 176

Yerkes 176

Zagarus 36

Sachregister

Aal 27
AAM, angeborener auslösender
  Mechanismus 28, 31, 33, 43, 52,
  105, 159
Abneigung 76
Abschied 144
Abstammungslehre 16
Abstraktion 218
– generalisierende 61 f.
Abwechslungsdrang 98
Abwehr 171
»Abwehrschreien« 51
Abwendung 166
Ackerbau 175
Ärger 93, 138, 143, 147, 213 f.
Ästhetik 15, 105
Ästhetischer Sinn 79
Affen 16, 59 f., 80, 101 f., 112, 120 f.,
  124, 139, 155, 172, 174, 185, 221
Aggression, soziale 221
Aggressionshemmung 140, 147
»Aggressionspuffer« 142
– trieb 48, 81 f., 135 f., 192, 214, 231
Aktivität, spontane 28
Albatros 162
Alkohol 72, 212

Alter 103, 106
Ameisen 119
– löwe 32
Amöben 172
Amphibien 16
Angeborener auslösender
  Mechanismus siehe AAM
Angriffsabsicht 87
– handlung 50
Angst 48, 77, 92, 100, 105, 127 f., 213,
  222
Anpassungsfähigkeit 53, 58, 109,
  121, 179
Anschauungsbilder, innere 211
Ansehen 170, 202
Ansporn 201
Antithese, Prinzip der 146
Appetenz 44 ff., 65, 72, 135, 156, 237
Appetit 77
Arbeitsbereitschaft 206
– teilung 157, 175, 178, 203
Arme 168
Art 171, 176
– Begriff 180
– erhaltung 228
Artenwandel 179

263

Arzneien 17
Assoziationen 55, 57f., 65, 113
Atmung 74, 230
Atomzeitalter 109
Attrappe 33f.
Attrappenversuche 33, 36, 133
– übernormale 37, 78f., 216
»Auffliegestimmung« 44
Aufforderung 166
»Aufheben« 51
Aufmerksamkeit 127, 129
Aufnahmegeschwindigkeit 9
Aufzucht, isolierte 73
Auge 87, 90, 116, 126f., 197
Augenbrauen 129f.
– gruß 93, 130
– schließreflex 74
Ausdrucksbewegung 76, 124
Auslese, natürliche 16, 35, 39, 52, 107, 129, 159, 177
– wert 41, 82, 220
Auslösefunktionen, verschiedene 38
Auslöser 35f., 77–79
Außenseiter 142
Ausstoßreaktion 142
Austernfischer 37
Australopithecine 120, 123
Auszeichnung 231

Bär 91
Balinesen 251
Balz 38, 69
Bandbildung 140
Bedarf 176
Bedürfnis, sexuelles 105
Beeinflussung 89, 201f.
Befehl 166
Begeisterung 77
Begriffe 246f.
– averbale 61
Begriffsabgrenzung 189
– systeme 17, 245
Begriffsbildung 218
– averbale 62
– menschliche 61

– tierische 64
Behaviorismus 192
Beherrschung 131
Beleidigung 93, 144
Beruf 174, 176
Berufskörper 178
»Berufsmensch« 178
Bescheidenheit 238
Beschützerinstinkt 81
Beschwichtigung 139
Besitz 233, 237f.
– entwertung 206
Bestürzung 92
Betriebe 153, 177f.
Bettelbewegung 89, 161f.
Beutefangverhalten 33, 49
Bewegungsrhythmus 91
– spiele 101
– steuerung, angeborene 26
Biber 119
Bienen 115
Bildhauer 216
Biologie 16
Brauch siehe »Sitte«
»Brocasche Region« 114
Brust, weibliche 78
Brüten 47
Brutpflege 26, 35, 69, 75, 81, 100, 136, 155, 195, 231
– stimmung 47f.
Buchfink 67
Buddhismus 236f.
Buntbarsch 36, 40, 48, 69, 82, 140
Buschleute 251

Ceylon 164
Christentum 236f.
Chromosomen 22f., 55
Cichliden 125

Dachs 101
Dauersignal 130f.
Delphin 119f.
Demagogie 221
Demutsgebärden 39, 163ff.

Denken 7, 8, 15, 121
Denkschablonen 9
Desoxyribonukleinsäure s. DNS
Diebstahl 115
Dienstleistungen 118
Distanzierung 101, 186
DNS 57
Dohlen 98
Domestikation 52, 73, 107, 230
Dorngrasmücke 25
Dramaturgie 216
Dressurexperimente 56
Drohgebärde 36, 125, 130, 164

Eckzähne 125, 168
- Entblößung der 93
- obere 52
Ehrgeiz 201
Eichhörnchen 27, 61, 67, 120
Eifersucht 167
Eigentum 116
Eigentumsrechte 149
Einschüchterung 125
Einsicht 121
Einsichtiges Verhalten 60
Eintragsstimmung 44
Einzelinteresse 204
Einzeller 7, 16, 21, 23, 111, 172
Eipo 251 f.
Eitelkeit 202
Ekel 76, 164
- reaktion 48
El-Molo 108
Elefanten 90
Eltern 100, 194, 233, 235, 245
Emotion 217
Empfindung 76
Empörung 79
Energie 112, 118, 144, 171, 209, 213, 226
- Aufstauung aktionsspezifischer 46
- körperfremde 118
- quellen 118, 228
- aufwand 97 f.
Energon, Theorie 7, 246

Engramme 56
Entdeckungen 109
Ente 22, 25, 68
Enthemmung 43, 50, 52, 80
Entschluß 190, 209
»Entspanntes Feld« 105, 109
Entsetzen 127
Entwertung 201
Entwicklungshemmung 107
Enzyklika »Humani generis« 17
Erbgut 22, siehe Erbrezept
Erbkoordination 24, 27, 28, 33, 43, 49, 67, 75 f., 90, 99, 197, 213, 232
- Entdifferenzierung 52
Erbleichen 76
Erbrezept 22, 25, 55, 57, 74, 119, 158, 173, 179, 183, 198, 199
Erbse 17
Erbveränderungen, richtungslose 16
Erfahrung 99
Erfahrungsspeicherung 56
Erfassung von Zusammenhängen 63
Erfindungen 109, 210
Erfolg 202
Erinnerung 56, 154
Erkennen 100
- angeborenes 31-41, 124, 197
Erkennungsmechanismen 169
Ermüdung 91
Ermutigung 137
Erregung 43, 46, 166 ff., 215
Erregungsableitung 144
- produktion, endogene 75
- produktion, spontane 46, 64 f., 135, 214
- stau 45
Ersatzobjekt 44, 102, 143
Erschrecken 128
Erstaunen 93, 165
Erwerb-Koordination 65, 102, 118, 120, 150, 174, 213, 237
»Erwerbsorganisationen« 177
Erwerbsstruktur 177
Erziehung 7, 19, 95, 131, 156, 217
- frustationsfreie 191 f.

Ethik 79, 193
Ethologie s. Verhaltensforschung
Europäer 186
Evolution 8, 16, 17, 31, 35, 53, 73, 100, 111 f., 150, 159, 196, 197 f., 228
Evolutionsförderung 179
Exkremente 76
Experimente 94 f., 186 f.
Experimentierspiel 102

Fähigkeit 100
Faltenbildung 130, 147
Faustkeil 114, 123.
Feldheuschrecke 24
Fernsehen 98, 207
Feste 77, 200, 231, 241
Film 207, 215, 231
Filmaufnahmen, mit Spiegelobjektiv 88 ff.
– unbemerkte 73
Fische 16, 38, 75, 149
Fixieren 87, 130, 145
Fixierung, erbliche 53, 189, 193
Fleckenhyäne 41
Fledermäuse 32
Fliegen 58
Flucht 31, 77, 126
– spiele 102
– stimmung 48, 51
– trieb 50, 82
– verhalten 48
Forelle 56
Forschung 102, 104
Fortpflanzungsstimmung 47
– trieb 82, 176
Fortschritt 110, 112, 121, 175, 179, 201
Frau 104
Fregattvogel 38
Freier Wille 7, 71, 75, 87, 95, 190 ff., 199, 208, 220, 246
Freiheit 155, 183, 192
Fremddokumentation, unbeobachtete 87–97

Fremdenverkehr 232
Freude 77
Freundschaft 135 ff.
Frösche 27
Frustration 191 ff.
Frustrationstheorie 192
Funktion 111, 152 f., 159, 195
Funktionsänderung 173
– erfüllung 119
– träger 116, 152 f., 157 f., 178, 199, 204, 238, 241, 246/47
– verwandschaft 81
– wechsel 198
Furcht 76, 81
– reaktion 128
Futterbetteln 33

Gähnen 77, 92
Gammler 237
Ganglienzellen 113, 120
Gans 68, 141, 183
Ganzheit 133, 155, 197
Gebet 162
Gebiß 116
Geburteneinschränkung 194
Gedächtnis 56, 117, 210
Gefühle 76
Gehen 76
Gehirn 7, 9, 11, 27, 60, 112 f., 119, 120, 121, 154, 175
– schaltbahnen 50
– größe 63
– kartothek 116
Gehirnreizung 49 f., 73, 211
– Doppelreizungen 51
– eigene 51
Gehirnvolumen 113
Geißeltierchen 172
Geist 72, 112, 219, 246
Geisteswissenschaft 244
Geld 176
Geltungsdrang 155
Gemeinschaft 117
– Einfluß auf den einzelnen 197

266

Gemeinschaftsbildung 116, 136, 175
- gewohnheit 156
- interesse 204
- organe 115, 117, 119, 178
- wesen 208
Genom s. Erbrezept 25
Genuß, kontemplativer 187
Gesang 67 f.
Geschenk 40
Geschichte 8
Geschlechtspartner 33, 72
- reife 98, 110, 169
- rolle 188
Gesellschaft 233
Gesellschaftsordnung 109
Gesetz 156
Gesicht 10
Gesichtsbewegungen 10 f., 91
- muskulatur, Differenzierung 124
Gestaltung 216
Gestaltungsfähigkeit 102
Gestaltwahrnehmung 11
Gestik 9, 94, 132, 159-170, 251
Gestik, religiöse 163
Gestimmtheit
- äußere u. innere Faktoren 46
- spezifische 44, 46, 71
Gewerbe 115
Gewinn 178
Gewissen 80
Gewohnheit 65, 110, 129, 212
Gift 76
Gleichheit 240
Glück 225-241
Glücksempfindung 77, 204
- streben 196
Goldfisch 57
Gorilla 60, 125
Gott 17, 219
Grabwespe 26, 58
Graugans 44, 140
Graupapagei 61
Grille 24
Großstadt 9
Gruppenbildung 204

Gruß 129, 138 ff., 144
- formen 162
- zeremoniell 41

Habgier 222
Hackstimmung 51
Hackstock 117
Hai 32, 198
Halluzination 211
Hand 99, 112, 114, 117, 121, 159-170
Handbewegungen, rituelle 88
Handlungskette 27, 67, 101
Handwerk 115
»Hassen« 142
Haus 117
Hausbau 103, 108
Haustiere 52, 107, 118
Hautpflege 37
- soziale 139
Hemmechanismus 39
Hemmung 71
Herdentrieb 200
Herzschlag 74
Hilaria sartor 40
Hilfsbereitschaft 229
Hindus 88, 163
Hirsch 52, 125
Hochzeitsgeschenk 40
- kleid 46
Höflichkeit 132, 138, 145 f.
Höherentwicklung 108
Hörfähigkeit 127
Hohn 142
Homo habilis 123
Homologie 81
Homosexualität 72, 188
Hormone 17, 47
Huhn 48 f., 60, 66, 155, 184
Humanethologie 246
Hummel 58
Hunde 38, 60, 65, 101, 125 f., 139, 146
Hunger 105, 212
Husten 76
Hypothesenbildung 60

»Ich« 71, 74, 198, 200, 206, 212, 221, 233, 244
Ich-Bewußtsein 15, 74, 183
Identifikation, Störungen 188
Ideale 213, 222
Ideologie 203
Illusion 213, 233
Iltis 35, 57, 58, 102
Imponierverhalten 38, 128, 164, 201, 214
»Individualbarriere« 81
Individualdistanz 147
Individuum 140, 199, 205
Infantilismus 81
Information 100
Insekten 10, 16, 197
– staatenbildende 115
Instinkte
– Abbau 100
– hierarchischer Aufbau 49 f.
– Hypertrophierung 53
– konservative 52
– Rückbildung 53
– soziale 80, 231
– Unbelehrbarkeit 26
– Veränderung 73
– Verfall 53
Instinkthandlungen 26, 43, 227
– verhalten, offenes 68
Insulin 17
Intellekt 18, 104
Intelligenz 9, 18, 26, 34, 60, 104, 112, 121, 174, 196, 211, 227
– leistungen 63
– versuche 60
– versuche, Schimpanse 64
Intensitätsgrad 143

»Ja« – »Nein« 146, 164
»Jäger u. Sammler« 252
Jagdgestimmtheit 45
– spiele 102
– verhalten 102
Japaner 140 f., 145, 164, 185

Kabuki-Theater 166 ff.
Kaisermantel 37
Kalahari 252
Kampf, innerartlicher 39
– bereitschaft 231
– regeln 39
– spiele 102
– verhalten 34
Karamojo 93, 131
Karpfen 56
Kategorie 72
Katholische Kirche 17
Katzen 38, 49, 60, 146, 211
Keimzelle 21, 111
Kettenreflex 28
Keule 117
Kind 130, 147, 157, 207, 210, 235, 245
– Entwicklung 72, 184 ff.
– Erziehung 244
– Suchautomatismus 75
Kinder, taubblinde 25, 73, 161
Kindchenschema 77 f.
Kindergarten 187
Kino 98, 117
Klapperschlange 41
Kleider 117
Kleinkind 77
Klettern 120
Klimaschwankungen 123
Knochenfische 198
Koketterie 93, 166
Koloniebildung 111
Kommunismus 203, 239
Konfliktverhalten 100
– situation 52, 94, 160, 236
Konkurrenzkampf 176, 206
Konstruktionsspiele 102, 157, 186
Kontaktbereitschaft 138, 142, 146
– Signale zur 37
Kontaktscheu 38, 136
Konvention 148
Konvergenz 81
Koordination 151, 153, 157, 231
Kopfschütteln 164
Koran 238

Korrelation 51, 76
- negativ 48, 81
- positiv 48, 81
Krebse 108
Krieg 18, 221
Kröte 33, 57
Kuckuck 36
Kultur 228, 232
Kulturentfaltung 170
Kunst 217
Kunstformen 215 ff.
Kunstgenuß 230
Kurzzeitgedächtnis 57

Labyrinthversuche 62
Lachen 131, 137 ff., 200
Lachen
- Entstehung 140–146
- Übersprungslachen 144 f.
Lachmöwe 139
Lächeln 135–148, 167
- Entstehung 139–148
Lamarckismus 16
Landwirbeltiere 16
Langzeitgedächtnis 57
Laubenvogel 38
Laune 18, 72
Leben 226
Lebenseignung 16
- entwicklung 246
- maxime 183
- prozeß 155, 169, 177, 226–228
- raum 99, 103, 106
Lebewesen 8, 226
»Leerlauf« 45
Leerlaufhandlungen 44
Lehren 60
Leistung 152, 170
- Effizienz von 91
Leistungsaustausch 176, 205, 251
- körper 154 f., 158, 173, 179, 204, 239
- kraft 170
- steigerung 154

Lerndisposition 68, 72, 75, 102 f., 157, 159, 161
Lernen 25, 26, 53, 55–70, 98 f., 118
- durch Nachmachen 55, 59, 124, 132
- durch Probieren 55, 58
- durch Vormachen 55, 59
Lernfähigkeit 68, 117
- leistung 63
- tiere 59, 101, 106, 158, 179, 187, 232
- vorgänge, prägungsähnliche 70
Libido 72
Liebespaare 81
Linguistik 251
Lippen 147, 168
Literatur 214
Löwe 45, 59, 98, 102, 103, 112
Lust 77, 101, 230
- gefühle 156, 196
- Unlust-Prinzip 227 f.
Luxus 229

Macht 202
- entfaltung 119
- körper 203
- steigerung 177, 179
Mäuse 58, 60, 62
Makaken 59
Malerei 216
Markt 205, 207
- forschung 205
- wirtschaft 205 ff., 239 f.
Massenveranstaltung 77
Materialkenntnis 102
Maschine 152, 177
Massai 150 f.
Maulputzer 125
Mechanismen 26, 28, 95
- der Bewegungssteuerung 24
Meerechsen 39
Meinungslenkung 203
Meise 59
Mendelsche Gesetze 24

Mensch 25, 71–83, 123
- Abstammung des 17f.
- als Keimzelle 7
- Besonderheit 80, 97, 103, 110, 114, 119, 154, 199, 204, 207, 209ff., 226
- Evolution 74, 171–181
- Machtsteigerung des 18, 121
- Objektivierung 133, 251
- Verhalten 71–83
Menschenaffen 120
Merkmale 59
- kampfauslösende 36
Miete 117
Milieutheorie 19
Militär 117
Mimik 25, 76, 93, 123–134, 251
- echte 132
- gespielte 132
- Intensitätsgrade 126
- Manipulierung 131
- Relikte 40
- Unterdrückung 131
Mimosen 22
Mißerfolg 202
- gunst 201
- trauen 128, 130
- verständnis 245
»Mitteln« 51
Mode 103
Modifikabilität, adaptive 75
Molekularhypothese 56
Moral 80, 219, 229
Motivation 7, 11, 66
Motorik 100
- angeborene 21–29
- angeboren-erworbene 21–53
Mund 127f., 147, 165
- winkel 130
Musik 200, 217, 222
Mutationstheorie 16
Mutter-Kind-Verhalten 38, 251
Mutwille 104

Nachahmung 55, 103
Nachfolgereaktion 40, 68

Nachkommenschaft 194
Nachlaufreaktion 68
Nachahmungstrieb 200f.
»Nachmachen« 198
Nachtigall 69
Nächstenliebe 208
Nahrung 174, 228
Nahrungsaufnahme 90
- erwerb 149, 175ff.
Nahrungsquelle 176
Nahrungstrieb 82
Nase 127f.
Nashorn 91
Nationalgefühl 221
Natur 8
- menschliche 18
Neapolitaner 169
Neid 201
Nerven
- motorische 28
- sensorische 28
Neugiertrieb 67, 77, 97–111, 127, 200, 213, 231, 251
Neurose 193
Niedlichkeit 77f.
Norweger 169

Objektbezogenheit 102
Ödipale Periode 188
Öffnen von Nüssen 67
Olduvai-Schlucht 123
Ordnung 11, 149–158, 233, 237, 239f., 245
Ordnung
- Entstehung 151–158
- »In-Ordnung-Halten« 153
- Rangordnung 155
- von Zeit u. Raum 153, 157
Ordnungsform 116, 251
- trieb 157f., 231
Organe 52, 111ff., 153, 155, 170, 173, 197, 237
- Ablegbarkeit 112
- Austauschbarkeit 112

– künstliche 11, 111 ff., 150 ff., 172, 176, 199, 206, 208, 221, 237, 245, 247, 251
– Reifung 24
Organfindung 117, 119
Organisation 152 f., 251
Organisationsforschung 246
Organismen 41, 49, 155, 203, 205
Orgasmus 230
Orientierung 58, 89

Paarbildung 69
Paarung 31, 40, 45, 50, 136, 179
Paarungsbereitschaft 38
Paarungszeremonie 139
Panik 77
Pantoffeltiere 23
Papagei 61
Paradiesvogel 38
Parasiten 125, 228
»Parlament der Instinkte« 45, 46, 49, 66, 74
Paviane 101
»Pendeln« 51
Penis 41
Persönlichkeitsbildung 187 f.
Pferde 140
Pflanzen 16, 17, 21, 171 ff.
Pflege 237
Pflug 118
Phantasie 98, 202, 209–223
Philosophie 17
Pintubi 251
Planarien 56
Planung 209, 213, 233
»Probieren« 58
Plastik 216
Polizei 117
Prägung 72, 183–196, 217
– auf Menschen 68 f.
– ethische 189
Primaten 142
Privatbesitz 239
Probieren 55
Produktionsmittel 152

Progesteron 47
Programmierung 26, 71
Propaganda 221
Psychiatrie 243
Psychologie 15, 17, 25
Psychoanalyse 72, 190
Pubertät 188 f.
Pupille 27
Pupillenreflex 74
Puppenindustrie 78

Qualitätsverbesserung 115
Quelle 118

Ratte 51, 57, 59, 60, 62, 98
Rabe 61
Radikale 22
Rangordnung 135, 156, 161, 201
Rangstreben 231
Rationalisierung 115
Raumvorstellung 99, 121
Reafferenz 74
Reaktion 43
– bedingte 57, 65
– unbedingte 57
Recht 219
Rechtswissenschaft 15
Reflex 27, 32, 74
– angeborener 65 ff.
– bedingt 55, 57, 65
– erworbener 65 ff.
– unbedingt 57
– theorie 43
Regelkreis 74
Regelmäßigkeit 157
Regenerationsvermögen 56
Reichtum 238
Reifung 65 f.
– steuernde Strukturen 25
Reiz 27, 31
Reizfolge, übernormale 215
Reizkombination 31
Reizphänomen 72
Reizschwelle 46, 47, 48, 65, 234 f.

Reizsituation 49
- abschaltende 75
- auslösende 43
Reizsummenphänomen 77
Reklame s. auch Werbung 221
Relativität 245
Religion 156, 219
- christliche 16
Reptilien 16, 75
Revier 47
- Abgrenzung 47
Rhesusaffe 70
Risiko 178
Ritualisierung 39, 40f., 126, 128f., 132, 159, 166f., 169
Rotkelchen 34
Rückendeckung 91
Rückenmark 27f.
Rückkoppelung 74
Rudelführer 127

Säugetiere 16, 75, 81
Säugling 45
Samoa 90, 92, 131, 165, 167
Samtfalter 37
Schadenfreude 142
Schaltmuster 23
Schauspieler 91, 132, 166, 216
Schimpanse 37, 63, 64, 92f., 105, 109, 120, 147, 161, 176, 211
Schlafbedürfnis 89f.
Schlangen 41
Schleichkatze 61f.
Schlinggewächse 22
Schlüsselreiz 31-41, 43, 45, 53, 87, 136, 232
- merkmalarmer 105f.
- verstärkter 39
Schlußfolgerung 62
Schmerz 168
Schmerzensschrei 76
Schmetterling 23
Schnecken 10
Schönheitsempfindung 79
Schrift 121, 179, 198

Schriftsteller 214
Schrifttafel 117
Schulerziehung 244
Schutz 116, 237
Schuhe 117
Schwarmbildung 80
Schwarzplättchen 69
Schwarzspecht 39
Schwingkreise, elektrische 56
Seelische Empfindungen 77
Sehen 127
Seidenspinner 32
Selbstbewertung 244
Selbstbewußtsein 241
Selbstdomestikation 80, 107, 195, 232
Selbstentfaltung 208
Selbsterhaltungstrieb 230f.
Selbsterkenntnis 15
Selbstverständlichkeit 238
Selektivität 52
Sender-Empfänger-Verhältnis 35
Sensibilität 217
Sensible Periode 68, 69, 72, 183
Sensorik 100
Sexuallockstoffe 32
Sexualtrieb 72, 75, 81, 155, 195f., 222, 232
- verhalten 47f.
Shom Pen 131
Sicherheit 113
»Sichern« 51, 90
Signale 35, 38f., 52, 123-148, 151, 159-170
Signalreiz 35
- wirksamkeit 129f., 133
Singvögel 105
Sinnesmeldung 31, 41
Sitte 156, 201
Sittengeschichte 79
Sklaven 118
Soziologie 15, 17
Spannung 215
Spezialisierung 114, 115, 154, 158, 175, 228
Spezialist 105f.

Spiegeltechnik 9 ff., 251
Spiel 58, 98 ff., 110, 186 f., 210, 213
– präferenz 103
– trieb s. Neugiertrieb
Spinnen 16, 32
Sport 97, 104, 222, 231
Spott 142, 144
Sprache 114, 121, 156, 159 ff., 179, 198
Springen 120
Staat 155, 178, 193
Stammhirn 50 f.
Star 43
Stereotyp 91, 251
Steuerung 49, 118
– Rezepte 21, 23
Stichling 36, 46
»Stimmfühlungslaut« 137
Stimmung 18, 43–53, 71
Stimmungsübertragung 77, 142, 199 f., 216
Stoizismus 233
Storch 139
Strafe 156
Subjektive Betrachtung 10
Sublimation 72, 75
Sunjo 117
Symbiose 119
Symbolik 163
Symmetrie 157
Sympathie 129, 143, 147
Systeme, natürliche 171, 178

Tänze 88, 132, 200
Tanz, siamesischer 166
– fliege 40
Taube 25, 60, 61
Taufliege 17
Tausch 175
Tboli 251
Temperatur 169
Termiten 115, 119
Theater 98, 117, 119, 215, 231
Tier 21, 103, 171 ff.
Tintenfisch 56 f.

Tötungsbiß 58
Tonaufnahme 252
Tourismus 98
Tradition 7, 59, 108, 110, 131, 156, 163, 167
Traditionsbildung 59
Träne 168
Transponiervermögen 62
Traum 211
– schloß 209
Treffsicherheit 66
Trieb 43–53, 71, 212, 230, 236
– Auzsführungsverhinderung 51
– Unterdrückung 48, 51
– druck 104, 109
– ziel 66, 72, 212
Trobriand-Insulaner 251
Trotzperiode 103, 187 f.
Truthahn 35
Turkana 131
Turnierkämpfe 39

Überindividualität 178
Überlagerung von Reizen 51, 126, 133, 210, 211, 219
Überraschung 129
Übungsobjekt 99
Ultraschall-Echolot 32
Umorientierung 168
Umwelt 18, 99, 100, 106, 120, 186
– bedingungen 52
– künstliche 103 f.
– veränderung 105
Unduldsamkeit 138, 240
Ungeduld 92, 167
Unlust 77
Unterbewußtsein 206, 216
Unterentwickelte Länder 241
Unterjochung 203
Unternehmen 177
Unternehmertum 104
Unterwerfungsgeste 162, 163 f.
Unzufriedenheit 240
Urmensch 17, 123, 174

Ursache u. Wirkung, Verknüpfung von 99, 109, 175 f., 186, 219, 241
Ursprache 73
Urvertrauen 184 f.
Verbesserung 39
Verblüffung 93
Verbrechen 18
»Verbündung« 140
Vererbung 57
- erworbener Eigenschaften 129
Vergnügen 177
Verhalten 17, 22
- angeboren 64 f., 73
- angeboren-erworben 33, 55–70
- von Eltern 100 f., 188, 191, 193 ff.
- der Mutter 185 f.
- des Kindes 23, 99 ff., 137 f., 184 ff.
- des Menschen 71–83
- Determinierung 19
- einsichtiges 63
- erworbenes 55–70, 73
- Objektivierung menschlichen 91
- sexuelles 69, 188
- tierisches und menschliches 15–19
- Umorientierung 140 f.
- Verfeinerung 57
Verhaltensforschung 11, 18 f., 27, 118
- inventar 44, 98 f.
- rezepte 179
- störungen 70, 189 f.
- weisen 10
Verkaufsinteresse 206
Verkehrsforschung 243
Vernunft 212, 222
Verständigung 35, 117
Verstecken 67
Verteidigung, soziale 221
Vertrauen 129
»Verwandeln« 51 f.
Viehzucht 175
Vielzeller 7, 21, 111, 114, 158, 171, 172
Vitalismus 16
Vögel 16, 75, 81, 120

Völkerkunde 88, 243, 251
Vorbilder 189
Vorderhirn 113
»Vormachen« 55, 156
Vorstellung 211
- übersinnliche 220
Vorstellungskraft 74, 121

Wahrnehmungsfeld 72
Wartung 237
Wasser 118
Weinen 76, 136, 147, 167
Wellensittich 69
Weltanschauung 189
Weltoffenheit 103, 110
Werbung 31, 79, 206
- Zeremonien 38
Werkpsychologie 243
Werkzeuge 108, 111–121, 152, 246
»Werkzeughandlung« 50
Werkzeuggebrauch 63, 119
Wertvorstellung 193
Widerspruch 192
Wille 103 f., 188, 212, 226, 237
Willensbeeinflussung 200, 202
Wind 118
Wirbeltiere 63
»Wirklichkeit« 10
Wirtschaft 15
Wohnung 117
Wölfe 45, 103, 164
Wort 38, 218, 246 f.
Würde, menschliche 194
Wunschvorstellung 212
Wurfstein 123
Wut 168
- signale 93

Yanomami 251

Zähne 116, 125
- evolutionäre Entwicklung 198
- fletschen 52
Zahl 62
Zaunleguan 33

Zebrafink 70
Zeichensprache 123
Zeigen 165ff.
Zeitablauf 9
– veränderter 11, 251
Zeitempfindung 10
– geschmack 216
– kodierung 252
– lupe 9, 100
– raffung 9ff., 22, 89ff., 101, 104, 108, 150, 170, 208
Zeitungen 207
Zeitungsverkäufer 91
Zelldifferenzierung 114
Zelle 21, 111, 158
Zellkolonien 111
»Zentrale Raumrepräsentanz« 121
Zentralnervensystem 10, 23, 48, 173
Zeremonien 132, 140, 157, 219
Zielmechanismus 66
Zinjanthropus 123
Zittern 76
Zoom-Spiegelobjektiv 252
Zorn 125, 167
Zufluchtort 103
Zufriedenheit 204
Zusammenarbeit 151, 154
Zusammenleben, menschliches 18
Zustimmung 161
Zweckmäßigkeit 153, 159, 169, 226
Zweigeschlechtlichkeit 111, 179